U0917432

"十二五"国家重点出版物出版规划项目

坦桑尼亚的风俗与文化

［美］凯法·M. 奥蒂索　著

高华琼　熊琦　许冰琪　译

罗力群　校

民主与建设出版社

·北京·

图书在版编目（CIP）数据

坦桑尼亚的风俗与文化 /（美）奥蒂索著；高华琼，熊琦，许冰琪译．—北京：民主与建设出版社，2018.12
ISBN 978-7-5139-0841-2

Ⅰ.①坦… Ⅱ.①奥… ②高… ③熊… ④许… Ⅲ.①坦桑尼亚—概况 Ⅳ.①K942.5

中国版本图书馆 CIP 数据核字（2015）第 246508 号

坦桑尼亚的风俗与文化
TAN SANG NI YA DE FENG SU YU WEN HUA

出 版 人	李声笑
著　　者	（美）凯法·M. 奥蒂索
责任编辑	程　旭
封面设计	逸品书装
出版发行	民主与建设出版社有限责任公司
电　　话	（010）59417747　59419778
社　　址	北京市海淀区西三环中路 10 号望海楼 E 座 7 层
邮　　编	100142
印　　刷	北京文昌阁彩色印刷有限责任公司
版　　次	2018 年 12 月第 1 版
印　　次	2018 年 12 月第 1 次印刷
开　　本	880 毫米 ×1230 毫米　1/32
印　　张	12.75
字　　数	275 千字
书　　号	ISBN 978-7-5139-0841-2
定　　价	64.00 元

注：如有印、装质量问题，请与出版社联系。

出版说明

中国与非洲相距遥远，但自古以来，两地人民就有了从间接到直接、从稀疏到紧密的联系，这种联系增进了两地人民的沟通与了解，为两地的发展不断发挥着作用。特别是20世纪中叶以来，因为共同的命运，中国和非洲都走上了反殖民主义革命与争取民族独立的道路，中非之间相互同情、相互支持，结下了深厚的友谊。迈入新世纪以来，随着我国经济的发展，中非经贸关系日益深入，及时了解非洲的政治、经济、法律、文化的情况当然也就具有十分重要的现实意义。

有感于此，我社组织翻译出版这套《非洲译丛》，所收书目比较全面地反映了非洲大陆的政经概貌以及过去我们很少涉及的一些重要国家的情况，涵盖多个语种，具有较强的系统性和学术性，意在填补我国对非洲研究的空白，对于相关学术单位和社会各界了解非洲，开展对非洲的研究与合作有所帮助。

译丛由北京大学、中央财经大学、浙江师范大学、湘潭大学等国内非洲研究的重镇以及国家开发银行、中非基金等单位组织，由非洲研究专家学者遴选近期国外有关非洲的政治、经济、法律等方面有较大影响、学术水准较高的论著，汇为一编，涵盖政治、经济、法律等七个方面的内容，共约 100 种图书。

对于出版大型丛书，我社经验颇乏，工作中肯定存在着一些不足，期待社会各界鼎力支持，共襄盛举，以期为中非合作做出贡献。

民主与建设出版社

2014 年 8 月

目录

序　言

坦桑尼亚是东非最大也是最具多样化的国家。它比其接壤的邻国肯尼亚、乌干达、布隆迪、卢旺达合起来的领土都大。坦桑尼亚除了 130 多个土著族群外，还包括少量来自世界其他地方的人。该国大部分人信仰基督教、伊斯兰教以及各种非洲传统宗教。尽管坦桑尼亚地区信仰各异，民族多样，却是非洲政治最稳定的国家之一。坦桑尼亚是怎么做到这样子的呢？为什么它会成为非洲经济增长最快地区之一呢？坦桑尼亚人喜爱的食物是什么？他们的日常娱乐是什么？他们爱听什么样的音乐？他们的家庭关系如何？在本书中，我探究了坦桑尼亚的诸如此类的有趣的问题。

既然我的目的是让读者对这个国家有个大致的总的了解，本书就主要讲述了这个国家最重要的社会、文化、政治、经济、历史以及地理特点，并附以一些精选的例子。虽然对于坦桑尼亚极大的物质和社会多样性不可能在这本书中得以完美囊括，我仍相信这本书能给读者带来一次愉快的阅读之旅。

致　谢

我很感激法罗拉教授邀请我，为“非洲文化和风俗丛书”撰稿。而本书成果也是在其他很多人的协助下才完成的。在此，我要衷心感谢多丽丝·穆拉图、惠灵顿·卡马拉·比阿巴托、阿尔维拉、布鲁斯·爱德华兹、纳夫塔利·曼迪教向我讲授了坦桑尼亚的一些事情。同时我也很感激阿克基斯，在我打算写这本书之前就给了我参观坦桑尼亚内陆地区的机会。我从这次旅行中汲取到的见识对于撰写此书书稿至为重要。

感谢美国书目中心克利欧出版社（ABC-CLIO）的凯特琳·希尔米罗、埃琳·瑞恩、詹姆斯·戴尔、米歇尔·斯科特以及先导媒体全球公司（PreMedia Global）的布万尼斯瓦里·拉欣娜姆对于完成本书做出的耐心指导。

感谢克曼托、莫瑞、莫瑞卡使整个工作富有意义。我也要向我的父母希斯伦和普里西拉，还有我的祖父母、外祖父母内奥米·克曼托·梅罗卡、梅罗卡·奥克姆瓦、黛拉·克曼托·尼姆贝加、尼姆贝加·纳赛尔·蒂戈表示感谢。因为他们让我站在他们的肩膀上，所以，我能够看得更远。我也要感谢基石教会成员多年来对我坚定不移的爱与支持。

感谢博林格林州立大学给我提供了一个极好的工作机会和环境。感谢我的大家庭——我的朋友、同事，感谢在我人生这段旅途中有你们的陪伴。

对于任何一份致谢名单来说，一定都是不完整的，因此，我还要感谢许多帮助过我的人而我却无法一一说出他们的名字。但是，最后我还要感谢上帝的赐福。就像《诗篇》作者大卫王一样，我也常常疑惑："人算什么，你竟顾念他；世人算什么，你竟眷顾他?"（新国际版圣经《诗篇》第八卷第四页）

年 表

360 万年前

早期人类（人科动物）在现在的坦桑尼亚大陆北部出现、游荡。

300 万年前

能人（“灵巧人”）在现代的肯尼亚和坦桑尼亚大陆附近演化。

50 万~100 万年前

直立人出现，同时能使用工具如斧子，其中一些工具已在靠近奥杜瓦伊峡谷和伊林加附近的湖泊出土。智人在不久后出现，并有更先进的工具制作技巧。

5 万年前

零散的狩猎采集者群体栖息于坦桑尼亚，居住在孔多阿附近的一些岩洞。现代的桑达韦人和哈扎人被认为是这些狩猎采集者的后裔。

3000 年前

库希特语族（如伊拉库族）从东北部迁入，而后来他们被一波又一波的尼罗河民族（如现在的马赛人）吸收进去。

公元前 1000 ~ 公元 1 年

班图移民从北部和南部进入大陆，带来了陶器和铁器制作工艺，兼并了该区域的狩猎采集者。

公元 40 ~ 70 年

希腊指南书《厄立特里亚海航行记》中提到，拉普塔是阿扎尼亚海岸（东非）的一个贸易中心，阿拉伯人在那里用短柄斧、匕首、长矛、玻璃器皿、小麦和布匹交换象牙、犀牛角、龟甲和椰子油。住在海岸一带的人“喜欢做海盗，身材高大，听命于头人”，后来托勒密在其《地理学》中证实，他们拥有暗黑色皮肤，高大身材，以能言善辩和战斗精神闻名。该地被称为僧祇国。之后，现代的桑给巴尔也被称为僧祇国。

700 年

阿拉伯殖民者开始在桑给巴尔、马菲亚和基尔瓦岛建造城镇并将伊斯兰教引入非洲东部。

1107 年

桑给巴尔西南部的基济姆卡济市建造了东非的第一座清真寺。

1200 年

来自波斯设拉子的设拉子人后裔在桑给巴尔定居，并建立了新王朝。他们与当地人通婚，就形成了斯瓦希里人。该地居民并与内陆居民进行贸易开发。

1330 年

伊本·白图泰造访基尔瓦苏丹。统治者苏丹阿尔哈桑·伊本·苏莱曼的谦卑和宗教以及基尔瓦的规划给伊本·白图泰留下了深刻印象。

14～18 世纪

人们从姆贝亚地区伊武纳及基戈马地区乌温扎的泉水中提取出盐，同时盐也成为早期贸易的重要商品。

15 世纪

基尔瓦从赞比西河南部的索法拉港口获得黄金贸易的控制权，这一财富帮助其建造了很可能算得上撒哈拉以南的非洲地区最大的伊斯兰建筑。

1498 年

葡萄牙探险家达·伽马成为第一个绕好望角，沿非洲东海岸航行发现基尔瓦的欧洲人。在达·伽马的描述中，基尔瓦是一个拥有 12 000 人口的大城市，有精致的石头、砂浆建成的有台阶的建筑。不久之后，葡萄牙将东非开拓为殖民地，并把它用作去往中东和印度路上的一个中转站。葡萄牙人还试图与非洲人贸易，但是他们的残忍（非洲人因此称他们为魔鬼）使他们不得成功。

1631 年

奔巴岛反抗葡萄牙人的统治，但反抗被无情地镇压。

1652 年

阿曼阿拉伯人劫掠桑给巴尔。

1698 年

阿曼阿拉伯人占领了蒙巴萨、肯尼亚，结束了葡萄牙在东非的殖民统治。至此，葡萄牙被土耳其人的洗劫所削弱。虽然如此，葡萄牙还是留下了遗产，包括斯瓦希里语中借用的一些词汇，一些城堡（例如，肯尼亚的耶稣堡）以及奔巴岛上斗牛习俗的引进。

1811 年

托马斯·斯密船长访问了桑给巴尔，发现它面积广阔、人口稠密、环境脏乱、不卫生。

1818 年

原产于南太平洋的摩鹿加群岛的丁香树，被引入奔巴岛和桑给巴尔岛。合在一起，这两个岛屿就成为世界上最大的丁香产地。

1829 年

来自马达加斯加的萨卡拉瓦食人族劫掠了马菲亚，吃掉了大多数受害者。

1832 年

阿曼马斯喀特的苏丹赛义德·萨伊德定桑给巴尔为都。他鼓励与阿拉伯、波斯和印度进行贸易，和美国、法国、英国签订商业条约。同时，他也确保与当地的哈迪玛人及其酋长姆问·伊姆库（大领主）建立良好关系。他从事奴隶、象牙、兽皮、货贝、树胶脂和丁香的贸易。

1845 年

艾哈迈德·本·默罕默德·哈桑·阿拉维在桑给巴尔的邓加建造了一座带有清真寺的富丽堂皇的宫殿。此建筑群现在已成废墟。

1848 年

德国传教士约翰·路德·维希·克拉普夫访问乌桑巴拉的国王克米威利。

1848 年

德国传教士约翰·雷布曼到达乞力马扎罗山脚下。

1856 年

桑给巴尔脱离阿曼成为一个独立的国家。

1857～1858 年

理查德·伯顿和约翰·汉宁斯贝克沿着商路到达坦桑尼亚西北部附近的大湖。

1858 年

大卫·利文斯通为英国政府勘查了东部和中部非洲。

1866 年

大卫·利文斯通从桑给巴尔出发，前往坦桑尼亚大陆进行其最后一次探险。

1868 年

桑给巴尔苏丹允许圣灵会在中非东部的巴加莫约建立第一个天主教传教团。

1871 年（10 月 27 日）

亨利·斯坦利在坦噶尼喀湖岸的乌吉吉小镇发现了大卫·利文斯通，完成了寻找大卫·利文斯通的使命。

1872 年

曾从桑给巴尔出发探索非洲内陆的理查德·弗朗西斯·伯顿，出版了两卷集《桑给巴尔岛：城市、岛屿和海岸》。

1873 年

苏丹赛义德·巴伽什根据英国海军的命令禁止奴隶从桑给巴尔出口。

1874 年（12 月 24 日）

大卫·利文斯通的同伴阿卜杜拉·苏西和詹姆斯·丘马，带着大卫·利文斯通的干尸从赞比亚奇坦博出发，历时 11 个月，行走 1 500 英里到达巴加莫约。而大卫·利文斯通于 1873 年 5 月 4 日已经死亡。最终他被安葬在伦敦的西敏寺。

1884 年

苏丹赛义德·巴伽什在桑给巴尔建造了珍奇宫。

1888 年

东非南部处于德国统治之下。

1888 年（4 月 28 日）

卡尔·彼得斯博士（为其德国东非公司）从桑给巴尔苏丹那里获得对沿海地带的管辖权。阿布希里·本·萨利姆领导当地非洲人、亚洲人和阿拉伯人反抗德国统治。但起义最终在冯·威斯曼少校指挥的更多德国军队的援助下被镇压下去。

1890 年

桑给巴尔苏丹为了微不足道的黄金将沿海地带割让出去。随着坦噶尼喀正式成为德属东非，德国东非公司被解散。而坦噶尼喀成为德属东非也遭到来自非洲人的很多抵抗，例如马琴巴领导下的姚族以及姆克瓦瓦酋长领导下的赫赫族展开的斗争。

1894 年

姆克瓦瓦酋长的森严戒备的王城卡伦加在长期斗争之后落入德国人手中。

1897 年

桑给巴尔的奴隶制被废除，但是国内奴隶制一直持续到 1917 年。

1897 年

英国圣公会主教斯蒂尔在桑给巴尔原来的奴隶市场开始建

造基督教大教堂。教堂带有一个小十字架，由 1873 年大卫·利文斯通博士死的地方的那棵奇坦博树做成。

1905 年

德国人引入了人头税和强迫劳动，迫使非洲人融入货币经济。德国人利用非洲人建设大型剑麻、棉花、咖啡和橡胶种植园。

1905 年

德国严酷的劳动和经济政策引发了马及马及起义，这场起义夺去了大约 75 000 条非洲人生命。虽然德国人成功地镇压了起义，但该起义成功地将非洲人团结起来，开始鼓动争取独立。

1914 年 12 月

英国从马菲亚岛开始占领德属东非，直到 1918 年 11 月 14 日英国仍遭到德国军队的游击抵抗。

1915 年

非洲第一架飞机在马菲亚飞行。该飞机是由用于第一次世界大战的军用侦察飞机组装而成。

1916 年 5 月 19 日 ~1916 年 9 月 18 日

比利时人占领德属东非的西北部分。

1919 年 5 月 30 日

比利时—英国条约承认当时的卢旺达和布隆迪于 1921 年 3 月归属比利时。

1920 年 1 月 10 日

自 1918 年以来鲁伍马河南部的基永加三角洲被葡萄牙占领，1920 年 1 月 10 日被割让给葡萄牙的殖民地莫桑比克。

1922 年（7 月 20 日）

国联（联合国的前身）授权英国管理其托管地坦噶尼喀。

1922～1929 年

随着受过良好教育的非洲人组织了相互促进社团，例如坦噶的坦噶尼喀领地非洲公务员协会（1922）和达累斯萨拉姆的坦噶尼喀非洲人协会（1929），非洲民族主义运动诞生；同时也出现了如布科巴哈亚人联盟这样的向殖民地官员挑战的民族组织。

1925 年

为便于管理，英国将坦噶尼喀划分为省（由专员领导对总督负责）。但被任命的咨询立法会中没有非洲人。

1926 年

总督唐纳德·卡梅隆因担心印度日益增长的民族主义，采用间接统治政策，即由具有较强传统权威的酋长进行领导。他还建立了本地法院和财政机构。这样就确立了基于部落内部的分而治之的政策。

1946 年（12 月 11 日）

坦噶尼喀成为英国管理的联合国托管地。托管限制了英国在坦噶尼喀的殖民权利，使该殖民权不像在坦噶尼喀的邻国肯尼亚一样自由。然而，托管同样限制了英国人在该国的定居和投资。

1954 年

坦噶尼喀非洲联盟变得更具有政治性，并在尼雷尔的领导下更名为坦噶尼喀非洲民族联盟（TANU）。它打出了自由和统一的口号，开始为了自由向联合国施压。同年，该政府发起了自己的坦噶尼喀统一党（UTP）。

1958 年

坦噶尼喀非洲民族联盟在 1958 年的选举中击败坦噶尼喀统一党，其五名代表成为部长。

1960 年

坦噶尼喀非洲民族联盟取得了另一个选举的完全胜利，使坦噶尼喀迎来和平独立。

1961 年 5 月 1 日

坦噶尼喀实现自治。

1961 年 12 月 9 日

坦噶尼喀从英国管理的联合国托管统治下获得独立。

1962 年 12 月 9 日

坦噶尼喀共和国宣布成立，朱利叶斯 · 尼雷尔成为总统。他执政至 1985 年 11 月 5 日。

1963 年 12 月 19 日

桑给巴尔脱离英国取得独立。

1964 年 1 月

桑给巴尔革命使非洲设拉子党掌握了政权，有效结束了阿拉伯王朝数百年的统治。这场革命也终结了桑给巴尔的阿拉伯人对非洲人的统治。

1964 年 4 月 26 日

坦噶尼喀与桑给巴尔合并形成坦噶尼喀和桑给巴尔联合共和国。

1964 年 10 月 29 日

坦噶尼喀与桑给巴尔联合共和国改名为坦桑尼亚联合共

和国。

1965 年

坦桑尼亚成为一党宪政的民主国家。

1967 年

尼雷尔总统发表实行社会主义和自力更生的阿鲁沙宣言，目标是正义、平等和尊严。为实现上述目标，他对银行、贸易公司、主要工业和土地实行国有化。

1970～1975 年

中国修建了从达累斯萨拉姆到赞比亚的坦赞铁路。

1972 年

政府分权以培养更多的民众参与和实现自我管理。

1972 年

尼雷尔推出了旨在实现自助和自尊的家庭政策，建立了最大化利用农业土地和共享产出的集体村庄。

1974～1975 年

广泛开展村庄化，将分散的农村人口安置在有具备基本服务设施的村庄。

1975 年

雄心勃勃的工业化政策开展，目标是通过满足基本工业需求来实现自力更生。

1977 年 2 月 5 日

尼雷尔总统将大陆的坦噶尼喀非洲民族联盟党、桑给巴尔的执政党和非洲设拉子党合并，形成坦桑尼亚革命党。

1978 年 10 月

乌干达总统伊迪·阿明入侵坦桑尼亚，占领卡格腊地区。

1979 年

坦桑尼亚在乌干达民族解放阵线、乌干达流亡者组织和穆塞韦等反阿明势力的帮助下反抗乌干达。阿明被击败后，逃亡到沙特阿拉伯，最终于 2003 年在那里死去。

1984 年

坦噶尼喀非洲民族联盟党和非洲设拉子党重申合并。

1985 年

朱利叶斯·尼雷尔放弃权力，但保留了坦桑尼亚革命党主席的职务。

1985 年 11 月

阿里·姆维尼成为总统，执政至 1995 年 11 月 23 日。姆维尼执政期间放弃了该国的社会主义经济政策，采用资本主义政策。

1990 年

尼雷尔辞去坦桑尼亚革命党主席的职位。

1990 年

桑给巴尔地区要求独立公投。

1995 年 11 月 23 日

坦桑尼亚举行首次多党选举。本杰明·威廉·姆卡帕胜利，在姆维尼之后继任总统。随后，姆卡帕连任，任期至 2005 年 12 月 21 日。

2000 年

桑给巴尔选举产生争议，结果导致 2001 年 1 月的大屠杀，许多示威者死亡或受伤。

2005 年 12 月 21 日

基奎特继任本杰明·威廉·姆卡帕成为总统。

2010 年 11 月 5 日

基奎特连任总统，而这将是他执政至 2015 年底的最后一个任期。

2010 年

桑给巴尔举行和平选举，产生了民族联合政府。

2011 年

坦桑尼亚庆祝独立 50 周年。

2012 年（5 月）

桑给巴尔发生骚乱，桑给巴尔镇的穆斯林极端分子烧毁了教堂。

第一章 导 论

坦桑尼亚位于非洲东部，是该地区领土和人口规模最大的 1
国家。领土约 364 900 平方英里，略大于美国加州面积的两倍，也差不多是西欧面积的一半；虽然在领土面积上坦桑尼亚比其接壤的东非邻国肯尼亚、乌干达、布隆迪、卢旺达合起来的面积都大，但是，2012 年其 4 500 万的人口与该地区人口第二大国肯尼亚 4 300 万的人口相比只是略高。尽管坦桑尼亚历史上曾被英德两国进行过非同寻常的殖民统治，现代时期尼雷尔总统执政大部分时间里又进行了非洲社会主义实验，但它仍然是非洲政治最稳定的国家之一。

国 土

领土

坦桑尼亚的领土由 342 010 平方英里（948 740 平方公里）的土地和 22 793 平方英里（59 033 平方公里）的水域组成，这一领土面积包括印度洋中的马菲亚岛、奔巴岛、桑给巴尔岛。该国毗邻印度洋，与肯尼亚、乌干达、莫桑比克、赞比亚、刚果民主共和国（DRC，以前称为扎伊尔）、马拉维、布隆迪、卢旺达接壤。陆地边界线总长 2 394 英里（38 522 公
2 里），与肯尼亚和莫桑比克的边界线是其中最长的一段。其印度洋上的海岸线长 883 英里（1 400 公里）。

水资源

坦桑尼亚拥有 19 982 平方英里的内陆水资源，是非洲水域面积最大的国家。该国水域主要包括纳特龙湖、埃亚西湖、马尼亚拉湖、梅特拉湖、鲁夸湖、维多利亚湖（与肯尼亚和乌干达共有）的大部分水域、坦噶尼喀湖（它延伸到布隆迪、刚果民主共和国和赞比亚）和尼亚萨湖或称为马拉维湖（该湖构成该国与马拉维的西南边界）、13.8 英里（23 公里）领海水域和一个 230 英里（370 公里）的印度洋专属经济区水域。维多利亚湖系世界第三大淡水湖（仅次于北美密歇根湖和休伦湖），坦噶尼喀湖系世界第二深湖（仅次于俄罗斯的贝加尔湖），增添了坦桑尼亚的独特性。其中，坦噶尼喀湖也是世界最长的淡水湖泊和世界最窄的主要湖泊之一，长约 420 英里（676 公里），宽度平均在 10 ~ 45 英里（16 ~ 72 公里）之间。其境内主要河流有鲁菲季河、鲁伍马河和大鲁阿哈河等。因地表水资源众多，坦桑尼亚从总体上来说是一个水资源丰富的国家。

地理位置和气候

坦桑尼亚靠近赤道，属于热带气候，降水和气温特征主要受海拔和季风模式的影响。其气候分布带如下：狭窄的沿海低

地属于炎热潮湿的热带气候，内陆则属于温暖干燥的热带气候。而温带和极地气候分布在海拔超过 6 563 英尺的该国最高山脉的上斜坡上，例如，格莱山（9 650 英尺）、尤格韦山（9 706英尺）、哈南山（11 211 英尺）、卢马拉辛山（11 965 英尺）、梅鲁山（14 973 英尺）和乞力马扎罗山（19 340 英尺）。

山脉和峡谷

坦桑尼亚拥有非洲最高的山和最深的湖。它们分别是高 19 340 英尺的乞力马扎罗山和深 4 708 英尺的坦噶尼喀湖。坦噶尼喀湖的深度源于其位于大裂谷底部，而大裂谷大部分位于坦桑尼亚。坦桑尼亚剩余部分的海拔大多处于 0 英尺和6 562 英尺之间。

坦桑尼亚有两个主要山区，分别是北部的阿鲁沙、乞力马扎罗地区，这里有乞力马扎罗山、梅鲁山等，以及南部的鲁夸、姆贝亚、伊林加地区，这里有波罗托山和利文斯敦山等。同时该国也拥有广阔的沼泽或湿地区域，包括巴希、腾迪戈、文贝雷河、乌桑古、基巴西腊和萨加腊。

植被

3

坦桑尼亚的植被类型和它的气候、地貌类型密切相关。随海拔下降，植被类型依次是森林、林地、灌木丛、有树草地、草地、湿地、沙漠和半沙漠。该国森林覆盖率较低，大多分布在阿鲁沙、乞力马扎罗、坦噶、伊林加和卡盖拉为主的湿润高地区域。林地也许是坦桑尼亚最常见的植被类型，分布在占国土面积一半的南方大片湿润地区。

除森林和林地领域以外是有树草地、草地、湿地、半沙漠和沙漠。在桑给巴尔群岛，有树草地分布在湿润的西半岛，而草地分布在干燥的东半岛。在全国各地，植被类型越来越受人类活动和野生动物种群的影响。随着坦桑尼亚人口不断增长，日益造成许多地区森林砍伐和沙漠化，该国野生动物栖息地越来越小，威胁着该国野生动物公园和保护区。

4 人　口

坦桑尼亚当前人口 4 500 万人，相较于 2002 年人口普查的近 3 500 万人（见表 1.1）[①]，增加了 1 000 万人。坦桑尼亚人口由 99% 的非洲人和 1% 非非洲人组成。非洲人口分属 120 多个族群，其中约十二个族群构成该国人口的大部分，苏库马人是全国最大的族群，而查格人可能是最西化和进取的族群。同时人口超过百万的部族有苏库马人、查加人、哈雅人和尼亚姆维齐人。其他大的族群还包括哈扎皮人、马赛人、戈戈人、赫赫人和马孔德人。由于该国没有哪个主要族群占主导地位，国内族群冲突有限，因此，政治局面非常安定团结。

该国非洲人口主要系班图族，也有少数尼罗人（如马赛人和洛人）和库希特人（如伊拉库人）。非非洲人数量较少，

---

① 坦桑尼亚国家网站：《2002 年人口和住房调查：综合报告》，2003 年，http：//www.tanzania.go.tz/censusf.html；国家统计局：《2008 年坦桑尼亚数据》，2009 年 9 月，http：//www.nbs.go.tz/，2012 年 11 月 5 日访问。

由亚洲人、阿拉伯人和欧洲人组成。坦桑尼亚人信仰多种宗教，大陆居民主要信奉基督教、伊斯兰教和非洲传统宗教；桑给巴尔群岛居民则几乎全部信奉伊斯兰教。

坦桑尼亚居民大部分（97%）生活在大陆（以前称为坦噶尼喀），剩下的居民生活在以桑给巴尔岛和奔巴岛为主的桑给巴尔群岛。2010 年，该国人口最稠密的大陆地区是姆万扎、达累斯萨拉姆、姆贝亚和卡盖拉，而人口最稀疏的大陆地区是滨海和林迪（见表 1.1）。姆万扎、姆贝亚和卡盖拉人口稠密，部分源于适宜的环境和良好的文化条件，但达累斯萨拉姆人口稠密，则是由于自然增长率高，并且农村人口流入全国首屈一指的城市中心。

地区差异也体现在总户数数量的变化上，人口最密集的地区大多也拥有最多的户数。而达累斯萨拉姆是一个特例，虽然总人口在全国排名第三，但户数却最多。这种情况的产生是因为，达累斯萨拉姆是一个拥有许多单身家庭的城市化地区。桑给巴尔群岛的总户数比大陆所有地区都少（见表 1.2）。

坦桑尼亚人口密度适中，即每平方公里 46 人（每平方英里 119 人），但基于土地面积、经济活动、经济发展、文化、城市化和环境条件（如气候、水源和土壤肥力等）衡量，人口密度有明显的区域差异（见表 1.3）。 7

土地面积有限对人口密度的影响，最好的例证也许是桑给巴尔群岛。桑给巴尔群岛有四个农村地区，即西部城市化地区、南奔巴岛、北奔巴岛和北安古迦岛，其中三个地区的人口密度超过除达累斯萨拉姆之外所有的大陆地区。事实上，甚至群岛中人口密度最低的南安古迦岛，仍比除了达累斯萨拉姆和

表 1.1 人口普查及人口普查的增长率(按 2002 年人口普查排序)

地区	人口普查实际人口					增长率		性别比例
	1967 年	1978 年	1988 年	2002 年	2010 年估计值	1978 ~ 1988 年	1988 ~ 2002 年	2002 年
姆万扎(Mwanza)	1 055 883	1 443 379	1 876 635	2 942 148	3 566 000	2.6	3.2	98
希尼安加(Shinyangaa)	899 468	1 323 535	1 763 800	2 805 580	3 842 000	2.9	3.3	95
达累斯萨拉姆(DaresSalaam)	356 286	843 090	1 360 850	2 497 940	3 118 000	4.8	4.3	102
姆贝亚(Mbeya)	753 765	1079 864	1 476 278	2 070 046	2 662 000	3.1	2.4	92
卡盖拉(Kagera)	658 712	1 009 767	1 313 594	2 033 888	2 564 000	2.7	3.1	97
莫罗戈罗(Morogoro)	682 700	939 264	1 220 564	1 795 809	2 115 000	2.6	2.6	99
塔波拉(Tabora)	502 068	817 907	1 036 150	1 717 908	2 349 000	2.4	3.6	97
多多马(Dodoma)	709 380	972 005	1 235 328	1 698 996	2 112 000	2.4	2.3	94
基戈马(Kigoma)	473 443	648 941	856 770	1 679 109	1 814 000	2.8	4.8	93
坦噶(Tanga)	771 060	1 037 767	1 280 212	1 642 015	1 967 000	2.1	1.8	94
伊林加(Iringa)	689 905	925 044	1 193 074	1 495 333	1 737 000	2.7	1.5	90
乞力马扎罗(Kilimanjaro)	652 722	902 437	1 104 673	1 381 149	1 636 000	2.1	1.6	94
马拉(Mara)	544 125	723 827	946 418	1 368 602	1 823 000	2.9	2.5	91
阿鲁沙(Arusha)	610 474	926 223	744 479	1 292 973	1 665 000	3.8 +	4	97
鲁夸(Rukwa)	276 091	451 897	698 718	1 141 743	1 503 000	4.3	3.6	96

续表 1.1

地区	人口普查实际人口					增长率		性别比例
	1967 年	1978 年	1988 年	2002 年	2010 年估计值	1978 ~ 1988 年	1988 ~ 2002 年	2002 年
姆特瓦拉(Mtwara)	621 293	771 818	889 100	1 128 523	1 324 000	1.4	1.7	90
鲁伍马(Ruvuma)	395 447	561 575	779 875	1 117 166	1 375 000	3.4	2.5	95
辛吉达(Singida)	457 938	613 949	792 387	1 090 758	1 367 000	2.5	2.3	95
马尼亚拉(Manyara)	—	—	603 691	1 040 461	1 388 000	—	3.8	106
滨海区(Pwani)	428 041	516 586	636 103	889 154	1 063 000	2.1	2.4	98
林迪(Lindi)	419 853	527 624	646 494	791 306	924 000	2	1.4	93
大陆	11 958 654	17 036 499	22 455 193	33 584 607	41 914 000	2.8	2.9	96
西部城市(Urban West)	95 047	142 041	208 571	391 002	483 000	3.8	4.5	95
北奔巴岛(North Pemba)	72 015	106 290	137 189	186 013	254 000	2.6	2.2	96
南奔巴岛(South Pemba)	92 306	99 014	127 623	176 153	247 000	2.6	2.3	95
北安古迦岛(North Unguja)	56 360	77 017	96 989	136 953	177 000	2.3	2.5	96
南安古迦岛(South Unguja)	39 087	51 749	70 313	94 504	113 000	3.1	2.1	102
桑给巴尔	354 815	476 111	640 685	984 625	1 274 000	3	3.1	96
坦桑尼亚	12 313 469	17 512 610	23 095 878	34 569 232	43 188 000	2.8	2.9	96

数据来源：http：//www. nbs. go. tz/。

表 1.2　2002 年不同区域的人口，家庭以及区域家庭平均规模（按户排序）

7

地区	人口	家庭	平均家庭规模
达累斯萨拉姆	2 497 940	596 264	4.2
姆万扎	2 942 148	495 400	5.9
姆贝亚	2 070 046	491 929	4.2
希尼安加	2 805 580	445 020	6.3
卡盖拉	2 033 888	394 128	5.2
莫罗戈罗	1 759 809	385 260	4.6
多多马	1 698 996	376 530	4.5
坦噶	1 642 015	356 993	4.6
伊林加	1 495 333	346 815	4.3
乞力马扎罗	1 381 149	297 439	4.6
姆特瓦拉	1 128 523	293 908	3.8
塔波拉	1 717 908	291 369	5.9
阿鲁沙	1 292 973	286 579	4.5
马拉	1 368 602	246 600	5.5
基戈马	1 679 109	242 533	6.9
鲁伍马	1 117 166	232 340	4.8
鲁夸	1 141 743	222 868	5.1
辛吉达	1 090 758	217 572	5
滨海区	889 154	200 919	4.4
马尼亚拉	1 040 461	199 860	5.2
林迪	791 306	190 761	4.1
大陆	33 584 607	6 811 087	4.9
西部城市	391 002	74 363	5.3
北奔巴岛	186 013	33 019	5.6
南奔巴岛	176 153	29 776	5.9

续表 1.2

地区	人口	家庭	平均家庭规模
北安古迦岛	136 953	27 854	4.9
南安古迦岛	94 504	19 937	4.7
桑给巴尔总计	984 625	184 949	5.3
坦桑尼亚总计	34 569 232	6 996 036	4.9

数据来源：http：//www. nbs. go. tz/。

姆万扎之外的大陆地区人口密度高。西部城市是群岛中的城市化地区，是仅次于达累斯萨拉姆地区的第二大人口密集区 10
（见表 1.3）。

年龄结构

坦桑尼亚的人口大多是处于生育年龄段的年轻人。因此，该国人口将在未来许多年持续增长。该国的男女性别比例为 98:100，处在正常范围内。

人口增长

2010 年，坦桑尼亚的人口年均增长率约为 2%，出生率和死亡率分别为 33‰和 12‰，净迁移率为 -1‰。所以，很明显，坦桑尼亚的人口变化（这里指人口增长）主要是自然增长（每 1000 人中出生人数比死亡人数多 21）而不是迁移。人口净迁移率为负，即大约每 1000 人口有 1 人迁出，意味着该国迁出人口比迁入人口多。这是因为该国社会经济条件落后，迫使更多的人选择离开而不是进入该国。

表 1.3　1967 年、1978 年、1988 年、2002 年及 2008 年的地区人口密度

地区	土地面积				密度							
	1967 年				1978 年		1988 年		2002 年		2008 年	
	Km^2	Mi^2	Km^2	Mi^2	Km^2	Mi^2	Km^2	Mi^2	Km^2	Mi^2	Km^2	Mi^2
达累斯萨拉姆	1 393	538	256	663	605	1 567	977	2 530	1 793	4 644	2 961	7 669
姆万扎	19 592	7 565	54	140	74	192	96	249	150	388	168	435
乞力马扎罗	13 309	5 139	49	127	68	176	83	215	104	269	121	313
卡盖拉	28 388	10 961	23	60	36	93	47	122	72	186	82	212
马拉	19 566	7 554	28	73	37	96	50	129	70	181	77	199
姆特瓦拉	16 707	6 451	37	96	46	119	53	137	68	176	75	194
坦噶	26 808	10 351	29	75	39	101	48	124	61	158	70	181
希尼安加	50 781	19 607	18	47	26	67	35	91	55	142	70	181
基戈马	37 037	14 300	13	34	18	47	23	60	45	117	45	117
多多马	41 311	15 950	17	44	24	62	30	78	41	106	49	127
阿鲁沙	36 486	14 087	—	—	—	—	20	52	35	91	44	114

续表 1.3

地区	土地面积				密度							
	1967 年				1978 年		1988 年		2002 年		2008 年	
	Km^2	Mi^2	Km^2	Mi^2	Km^2	Mi^2	Km^2	Mi^2	Km^2	Mi^2	Km^2	Mi^2
姆贝亚	60 350	23 301	12	31	18	47	25	65	34	88	42	109
滨海区	32 407	12 512	13	34	16	41	20	52	27	70	31	80
伊林加	56 864	21 955	12	31	16	41	21	54	26	67	29	75
莫罗戈罗	70 799	27 336	10	26	13	34	17	44	25	65	28	73
塔波拉	76 151	29 402	7	18	11	28	14	36	23	60	29	75
马尼亚拉	45 820	17 691	—	—	—	—	13	34	23	60	28	73
姆贝亚	60 350	23 301	12	31	18	47	25	65	34	88	42	109
辛吉达	49 341	19 051	9	23	12	31	16	41	22	57	26	67
鲁伍马	63 498	24 517	6	16	9	23	12	31	18	47	20	52
鲁夸	68 635	26 500	4	10	7	18	10	26	17	44	20	52
林迪	66 046	25 500	6	16	8	21	10	26	12	31	13	34

续表 1.3

地区	土地面积				密度							
	1967 年				1978 年		1988 年		2002 年		2008 年	
	Km^2	Mi^2	Km^2	Mi^2	Km^2	Mi^2	Km^2	Mi^2	Km^2	Mi^2	Km^2	Mi^2
大陆	881 289	340 267	14	36	19	49	26	67	38	98	45	117
西部城市	230	89	428	1 109	640	1 658	906	2 347	1 700	4 403	1 998	5 175
北奔巴岛	332	128	226	585	242	627	385	997	531	1 375	681	1 764
南奔巴岛	574	222	157	407	232	601	239	619	324	839	408	1 057
北安古迦岛	470	181	124	321	169	438	206	534	291	754	352	912
南安古迦岛	854	330	47	122	62	161	82	212	111	287	125	324
桑给巴尔	2 460	950	149	386	201	521	260	673	400	1 036	485	1 256
坦桑尼亚	883 749	341 217	14	36	20	52	26	67	39	101	46	119

数据来源：国家统计局，1967 年、1978 年、1988 年、2002 年及 2008 年的人口和住房普查，http：//www. nbs. go. tz/。

国家统计局、规划、经济与授权部：《坦桑尼亚 2002 年人口普查的分析报告（第 10 卷）》，坦桑尼亚联合共和国达累斯萨拉姆，2006 年，http：//www. nbs. go. tz/takwimu/references/2002popcensus. pdf，2012 年 10 月 1 日访问。

注：Km^2 指平方公里，Mi^2 指平方英里。基于平方英里的密度数据都是作者估计的。

2010年，坦桑尼亚社会经济情况低迷的另一项指标是其国民糟糕的健康状况。例如，该国婴儿死亡率高达68‰，位居世界第22位。相比之下，美国排名世界第178——就此而言，排名较低意味着该国社会经济发展较差。2010年，美国男婴和女婴死亡率几乎相等。与美国不同，坦桑尼亚男婴死亡率比女婴高15倍。这一差别表明，坦桑尼亚的孕产妇、新生儿和一般健康卫生条件较差。于是，坦桑尼亚妇女总和生育率稍大于4，是美国生育率的两倍，但婴儿死亡率却比美国高很多。换句话说，在某种程度上，坦桑尼亚妇女比美国妇女生的孩子更多，依此避免因该国婴儿死亡率高而导致将来无子女。

除了婴儿死亡率高，坦桑尼亚流行传染病、食物或水传播的疾病（例如，细菌性下痢、肝炎、伤寒）、病媒传播疾病（例如，疟疾和鼠疫）、与水接触产生的疾病（如裂体吸虫病或血吸虫病）。该国艾滋病毒/艾滋病的成人患病率约为6.2%，即每年约有140万人罹患艾滋病，96 000人死于该病。疟疾是由蚊子传播的常见而古老的热带疾病，而坦桑尼亚处于热带气候，几乎常年温暖，蚊子很多。与疟疾比起来，艾滋病毒/艾滋病的肆虐就显得黯然失色了。疟疾每年使几乎一半的坦桑尼亚人感染，同时使将近100 000人死于该病，因而坦桑 11
尼亚是世界上疟疾肆虐的中心地带之一。虽然疟疾可以预防、治疗、治愈，但由于贫困程度较高，加上卫生医疗设施不足，医护人员缺乏，交通基础设施落后，输血感染以及抗疟药物费用相对较高，这种疾病仍然在坦桑尼亚肆虐，并对坦桑尼亚的社会和经济造成重大的负面影响。国家和国际对疟疾关注的增加开始逆转该病对坦桑尼亚的破坏性影响。[①]

语　言

坦桑尼亚口语的多样性反映了人口的多样性。在该国超过120个土著族群里每一族群都有自己的方言或本地语言，所以，族群间常用该国的官方语言斯瓦希里语或英语进行沟通。英语也是商业、行政和高等教育中的主要用语。在桑给巴尔群岛，吉安古加语（斯瓦希里语的一种方言）和阿拉伯语被广泛使用。斯瓦希里语促进了沿海的本土班图人和阿拉伯商人交流、合作，从而吸收了他们语言和文化中的一些重要的方面。斯瓦希里语也从肯尼亚—坦桑尼亚的沿海地区的边缘用语发展成为东非和中非的通用语，随着时间的推移，它从包括英语在内的众多源泉吸收了词汇。在中非，斯瓦希里语吸收了许多地方语言的词汇，特别是林加拉语。

坦桑尼亚两种官方语言中，斯瓦希里语比通常在正规学校系统中习得的英语使用更广泛。首先因为大多数坦桑尼亚人是班图人，斯瓦希里语主要使用班图语的语言结构和词汇，于是班图人学习斯瓦希里语具有天生的优势。此外，自独立以来，坦桑尼亚为统一国家而大力推广斯瓦希里语——这一目标在很大程度上得到实现。另外，不同于坦桑尼亚的其他许多土著语

① 欧文·戴尔：《坦桑尼亚防治疟疾的战斗不断成功》，载《匹兹堡邮报》，2006年6月7日，http://www.post-gazette.com/pg/06158/696104114.stm，2012年12月5日访问。

言，斯瓦希里语自13世纪以后就成为书面语言，有促进该语言发展的许多丰富的文献。

采用、推广斯瓦希里语作为坦桑尼亚的官方和民族语言，国家的快速现代化和人口迁移、混合的增加，对该国许多土著语言的生存日益构成威胁，特别是使用较少的语言。令人担忧
的是，该国的一些土著语言，如阿萨柯斯美语（Aasáx）和克 12
瓦德扎语（Kwádza），现在已经消失了。

教　育

提供优质教育，为国家经济补充有技术的劳动力是坦桑尼亚国家最优先发展的项目之一。此外，坦桑尼亚希望教育部门能够支持其创建一个强大的、有竞争力的区域性和全球性的经济体，以满足日益增长的人口的社会、经济和技术需要。为保证国家的教育系统不负期望，坦桑尼亚致力于保障公民有越来越多、平等的机会去接受高质量的正规教育和成人教育。该国还通过不断扩大教育设施，改善、保持教育的高效率运作，加大教育投入以持续提高教育质量，最大限度地供给和利用教育资源，来逐步实现上述目的。2003年，坦桑尼亚的识字率——即能读写斯瓦希里语、英语或阿拉伯语的15岁及以上人口——为78%，其中男性识字率为86%，女性识字率为71%。[①]

① 坦桑尼亚联合共和国：《教育》，http://www.tanzania.go.tz/profilelf.html，2011年1月19日访问。

坦桑尼亚的正规教育结构包括初等、中等和高等，学制为2-7-4-2-3。即两年的学前教育和七年的小学教育（初等）、四年的初中或普通教育、两年的高中或高级教育（中等）、三年或以上的大学或高等教育。初等教育层次还包括非正规成人教育，同时高等教育也包括其他非大学高等教育机构如师范学院。

该国教育部门主要受教育和职业培训部（MOEVT）的管理。MOEVT的愿景是，“到2025年，将坦桑尼亚人培养成受过良好教育、知识渊博、有技能同时文化成熟的人，以应对国内、国际上各种政治和社会经济领域内的挑战。”[1] 通信、科学和技术部（MCST）与MOEVT互补，它试图构建一个以知识为基础，具备高度的科学技术发展创新能力的坦桑尼亚社会。[2] 虽然通信、科学和技术部与坦桑尼亚的大学紧密合作，但是，它与教育和职业培训部都不负责大学的管理。相反，该国2005年的大学法案从法律上明确了国家高等教育系统的管理权限，并成立了坦桑尼亚大学委员会（TCU）。该委员会的
13 职能是，“审核、认证国家的大学及其项目；批准相关考核规定，确定相当的考核标准，认可坦桑尼亚国内外的高等教育机构授予的奖项。”各个大学根据自己的章程自治的权利服从于

---

① 教育和职业培训部：《愿景》《使命》和《关于教育和职业培训部》，2010年，http：//www. moe. go. tz/index. php，2011年1月19日访问。

② 通信、科学和技术部：《关于通信、科学和技术部》，2008年，http//www. mst. go. tz/，2011年1月19日访问。

这个总体框架。[①]

坦桑尼亚的教育系统使用斯瓦希里语和英语作为教学语言。斯瓦希里语在初等教育层次作为教学语言，在中等教育层次是一门必修科目，在高等教育层次是一门选修科目。相反，英语在中等、高等层次作为教学语言，在初等层次是一门必修科目。该国双语政策一方面使公民可以使用斯瓦希里语进行沟通并了解、认识民族文化遗产，英语又能把该国公民与更广阔的全球社会连接起来。总的来说，坦桑尼亚人的斯瓦希里语精通程度比英语好。

从独立到20世纪90年代中期，政府一直是教育部门发展的主推力量。但由于资源限制，政府也努力创造有利环境使公众、非营利组织（如非政府组织）和私营实体推动教育的发展，从而总体上简化教育管理，促进教育部门的扩大。来自友好国家如英国和美国的双边金融、技术以及研究援助也有助于促进坦桑尼亚教育部门的发展。

目前，坦桑尼亚有18所大学，包括达累斯萨拉姆大学（UDSM）、索科因农业大学（SUA）和莫西比利健康及相关科学大学（MUHAS）。虽然其中8所是公立的，10所是私立的，但大多数规模较大、历史较悠久的大学都是公立的。坦桑尼亚还有15个主要的大学学院以及其他高等教育和培训机构，包括农业机械化和农村技术中心、国家医学研究院（NIMR）和塞伦盖蒂野生动物研究所。

① 坦桑尼亚大学委员会：《欢迎访问坦桑尼亚大学委员会网站》，http：//www. tcu. go. tz/，2011年1月19日访问。

2009～2010 学年，全国 117 057 名大学生中，约 1/3（42 107 名，36%）是女性，而剩下的约 2/3（74 950 名，64%）为男性。依机构类型，女学生的比例依次为，公立大学 30%，私立大学 38%，理工科大学 43%。大学招生中的性别差异由许多因素造成，包括许多家庭重男轻女，在教育投资上偏向于男孩。该国 18 所大学中，只有莫西比利健康及相关科学大学在 2009～2010 学年招收的女性学生超过男性学生。而这是因为，在坦桑尼亚，护理职业通常被认为是女性的专利。大学生
14 性别比率差异也反映在高教机构的学术和行政人员上——女性员工仅占 29%（1 467 名）。[1]

尽管坦桑尼亚有许多高等院校，但由于缺少物质、人力和财务资源，该国仍远未满足其高等教育的需求。物质设施缺乏导致日益拥挤，而师资力量不足则是引起师生比率日益不协调和教育水平不断下降的一个主要原因。此外，该国的许多高等院校在各自的学科领域缺乏受过高级培训的教师。达累斯萨拉姆大学可能是该国唯一一个有充足合格教学人员的学校，该校约有 70% 的教师在各自的领域具有博士学位。[2] 其他高校里教学人员中有博士学位的比例较小。师资短缺在自然科学领域尤甚。坦桑尼亚高等教育系统面临的其他挑战还包括，教师队伍年龄老化，教师工资偏低，养老金系统不完善以及由于高等院

① 坦桑尼亚大学委员会：《大学角》，http：//www.tcu.go.tz/，2011 年 1 月 19 日访问。

② 韦奇拉·基戈图：《哲学博士：非洲大学极少够格》，载《英文虎报》，2008 年 9 月 10 日，http：//www.eastandard.net/，2011 年 1 月 19 日访问。

校经费不足和学习设施不合格而频繁发生的学生罢学和暴乱。上述许多问题在资源通常比公立院校更加短缺的民办高校也很普遍。

城　市

坦桑尼亚大约有 300 个主要城市地区。其中最大的城市有达累斯萨拉姆、姆万扎、桑给巴尔、阿鲁沙和姆贝亚（见表 1.4）。如表 1.4 所示，坦桑尼亚的城市人口规模变化很大，从达累斯萨拉姆的近 300 万人到姆潘达的 64 000 多人。全国各地还分布着数百个较小的城市地区。①

表 1.4　2008 年坦桑尼亚的主要城市地区

15

排名	城市	人口	排名	城市	人口
1	达累斯萨拉姆	2 538 100	13	穆索马(Musoma)	114 500
2	姆万扎	400 300	14	伊林加	112 900
3	桑给巴尔	372 400	15	乌温扎	111 700
4	阿鲁沙	299 200	16	卡通巴(Katumba)	105 000
5	姆贝亚	271 600	17	希尼安加	98 300
6	莫罗戈罗	234 200	18	姆特瓦拉	98 000
7	坦噶	220 900	19	基洛萨(Kilosa)	93 200
8	多多马	168 500	20	乌希龙博(Ushirombo)	92 900
9	基戈马	153 300	21	松巴万加(Sumbawanga)	85 000

① 梅卡·特罗尼克斯：《坦桑尼亚市镇人口》，2008 年，http：//www.tageo.com/index-e-tz-cities-TZ-step-4.htm，2011 年 1 月 19 日访问。

续表 1.4

排名	城市	人口	排名	城市	人口
10	莫希(Moshi)	152 700	22	巴加莫约(Bagamoyo)	75 400
11	塔波拉	143 100	23	布科巴(Bukoba)	65 200
12	松盖阿(Songea)	115 100	24	姆潘达(Mpanda)	63 800
以上主要城市区域人口					6 185 300
国内城市人口总数					10 419 287(25%)
国内农村人口总数					30 726 997(75%)
国内人口总数					41 146 284(100%)

数据来源：梅卡·特罗尼克斯（2008），“坦桑尼亚城市和乡镇人口，” http：//www. tareo. com/index-e-tz-cieties-TZ-step-4. htm；坦桑尼亚通信管理局（2006），“截止到 2008 年 6 月 30 日的电信统计数据，” http：//www. tcra. go. tz/publications/telecom. html。

坦桑尼亚主要城市区域大多数位于该国人口最稠密的部分，特别是大陆的濒临印度洋的沿海地区，如达累斯萨拉姆地区以及达累斯萨拉姆市、维多利亚湖周边地区（例如，姆万扎、希尼安加和卡盖拉）以及该国南部部分地区如姆贝亚等。维多利亚湖周围区域之所以有众多的城市地区，是因为有利的环境条件允许它们供养高密度的人口（见前表，表 1.1、表 1.2 和表 1.3）。作为全国首屈一指的城市中心，达累斯萨拉姆数十年来见证了大规模城乡迁移而带来的快速增长的人口。

尽管坦桑尼亚各个城市的历史背景和人口规模不同，但是却面临着许多相似的挑战，包括人口快速增长、城市道路等基础设施不足、高质量住房数量匮乏引发的贫民窟和棚户区的日益增长、卫生设施不足和食品短缺，而这些挑战在社会底层尤为突出。此外，这些城市面临的挑战还包括：高水平的失业率和贫困，学校和医院等社会公共设施数量不足，土地利用的管理不充分导致的城市盲目发展，带动城市发展的人力资源缺乏以及持续依赖不适合当地条件的殖民时期的城市规划和住房标准。[①]

接下来以达累斯萨拉姆、桑给巴尔和多多马为例，介绍坦桑尼亚城市地区的不同起源和特征。[②]

---

① 约翰·布里格斯、戴维斯·姆万富皮：《非洲结构调整时代里城市边缘地区的发展：坦桑尼亚的达累斯萨拉姆市》，载《城市研究》37 卷 4 期，2002 年，第 797 ~ 809 页；卡米路斯 J. 索罗：《对城市环境变化的感知和概念化：达累斯萨拉姆市》，载《地理杂志》174 卷 2 期，2008 年，第 164 ~ 68 页；J·M. 卢苏吉加·基朗德：《非洲城市化和管理策略中公认的概念和理论：竞争持续》，载《城市研究》29 卷 8 期，1992 年，第 1277 ~ 1291 页。

② 詹姆斯·布曾纳、安德鲁·伯顿、尤苏弗·拉维编：《达累斯萨拉姆：一个新兴的非洲大都会的历史》，达累斯萨拉姆/内罗毕：福矛出版社，2007 年，第 13 ~ 75 页；尤塔利旅游有限公司：《达累斯萨拉姆市》，2000 ~ 2008，http//www. utalii. com/Dar-es-salaam/Dar-es-Salaam _ the _ city. htm；安德鲁·伯顿：《非洲的下层阶级：达累斯萨拉姆的城市化、犯罪和殖民秩序》，达累斯萨拉姆：福矛出版社，2005 年；阿道夫·马斯克林：《达累斯萨拉姆的发展和功能》，载《坦桑尼亚地图》（L. 贝里编），伦敦：伦敦大学出版社，1975 年，第 134 ~ 135 页；阿道夫·马斯克林：《达累斯萨拉姆的土地利用》，载《坦桑尼亚地图》（L. 贝里编），伦敦：伦敦大学出版社，1975 年，第 136 ~ 137 页；阿道夫·马斯克林：《达累斯萨拉姆港》，L. 贝里编：《坦桑尼亚地图》，伦敦：伦敦大学出版社，1975 年，第 138 ~ 139 页；穆罕默德·阿尔文、邓肯·威利茨、彼得·马歇尔：《坦桑尼亚之旅》，内罗毕：卡梅拉佩克司国际出版社，1984 年，第 60 ~ 66 页；柯尔斯顿·斯坦德格特：《透过国家博物馆来介绍坦桑尼亚》，达累斯萨拉姆：国家博物馆，1974 年。

达累斯萨拉姆

达累斯萨拉姆市是坦桑尼亚最大的城市。坐落于坦桑尼亚的达累斯萨拉姆地区，濒临印度洋。现有人口250万人，比全国第二大城市姆万扎人口多很多。达累斯萨拉姆虽然不再是坦桑尼亚的首都，但仍然是该国的社会、教育、外交和经济中心。

约1 000年前该市开始成为布拉瓦人的定居点。布拉瓦人曾定居在该市目前的姆布瓦马吉、基伍孔尼、姆吉姆韦利亚和格扎乌洛莱地区。桑给巴尔苏丹（阿拉伯语为国王）萨义德·马吉德，本来以为它是一个渔村，于大约1857年开始建
16 设这个地方，最后在1866年给它起了当前的名字达累斯萨拉姆（阿拉伯语意为“世外桃源”）。

在德国和英国的殖民统治下，达累斯萨拉姆是一个种族隔离的城市，有三个主要区域：欧洲区、印度区和非洲区。欧洲区分布在牡蛎湾/穆萨萨尼地区；印度区靠近乌潘加地区；非洲区分布在卡里亚库（驻扎着军队）、基农多尼、马戈梅尼、和特梅尼。从殖民时期起，住房质量、城市基础设施和便利设施在三个区域中最好的是欧洲区（虽然这里不再是白人的专属住所），而最差的是非洲区。在殖民时期，该市郊区也自发出现了定居点，从那时起这里就成为有众多人口的大型贫民窟。

该市产业基础合理，主要分布在食品、饮料、石油、纺织、服装、鞋、水泥、铝产品以及制药上。其豪华的海滩酒店，如乞力马扎罗山酒店和皇家棕榈酒店，款待到该国旅游的

许多游客。

在文化上，达累斯萨拉姆非常多样化。除了占人口多数的 17
黑人人口外，该市还包括许多亚洲人（印度人）、阿拉伯人、欧洲人后裔。该市的印度和欧洲人人口大多可以追溯到 19 世纪 80 年代晚期开始的殖民统治时期，但阿拉伯人口历史更加久远，从 19 世纪 50 年代该市建立之时起就开始在此定居。亚洲人口大部分来自印度和巴基斯坦，而白人人口来自英国、德国和美国。尽管第一次世界大战后英国从德国手中占领了该国，但是德国文化和建筑风格对该市的影响依然存在。坦桑尼亚发达的旅游业继续促进着该市人口多样性的增长。

该市有坦桑尼亚国家博物馆（NMT）主办的各种博物馆。坦桑尼亚国家博物馆由遍布全国各地的五个博物馆组成，该博物馆对所有与坦桑尼亚的文化和自然遗产相关的东西努力收集、保存、展览、研究。1934 年，该国就有了建立坦桑尼亚国家博物馆的构想，它最终建成于 1940 年。它的两个分支机构位于达累斯萨拉姆，即乡村博物馆和文化之家。乡村博物馆著名的地方在于，它有 16 幢坦桑尼亚各族群的房屋，这些房屋原样大小，按原样配置，并展示各族群的物质和农作物文化。此外，该博物馆的艺术家和工匠还生产各种艺术品卖给当地人和游客。该馆也定期举行坦桑尼亚各族群的传统音乐舞蹈剧表演。文化之家以展览人类进化、坦桑尼亚历史和该国丰富的民族、植物、动物多样性为主题。

桑给巴尔

桑给巴尔是坦桑尼亚第三大城市，是距坦桑尼亚大陆 22

英里（35 公里）的半自治的桑给巴尔和奔巴群岛的首府。[1]桑给巴尔在波斯语中指“黑人的土地，”拥有 372 400 人。

虽然桑给巴尔是由葡萄牙人于 16 世纪作为一个贸易站点而建造起来的，但直到 1841 年，阿曼苏丹马吉德将首都迁转过来，它才发展为印度洋上象牙和奴隶贸易的主要中心，吸引着来自西南亚、东南亚、美国、英国、德国的商人。后来，英国统治了该地区，桑给巴尔于 1890 年成为英国的受保护领地桑给巴尔的首府，并随后在 1963 年成为独立的桑给巴尔共和国的首都。1964 年，独立了的群岛与坦噶尼喀大陆领土合并组成坦桑尼亚，桑给巴尔市恢复了其作为桑给巴尔和奔巴群岛首府的地位。

桑给巴尔岛是一个风景优美、精致而具多元文化的城市。其古老、蜿蜒的街道带有丰富多彩的市场和建筑。建筑包括许多清真寺、前苏丹宫殿和基督教堂。[2] 该市的经济依赖丁香、
18 干椰子肉、海带出口和旅游业。虽然桑给巴尔属世界性城市，但它主要是一个伊斯兰城市。

---

① 《桑给巴尔、城市、坦桑尼亚》，载《哥伦比亚电子百科全书》第六版，2007 年，http//www. foplease. com/ce6/world/A0853281. html，2008 年 9 月 5 日访问；梅卡 · 特罗尼克斯：《坦桑尼亚市镇人口》，2008 年，http//www. tageo. com/index-e-tz-cities-TZ-step-4. htm，2008 年 9 月 5 日访问；南部非洲发展共同体：《坦桑尼亚联合共和国：农业》，载《南部非洲发展共同体官方贸易、工业和投资评论（2007/2008 年）》，哈拉雷：南部非洲研究和文献中心。

② 迪安 · 辛克莱：《〈比青铜更持久的纪念〉：J · H. 辛克莱和桑给巴尔石头城的建立》，载《非洲地理评论》2009 年 28 期，第 71 ~ 97 页。

多多马

多多马是坦桑尼亚的政治首都及第八大城市中心。它于19世纪后期开始成为从印度洋到坦噶尼喀湖险峻的陆上商路的中转站。其名字多多马，源于奇戈戈语（Chigogo，当地瓦戈戈族的方言）的Idodomya一词，意思是“沉没的地方”。这个名字是指一头大象到吉库尤河附近喝水时被困的一个事件。

该市坐落在海拔3 658英尺的干燥高原上，人口约有168 500人。因为其处于国家的中央位置，1915年，殖民政府首次考虑迁都到此，并最终在1959年殖民议会上得到认可，不过直到独立后的1973年其才成为该国新首都。然而，只有立法机关建立在多多马，其他的政府机构仍将总部设于达累斯萨拉姆。

该市的周边区域长期以来专门生产如小米、高粱、玉米等农作物及牲畜和酒。其主要产业包括家具、陶瓷、砖瓦以及食品和饮料的加工。该市虽然也拥有多多马大学和坦桑尼亚圣约翰大学，但其经济发展潜力远未被开发。

经济和行业

虽然坦桑尼亚有丰富的自然资源基础，但2010年其基于购买力平价（PPP）计算的国内生产总值（GDP）近62亿美元，在世界各国经济规模排名中位居第八十四位。2012年中期，该国股票市场价值近80亿美元，货币即坦桑尼亚先令（Tsh）兑美元的汇率为1 582先令兑1美元。该国经济的主要贡献力量是农业、渔业（27%）、工业、建筑业（21%）和服务业（52%）。虽然农业为坦桑尼亚贡献了大约 1/3 的 GDP，提供了 37% 的出口，但是它却雇佣了坦桑尼亚近 80% 的劳动力。①

虽然坦桑尼亚面积广阔，但因自然条件限制，种植业只占用总土地面积的 4%。该国工业大部分以农业为基础，偏重于
19 生产基本消费品。服务业以旅游、政府行政管理、金融、零售和教育服务为主。总的来说，该国有 2 100 万名从业人员，其中约 20% 被主要分布于城市地区的工业和服务业所雇佣。2000～2010 年，该国经济年均增长 7%。

2010 年，该国按照购买力平价法计算的人均收入为1 500 美元，而通货膨胀率为 7.2%。2002 年，在贫困线以下的人口比例大约 36%。虽然该国社会主义经济政策直到 20 世纪 80 年代中期总统朱利叶斯·尼雷尔卸任才结束，但家庭收入差距（基尼指数约为 35）仍然比较大，即使现在看来这一差距比上世纪 90 年代要低。此外，在 2009 年，10% 收入最低的坦桑尼亚家庭仅占有 2.9% 的全国家庭收入，而 10% 收入最高的坦桑尼亚家庭占有着 27% 的全国家庭收入。1993～2009 年，这两个数值都没有太大的变化。

2011 年，坦桑尼亚政府财政支出 61 亿美元，财政收入 46 亿美元。该年 15 亿美元的财政赤字延续了坦桑尼亚几十年的年度预算赤字趋势，这一赤字一直由该国的多边发展伙伴如美

① 中央情报局：《世界概况：坦桑尼亚》，2011 年 1 月 25 日，http://www.cia.gov/library。

国、欧盟、日本、中国以及世界银行和国际货币基金组织来弥补。2011 年，该国外汇储备将近 37 亿美元，而外部债务达到 95 亿美元，按外债规模在世界各国排名九十九。该年度其总公共债务几乎占到 GDP 的 36%，而经常项目贸易逆差为 23 亿美元，其中出口贸易额为 54 亿美元，主要是向中国（14%）、印度（10%）、日本（8%）、德国（7%）和阿拉伯联合酋长国（5%）出口黄金、咖啡、腰果、制成品、棉花，其中黄金为主要的输出品。进口贸易额为 87 亿美元，主要进口来自印度（20%）、中国（17%）、南非（7%）、肯尼亚（6%）和阿拉伯联合酋长国的居民消费品、机械和运输设备、工业产品和原油。与许多其他非洲国家一样，自 2000 年以来，坦桑尼亚的进出口伙伴也发生了一些改变，中国和印度取代西方国家成为其最大的进出口伙伴。南非和肯尼亚仍然是坦桑尼亚最大的地区性进口来源国。

自然经济资源

坦桑尼亚有着丰富多样的自然经济资源基础。该国土地面积在非洲国家中排名十三，在世界排名三十一。重要的自然经济资源包括渔场（像湖泊、河流和印度洋）、主要地形（如山脉、裂谷）、商业矿产、野生动物和森林。

渔业 20

坦桑尼亚的水资源占国土面积的 7%，有 23 938 平方英里（不包括 86 100 平方英里的印度洋专属经济区），除提供饮用水、运输、休闲机会外，还造就了一个丰富的渔业，并成为当地居民的主要生计来源。[①] 该国主要水资源包括：长达883英里长的印度洋海岸线；近50%的维多利亚湖、45%的坦噶尼喀湖、20%的尼亚萨湖；三个主要内陆湖泊鲁夸湖、马尼亚拉湖、埃亚西湖和众多小的内陆湖泊；水坝、水库、池塘、沼泽；河流（如鲁伍马河、鲁菲季河、鲁瓦哈河）。这些水资源要么是天然渔场，要么能够支持水产养殖——水生动物（例如，鱼）和植物（如海藻类植物）在海水或淡水环境里的天然或受控养殖。

该国的主要水资源孕育了成百上千的具有不同商业价值的食用、观赏鱼类和植物种类。其中最具价值的鱼类为尼罗河鲈鱼、鲶鱼、朴丽鱼、罗非鱼。尼罗河鲈鱼（一种高产肉鱼可以长到巨大的尺寸，重量可达530磅）和罗非鱼主要产自维多利亚湖。许多主要河流中都生长着大量的虎鱼和鲶鱼，但这些河流不适于通航，无法提供有意义的运输服务。印度洋水域栖息着各种浅水和深海鱼类，包括国王鱼、马林鱼、海豚、竹荚鱼、旗鱼、岩石鳕鱼、大白鲨。深海渔业在坦桑尼亚仍属于很年轻的行业。

总的来说，坦桑尼亚的年渔获量近350 000吨（7.72亿磅）。渔业部门直接雇佣员工约80 000人，其中大多数是小型手工渔民，而他们的捕捞量占总量的90%，剩下的捕捞量来自于工业捕鱼。坦桑尼亚每年捕捞的鱼大多都供当地消费，在

---

① 穆罕默德·阿尔文、邓肯·威利茨、彼得·马歇尔：《坦桑尼亚之旅》，第25页、29页、40页、44页、48~49页、61~62页、99页、119页、124页。

湖岸和印度洋沿海地区尤为如此，这些鱼约占全国动物蛋白供给的1/3，但尼罗河鲈鱼、沙丁鱼、虾主要用于出口。一般来说，渔业部门对坦桑尼亚的年度 GDP 贡献率都不超过 2% 到 3% 这一区间。渔业部门 GDP 微不足道，这是由于，该部门开发、投资、市场营销、管理落后以及日益严重的鱼类非法捕捞和渔场污染。最近的几十年里，坦桑尼亚已经开始改革（包括成立坦桑尼亚水产研究所，TAFIRI），旨在促进渔业的最优利用和可持续发展。这些改革也包括，让私营企业、当地社区 21
以及非政府组织和社区组织在渔业开发、管理、可持续利用上发挥更大作用。

林业

坦桑尼亚近 40% 的国土面积（131 275 平方英里）由森林和林地（大部分是草原森林和中间林地）组成。[①] 其中只有 6 178平方英里的森林资源作为集水区进行保护，其余大部分对木材生产开放使用，尤其像非洲花梨木、雪松、罗汉松、桃花心木等热带硬木。各地人工砍伐树木用作燃料（占该国供热和烹饪总能源需求的 92%）和木材，除此之外，该国商用木材很多都来自机械化锯木厂作业——锯木厂主要是满足该国家具和木工、建筑、面板（纤维板、胶合板）的工业需求。坦桑尼亚每年软木消耗量为 24 720 267 立方英尺，消耗的软木大多来自于约 18 个拥有足够生产空间去追求更高产量的国立

---

① 坦桑尼亚政府：《采矿业》，2001 ~ 2008 年，http：//www. tanzania. go. tz/miningf. html/，2008 年 9 月 11 日访问；南部非洲发展共同体：《坦桑尼亚联合共和国：林业……》。

种植园。

除了经济用途之外，坦桑尼亚的森林也有重要的环境功能，包括为野生动物提供栖息地，于是可为当地居民提供野味，也支撑着旅游业和养蜂业；帮助调节降雨和一般气候状况；控制侵蚀、保护土壤；提供家畜养殖场。此外，森林还有助于固氮，吸收大气中过多的二氧化碳，同时作为重要的集水区在保护该国和全球的生物多样性上也发挥着作用。森林也有许多其他潜在的未知用途，将在未来的许多年里为坦桑尼亚造福。

坦桑尼亚林业部门在森林资源的利用方面面临诸多挑战，主要包括森林滥伐，林业推广服务不足，木材资源利用的国内工业水平低下，基础设施落后，立法过时，政府对森林的管理支离破碎，当地社区和其他利益相关方贫穷，森林资源数据库不完善以及缺乏森林资源利用的最新规划。森林滥伐很可能是该行业面临的最大威胁，所以，坦桑尼亚政府努力促进地方社区、非政府组织及一般公众参与全国植树造林活动。例如，1999 年政府种植了将近 1 亿株树苗，颁布了国家森林政策（NFP），旨在促进森林的可持续经济利用。

22 *矿业*

坦桑尼亚商业采矿行业比较活跃，以黄金、贱金属、钻石和其他矿物质为主。该行业不仅为坦桑尼亚贡献了大量外汇收入，而且也是就业增加和工业发展的日益增长的源泉。政府 1997 年采取的矿产政策，大力支持采矿业的发展。政策内容主要包括，取消采矿设备及其配套材料的进口关税和增值税（VAT），允许设备和基本材料 100% 的折旧，放宽矿业资本和利润的返还规定以及允许私人开发矿产而不采取指令性政府干预。此外，坦桑尼亚1998年的矿业法简化、巩固了过去的采矿和矿物交易法规，保证了矿业权交易上的权利，简化了国家的采矿许可制度，诸如这些举措使该国矿业对投资者更具吸引力。①

野生动物和观光业

坦桑尼亚的国内和国际旅游行业生机勃勃。旅游业为国家贡献了14%的GDP，提供了30 000多个工作岗位，带动了农业等其他部门的发展。② 坦桑尼亚的一些旅游活动非常出名，包括野生动物的观赏狩猎游、游猎或探险、海滩度假、爬山、观光、摄影。例如，2005年坦桑尼亚接待游客624 000人，总收入10亿美元，这两个数字相较于2001年都有大幅增加。

该国的旅游资产包括自然风光，如乞力马扎罗山、东非大裂谷、奥杜瓦伊峡谷；壮观的野生动植物（动物和植物）；近乎原生态的环境；雄伟的14～16世纪的基尔瓦基斯瓦尼遗址（岛屿）和桑给巴尔史上的石头城；干净的白色海滩；位于奥都威峡谷南部的史前人类莱托利人科动物（人科动物即hominid系进化术语，派生自表人科动物总称的*Hominidae*一

---

① 坦桑尼亚政府：《采矿业》，2001～2008年，http：//www. tanzania. go. tz/miningf. html/，2008年9月11日访问；南部非洲发展共同体：《坦桑尼亚联合共和国：林业……》。

② 坦桑尼亚政府：《野生动物资源》，2001～2008年，http：//www. tanzania. go. tz/miningf. html/，2008年9月11日访问；约翰·麦凯：《旅游业》，载《坦桑尼亚地图》（L. 贝里编），伦敦：伦敦大学出版社，1971年，第94～95页。

词，*Hominidae* 意指所有类人猿和人类）的足迹；玛菲雅岛海洋公园；友善的当地民众。这些资源合力推动坦桑尼亚成为非洲旅游地的首选。

坦桑尼亚的野生动植物包括各种各样的灵长类动物、羚羊、鱼、鸵鸟和灰颈鹭鸨等 380 多种鸟类、大型和小型哺乳动物（如大象和狮子）、爬行动物（如鳄鱼）、两栖动物、无脊椎动物和近 11 000 种植物物种。养蜂业在该国也不断发展，
23 拥有每年生产数百吨蜂蜜和蜂蜡的潜力。

该国有 15 个国家公园，17 个野生动物保护区和 38 个禁猎区。塞伦盖蒂是坦桑尼亚最著名的野生动物公园，里面有世界上最大的一些大型哺乳动物集中区域。该公园一年一度的野生动物迁移被认为是现代世界的奇迹。坦桑尼亚其他的主要公园和野生动物保护区，如表 1.5 所示。

像在其他许多经济部门里那样，最近几十年坦桑尼亚一直努力通过 2009 年野生动物保护法创建监管框架，以刺激以自然资源为基础的旅游业的发展。

农业

农业是坦桑尼亚经济的主要支柱之一。农业产值约占国内生产总值的 27%，提供了 37% 的外汇收入，该国 78% 的人口从事农业。除了为国家供给粮食以外，该行业还通过间接雇佣
24 许多人从业于农产品加工企业和为工业提供原料和产品市场，进一步推动该国经济。

尽管该国国土面积广阔，但占国土面积 11%（近 9 500 000公顷或 23 475 011 英亩或 36 680 平方英里）的旱地才适于耕种，适合作物生产。另有 28% 的土地适合畜牧业。约

1.5%的耕地种植多年生作物，如咖啡、茶、椰子、棕榈树和丁香，其余耕地要么是荒地，要么用于种植一年生的粮食作物和经济作物，如玉米、高粱、小米、水稻、小麦、扁豆和豌豆等豆类、木薯、爱尔兰甜土豆、香蕉、大蕉、向日葵、大豆、芝麻、除虫菊、大麦。坦桑尼亚总灌溉土地为3 196平方英里(827 760公顷或2 045 440英亩)，但是只有1 471平方英里(381 000公顷或者941 471英亩）现在用于灌溉农业。

坦桑尼亚的出口作物包括棉花、咖啡、腰果、油籽、烟草、剑麻、除虫菊、茶、丁香及各种园艺产品如水果（梨、苹果、李子、西番莲果、葡萄和鳄梨）、蔬菜（白菜、西红柿、青椒、花椰菜、生菜和本土蔬菜）、花卉和其他观赏类花木。虽然坦桑尼亚的经济作物有相当一部分是在大型种植园里生产的，但小农经济作物生产在全国也很普遍。总的来说，坦桑尼亚农业主要依靠小农场，面积一般为1～3公顷，依靠妇女使用锄头等简单手工工具进行耕作。由于经济条件有限，坦桑尼亚很少有农民使用牛和拖拉机耕地。

坦桑尼亚众多的城市地区经济困难，造就了一个强大的城市农业部门，帮助许多城市家庭满足基本粮食需求，乃至于使这些家庭收入多元化。除了支持许多家庭外，城市农业也将一些产品售卖给其他城市家庭、学校、酒店、医院、酒吧、餐厅和餐馆，在促进国家食物安全目标实现上发挥着重要作用。该国城市农业生产种植地大多分布在住宅的前后院以及城市边缘专门生产蔬菜、牛奶、肉鸡、鸡蛋和其他可随时上市的产品的大农场里。如许多非洲国家那样，在20世纪60年代和70年代，城市农业不太受城市管理者的欢迎。但自从20世纪80年

表 1.5　坦桑尼亚的国家公园和野生动物保护区

国家公园	面积		野生动物保护区	面积	
	平方公里	平方英里		平方公里	平方英里
1. 塞伦盖蒂(Serengeti)	14 750	5 695	1. 赛露(Selous)	50 000	19 305
2. 汝阿哈(Ruaha)	13 000	5 019	2. 荣格瓦(Rungwa)	9 000	3 475
3. 恩戈罗恩戈罗(Ngorongoro)	8 320	3 212	3. 凯高西(Kigosi)	8 000	3 089
4. 米库米(Mikumi)	3 230	1 247	4. 姆佑沃西(Moyowosi)	6 000	2 317
5. 塔兰吉雷(Tarangire)	2 600	1 004	5. 乌嘎拉(Ugalla)	5 000	1 931
6. 卡塔维(Katavi)	2 252	870	6. 乌旺达(Uwanda)	5 000	1 931
7. 萨阿达尼(Saadani)	1 100	425	7. 布瑞基(Burigi)	2 200	849
8. 吾尊戈瓦山(Udzungwa)	1 100	386	8. 马斯瓦(Maswa)	2 200	849
9. 乞力马扎罗(Kilimanjaro)	750	290	9. 凯兹高(Kizigo)	2 000	772
10. 汝邦多(Rubondo)	460	178	10. 乌姆巴(Umba)	1 500	579
11. 乞土楼(Kitulo)	442	171	11. 布萨拉姆洛(Biharamulo)	1 300	502
12. 马哈雷(Mahale)	410	158	12. 姆考马兹(Mkomazi)	1 000	386

续表 1.5

国家公园	面积		野生动物保护区	面积	
	平方公里	平方英里		平方公里	平方英里
13. 马尼亚拉湖(Lake Manyara)	325	125	13. 乞力马扎罗(Kilimanjaro)	900	347
14. 阿鲁沙(Arusha)	117	45	14. 汝马尼尔卡(Rumanyika)	800	309
15. 冈贝河(Gombe Stream)	52	20	15. 梅鲁山(Mount Meru)	300	116
			16. 伊邦达(Ibanda)	200	77
			17. 萨阿那耐岛(Saa Nane Island)	50	19

数据来源：坦桑尼亚联合共和国国家统计局、财政与经济事务部（2009 年 6 月）：《坦桑尼亚 2008 年数据》，第 9 页，参见 http：//www. nbs. go. tz/；表中有些数据系作者本人计算而来。

代经济困难后，城市农业部门也被看作城市经济的一个受欢迎的组成部分。

25 坦桑尼亚农业面临许多挑战，包括过度依赖不可靠的降雨而造成的产量不稳定，现代农业技术和工艺差导致的劳动和土地生产力下降，过度使用土地引发的地力耗竭，某些地区迅速增长的人口导致的农场规模日益变小，农业支持系统的匮乏，艾滋病毒/艾滋病流行引发的农业劳动力逐渐减少，商品价格的不可预测以及贫困。欠佳的农业营销也成为该国农业发展的一大障碍。此外，过度依赖一些出口市场和农产品，再加上许多农产品的全球价格波动，农业部门的贸易条件总体上恶化了。为推动农业部门发展，国家近几十年来颁布立法精简了农业监管、投资、研究、市场营销和土地管理的框架，显著增加了农业推广服务和灌溉的投资，采取措施减少收割期后的损失和吸引更多的私营部门投资农业。

畜牧业是坦桑尼亚农业部门的一个重要组成部分，占该国农业 GDP 的近 30%；其中牛肉、牛奶、家禽和小牲畜产品的贡献率大致相等。① 虽然该部门的许多产品供国内消费，但活的动物、兽皮、毛皮也有着较大的出口市场。目前，该国牛肉、牛奶和家禽产品的出口潜力远未充分利用，例如，坦桑尼亚的牛的总数仅次于埃塞俄比亚（3 100 万头）和苏丹（3 000

---

① 坦桑尼亚政府：《畜牧业》2001～2008 年，http：//www. tanzania. go. tz/economyf. html/，2008 年 9 月 11 日访问；唐纳德 P. 怀特克：《经济》，《坦桑尼亚国家研究》（欧文·卡普兰编），华盛顿：美国大学出版社，1978 年，第 210 页；南部非洲发展共同体：《坦桑尼亚联合共和国：农业……》。

万头），在非洲排名第三。

除了食品之外，许多小规模家畜生产商在该国占绝对优势，其中许多生产商除了利用其牲畜获取食物，也依赖于这些牲畜获取粪肥、兽皮和毛皮，从事种植业和运输业，赚取收入以及保持几乎不受通货膨胀影响的经济价值储存。牲畜除了在该国广阔的牧场创造价值外，在许多地方也被优先用作嫁妆，在该国的畜牧部族（如马赛人）里，牲畜也是谋生、赢得声望和他人尊重的主要方式。农牧结合，即农作物生产和牲畜生产相结合，常见于姆万扎、席尼昂加、阿鲁沙、乞力马扎罗、塔波拉、马拉、莫罗戈罗。这些地方的生产方式从姆万扎苏库玛的系统放牧过渡到人口稠密的乞力马扎罗地区查格的密集舍饲。

坦桑尼亚的大商业牧场自 20 世纪 60 年代后期被国有的国家畜牧公司（NARCO）控制，该公司目前拥有 9 座大牧场，
近 230 000 公顷（56 8342 英亩）的土地面积和数千头牛。虽 26
然这些财物非常可观，但是自从 20 世纪 80 年代中期后，伴随着坦桑尼亚国家经济自由化，国家畜牧公司规模的缩小，一些资产的私有化已经减少。

坦桑尼亚农业面临的许多挑战也影响着牲畜业。然而，牲畜业还面临着独特的挑战，包括疾病如那家那病即牛锥虫病、东海岸热、口蹄疫；营养不良、过度放牧、疾病以及传统品种质量差导致的繁殖率低；屠宰场和肉类加工厂数量不足；许多小牲畜牧民因贫困没有能力负担现代畜牧业的投入如高热量饲料。正如应对一般农业部门面临的挑战那样，该国政府正在努力解决着牲畜业的问题，并取得不同程度的成功。

工业

尽管工业在坦桑尼亚属于年轻的产业，却为国家贡献了8%的GDP。工业在该国城市里雇佣的人最多，雇佣员工大约140 000名，这些员工赚取该国月工资的约48%。工业部门也为国家赚取了大量外汇，是政府财政收入的主要来源，也是通过现代技术的发明、创新、培育和采用来推动国家科技发展的宝贵平台。

该部门除专注于生产基本消费品，如食品、饮料、烟草、盐、鞋、纺织服装、鞋类用品、纸和纸制品、家具及相关的木制商品，也有其他重要的方面，包括化肥、水泥、炼油和有关的石化产品、塑料、橡胶、陶瓷、钢材轧制和铸造、金属制造、电气控制设备、化妆品和矿物加工（大部分为黄金、钻石、铁和纯碱）。

该国工业部门的外国投资者大部分来自英国、美国、南非、肯尼亚、中国、加拿大、德国、荷兰、意大利、印度。除南非外，其他所有国家都一直是坦桑尼亚的传统经济伙伴。①

从独立到20世纪80年代中期，坦桑尼亚奉行国家主导的进口替代工业化（ISI）政策，旨在通过本国生产尽可能多的进口产品来保护国家微薄的外汇收入，实现自给自足。ISI还

---

① 罗伯特·施罗德：《乌贾马（社会主义）之乡的南部非洲之都：坦桑尼亚的竞争地带》，载《争议电子杂志》8卷5期，2008年9月，http://www.africafiles.org/atissuee-zine.asp，2008年10月1日访问；坦桑尼亚联合共和国工商部：《1996～2020年工业可持续发展政策（SIDP）》，1996年10月，http://www.tzonline.org/pdf/sustainableindustrial.pdf，2012年10月3日访问。

努力推动对工业的国有化控制。然而，ISI 政策最终导致工业无竞争力、亏损，产品质量差、价值低，产品对本国和出口市场没有吸引力，于是该政策终结了。20 世纪 80 年代中期，该国经济自由化开始时，已装入的工业生产力几乎全都闲置。自
自由化和私有化开始后，坦桑尼亚的工业产出已经恢复。该国 27
1996 年的工业可持续发展政策（SIDP）的目标是在这个基础上再接再励，到 2020 年把坦桑尼亚转变成为一个充满活力的半工业化国家。而这一目标的实质要求是将该国的经济基础由农业、采矿业转变为工业。

与此同时，坦桑尼亚的工业不得不面对许多挑战，包括电力供应不稳定、昂贵，基础设施不足，进口市场丧失，产品出口、附加值以及全球市场份额有限。

服务业

坦桑尼亚服务业占全国经济总量的 52%。服务业就业主要涉及公共、消费者和商务服务，集中于医疗保健、旅游、政府管理、金融、零售和教育行业。服务部门职业的一般特点是，在收入、教育和技能的要求上有广泛的差别，比如女佣与跨国公司的管理者之间的差异；某些行业如医疗保健和教育中妇女显著参与；一些部门如教育部门，劳动强度大；许多低层次的服务工作，工会化水平低。①

因为任何一个国家的劳动生产率都部分依赖于教育和训练的水平，所以，坦桑尼亚自独立以来，一直努力提高人力资源

① 弗雷德里克·P·斯图兹、巴尼·沃夫：《世界经济：资源、位置、贸易和发展》，新泽西州上鞍河：普伦蒂斯—霍尔出版社，2007 年。

的质量。在社会主义时期（1967～1985年），该国试图通过一系列规划来提高人力资源的质量。这些规划包括村庄化（确保民众获得足够的基本服务如医疗和教育）、普及小学教育、针对成年人口的大众扫盲计划、推广斯瓦希里语为国语。然而，这些自上而下的规划许多都被证明是不可持续的，虽然它们把坦桑尼亚坚实统一起来，令其他许多非洲国家艳羡。

自20世纪80年代中期，随着经济自由化的到来，坦桑尼亚又努力通过一系列措施来开发人力资源。这些措施包括让公共、私人以及非政府主体共同行动；建立一个旨在满足该国劳动力需求的教育系统；以及发展基础教育部门和职业培训体系，保证所有符合条件的儿童和公民获得自主就业的技能。[①]

28

经济挑战

坦桑尼亚经济面临的两个主要挑战是电力供应的不足以及通信和交通的有限。坦桑尼亚的大部分商业能源来自石油、水电以及煤炭，而木柴和木炭满足了92%的供热能源需求。作为一个非石油生产国，坦桑尼亚所有的石油从阿拉伯联合酋长国进口——2005年每天达到近25 000桶。石油主要被用在交通运输部门。在未来，坦桑尼亚可以利用220亿立方米（7 760亿立方英尺）已探明的天然气储量以及近12亿吨（2 645亿磅）的煤，以减少石油进口，增加电力生产。这样的发展将使坦桑尼亚转变成一个电力净出口国，对相邻的能源匮

---

① 坦桑尼亚政府：《人力资源》，2001～2008年，http：//www.tanzania.go.tz/human.html/，2010年10月20日访问。

乏的国家如马拉维特别有益。

坦桑尼亚的大部分电力来自水力资源，而水力资源往往受到该国常常不可预知的雨情的制约。因此，该国估计的11.99亿度的电力消耗量中部分来自进口。该国计划把国家电网乌干达和赞比亚电网相互连接起来，这极有可能稳定国家的电力供应，即使需求以每年13%的估计速度持续增长。虽然有大量潜在的热能、风能和太阳能可以用来发电，但是，这些能源资源利用极不充分。大多数坦桑尼亚人生活在农村地区，没有连接国家电网。这是该国高度依赖于生物质热能的一个原因，对生物质热能高度依赖又加剧了森林砍伐。

交通和通信

整合一个坦桑尼亚大小的国家需要良好的交通和通信系统。[①] 虽然坦桑尼亚对交通和通信基础设施持续进行投资，但是该网络远非最佳。坦桑尼亚主要的交通方式是步行和畜力运输，其次是公路、铁路、水路和航空运输。总体而言，该国机械化运输形式的缺点是缺乏整合、不方便、昂贵和不可靠。

在通信领域，该国主要依赖口头、面对面的交流以及广播、移动电话，并在较小程度上依赖报纸、电视、互联网。迄今为止移动电话是该国通信领域近几十年来最值得注意的改

① 坦桑尼亚政府：《行政管理》，2001～2008年，http：//www. tanzania. go. tz/administration. html；中央情报局：《世界概况：坦桑尼亚》；国家统计局：《2008年坦桑尼亚的数据》，2009年6月，载http：//www. nbs. go. tz/。

变。这是因为，和其他非洲国家一样，坦桑尼亚见证了移动电话使用上的令人难以置信的增长速度。移动电话使用快速增
29 长，主要是因为，电话服务需求长期被压抑以及向如坦桑尼亚这样广泛散居的人口提供固定电话的费用太高。

政府、国防和外交关系

坦桑尼亚的正式名称为坦桑尼亚联合共和国，因为它是坦噶尼喀和桑给巴尔的联盟，是实行多党制议会民主的统一的共和国。该国政府有三个分支：行政、司法、立法。行政机构由总统领导，总统同时也是国家元首、政府首脑和武装部队总司令，国家行政机构还包括副总统、桑给巴尔总统、总理和内阁部长。①

副总统主要作为总统的助手，总理主要在国民议会中担任政府事务的领导同时也主管政府的日常运作。相反，桑给巴尔总统领导该岛上的革命委员会和政府。

内阁，包括总理，由总统从国民议会成员中任命。政府通过内阁各部门（例如，财政部）执行其功能，而内阁各部门受各部部长领导。目前，政府由 29 名部长和 21 名副部长组成。②

---

① 坦桑尼亚政府：《行政管理》，2001～2008 年，http：//www. tanzania. go. tz/administration. html，2012 年 6 月 5 日访问；赫尔曼・卢波戈，《坦桑尼亚：军民关系和政治稳定》，载《非洲安全评论》10 卷 1 期，2001 年。

② 坦桑尼亚议会：《关于我们》，2003～2010 年，http：//www. parliament. go. tz/，2011 年 1 月 28 日访问。

司法机构由三个分支组成：坦桑尼亚上诉法院、坦桑尼亚大陆和桑给巴尔高等法院、坦桑尼亚大陆司法咨询委员会。坦桑尼亚大陆司法咨询委员会的成员包括坦桑尼亚上诉法院首席法官（主席）、坦桑尼亚上诉法院的法官、高等法院的主法官和两个由总统任命的成员。在国家司法机关以下是全国各地的初级法院、地区法院、驻节法院。案件一般流程是从初级法院到地区法院、驻节法院、高等法院，然后到上诉法院。坦桑尼亚的法律制度主要以英国普通法为基础，但也含有伊斯兰和非洲本土元素。该国法律复查由坦桑尼亚法律改革委员会管理。

该国宪法于 1977 年 4 月 25 日正式颁布，在 1984 年 10 月进行了重大的修改，并预计在 2010 年 10 月到 2015 年间再次大修。

立法机关由总统和国民议会组成，其成员由公众投票选
出，任期 5 年。坦桑尼亚的立法过程分为两个阶段，首先是国 30
民议会阶段，其次是总统的认可。国民议会是坦桑尼亚联合共和国的主要机构，它制定法律并代表坦桑尼亚人民监管其他政府部门履行各自的职责。

目前一院制的国民议会由 357 名成员组成，包括总检察长，239 名当选该选区代表（议员），102 名特殊席位女议员，10 名由总统任命的成员和 5 名由桑给巴尔众议院选举的成员。按照政党划分，当前的议员席位分布如下：革命党（坦桑尼亚革命党，CCM）接近 90%；公民联合阵线（CUF）8%；其他各方 2%。按职权划分：议会以议长为首，接着是副议长和国民议会的职员。

因为坦桑尼亚采取联盟的治理结构以及桑给巴尔享有联合

共和国内实质性的自主权，使得桑给巴尔的代表比例在国民议会中过多。此外，桑给巴尔的国会议员对影响大陆的非联盟事务有表决的权力，但是，他们大陆的同事对影响桑给巴尔的非联盟事务却没有表决的权力。这一问题在该国越来越受争议。

该国有 26 个行政区，行政区以下是各级地方政府，包括地区理事会（也被称为地方政府当局）、市理事会（达累斯萨拉姆和姆万扎）、自治市理事会和各种镇理事会。

虽然坦桑尼亚在 1964 年 4 月 26 日正式脱离英国获得独立，但是其组成部分在不同的时间更早取得独立：坦噶尼喀 1961 年 12 月 9 日；桑给巴尔，1963 年 12 月 19 日。这两个部分在 1964 年 4 月 26 日联合，组成坦噶尼喀和桑给巴尔联合共和国，后来于 1964 年 10 月 29 日更名为坦桑尼亚。该国主要的国庆节日，即坦噶尼喀和桑给巴尔联合日，在每年的 4 月 26 日庆祝。

自从 1964 年诞生以来，坦桑尼亚已经有四位总统：朱利叶斯·尼雷尔（1964～1985 年）、阿里·哈桑·姆维尼（1985～1995 年）、本杰明·姆卡帕（1995～2005 年）和 2005 年当选并于 2010 年连任的现任总统贾卡亚·基奎特。作为该国历史上最初 21 年里的总统，尼雷尔仍然极大地影响着该国及现在的领导人。他影响持久的一个重要方面在于，他努力创建一个以相对的社会和种族平等、个人自由以及公务服务服从于公共福利而不是自我扩张为特征的国家，取得了显著的成功。所有这一切始于 1967 年尼雷尔发表阿鲁沙宣言，该宣言旨在创造
31 一个更加公正的社会，促进经济自给自足。但到了 20 世纪 80 年代中期，国内外的几个因素对该国实现自给自足或经济稳健

造成困难。然而，土地国有化、推广斯瓦希里语为国语、尽量消除负面的种族区分和创造一个公正的社会的举措已经成功地将坦桑尼亚打造成非洲最团结的国家之一。

意识到坦桑尼亚需要改变前进的方向，尼雷尔于 1985 年辞职，为姆维尼当政铺平道路。姆维尼发起了关键的经济和政治改革，包括经济自由化以及为该国 1992 年采取多党制搭设舞台。人们已认识到，姆维尼的统治以腐败严重为特征。

坦桑尼亚第三任总统姆卡帕在继续姆维尼的经济改革基础上，私有化许多国有企业。他吸引了大量外资注入该国，并成功让外国取消了坦桑尼亚的一些外债。

现任总统基奎特在 2005 年 12 月首次当选，并在 2010 年 10 月连任第二个任期，同时这也是他最后一个任期。他执政的重要目标之一是改革宪法，以应对国家 21 世纪的挑战。由于当前和以前的总统都是执政的坦桑尼亚革命党的成员和该党
前身的成员，反对党经常指责目前的宪法对坦桑尼亚革命党候 32
选人有利；因此，反对党就力促基奎特对宪法进行改革。

坦桑尼亚人民国防军（TPDF）是该国的一个组成部分，由陆军、海军、防空部队司令部（包括空军联队）和国家服务部组成。坦桑尼亚人民国防军成立于 1964 年，受文官政府的控制，也很好地融进了坦桑比亚，代表着坦桑尼亚。除了短暂的大陆军队兵变和 1964 年桑给巴尔的革命外，该国军民关系一直是非洲的一些国家中最亲密的。坦桑尼亚人满 18 岁可自愿选择服兵役，目前每年达到应征年龄（16 ~ 49 岁）的总人数（男性和女性）近 100 万人。根据坦桑尼亚人民国防军的规模来分类，据估计，该国军费开支约占 GDP 的 0.2%——

世界上军事开支最低的国家之一。

坦桑尼亚是许多国际组织包括非洲联盟（AU）的参与者，并与许多国家有着密切的外交关系，其中85个国家在该国已有外交使团。坦桑尼亚面临的主要跨国问题，包括大量来自布隆迪和刚果的难民以及与马拉维轻微的边界纠纷。该国的非法跨国毒品转运和洗钱活动也在增多。

历　史

早期历史

现在的坦桑尼亚、肯尼亚和埃塞俄比亚，尤其是坦桑尼亚北部的奥杜威（原奥杜瓦伊）峡谷周围区域，被认为是“人类的摇篮”，因为考古学家在那里发掘了他们认为是最古老的人类祖先的遗骸。但是，坦桑尼亚的人类历史可以追溯到5000～10 000年以前，现代坦桑尼亚人的大多数祖先在大约公元后的第一个一千年至18世纪期间迁移到这个地区。[①]

现在的坦桑尼亚的最早的居民是来自南部非洲的狩猎采集者，在铁器时代之前，他们利用该地区温暖的热带气候、裂谷洞穴以及丰富的野生动物和野生水果兴旺发展。他们使用各种石制和木制的工具和武器，进行打猎和自卫。在当代坦桑尼亚，这些早期的定居者的后代是位于坦桑尼亚中北部的桑伟达

① 阿明等人：《坦桑尼亚之旅》，第7～24页；卡普兰：《坦桑尼亚国家研究》，第1～85页。

人和哈扎皮人。除了住处、石制工具和武器、遗骸、岩画之外，坦桑尼亚地区的早期历史很少留下物质遗迹、口述历史或 33
书面记录。因此，该地区的早期人类仍然有许多方面有待于被人们所了解，但是，该国历史更多的方面已经永远消失了。

自公元前第一个千年早期开始，据信来自非洲之角的库希特牧民迁移到现在的坦桑尼亚北部，并在该地区原有的狩猎采集者中扩散开来。大约在公元后第一个千年，早期的一些牧民成为农业生产者并发明了铁制工具，其后代包括现代的伊拉库人。

在公元后第一个千年或铁器时代早期，来自西非而历经数世纪迁移的另一批人群也来到了坦桑尼亚北部。他们是现代农耕民族班图人的祖先，其铁器时代的聚落遗址据考证在维多利亚湖附近，帕尔和乌桑巴拉山脉的山麓丘陵，横贯坦噶、坦桑尼亚、蒙巴萨、肯尼亚沿海地区的迪戈丘陵以及坦噶尼喀湖东岸的乌温扎咸水温泉周围。铁器时代早期的这些班图人群定居在坦桑尼亚北部的湿润地区，在那里他们食用种植的蔬菜维持生计，并辅以采集到的食物，而那些生活在当地湖泊周围的人还食用鱼。由于那时人群居住非常零散，没有证据表明该地区的早期农耕者和牧民之间有任何互动，而这种情况肯定限制了两群体的食物供给。

在铁器时代晚期，所有这一切都发生了改变，当时更多的非班图人从北方迁移过来，向坦桑尼亚北部引入牛和谷物，这就促成了更大程度上的食品安全，因而人口密度也变得更大。随着人口的增长和坦桑尼亚北部各种人群间接触的增多，就出现了建立更高形式的政治组织的需要。

直至18世纪的第二个千年见证了中部苏丹人、尼罗人以及帕拉尼罗人的迁入。但是由于人数较少，他们被该地区原有的班图部落吸收，不过他们在语言、农业和放牧方面影响了班图人。而随后塔托哥人（当代塔托加人的祖先）等帕拉尼罗人渗透并成功扩散到现在坦桑尼亚的中部，带来了他们的谷物农业和牧牛业。17世纪和18世纪，帕拉尼罗迁入坦桑尼亚北部，他们是现在的马赛人的祖先。但由于降水有限和采蝇的侵扰，无论是迁入的畜牧人还是农业生产者都没法定居在现代坦
34 桑尼亚的中心地区。由于这个原因，该地区直到20世纪伊始都人烟稀少。正如前表1.1和1.2所示，坦桑尼亚中部地区如马尼亚拉和辛吉达的特点仍然是较稀疏的人口密度。

在早期的大部分时间里，政治组织规模大多很小，主要是由于该地区人口分布广泛分散。这样，直到18、19世纪，大规模的政治体系才出现在坦桑尼亚内陆。这些政治体系集中于湖间地区（即在基伍湖、坦噶尼喀湖和维多利亚湖之间）和坦桑尼亚东北部的帕尔地区，这里的生态条件允许密集定居，而密集定居既促进也要求大规模的政治体系的存在。而到了14世纪，某种形式的酋长制可能已经出现在该国生态条件较好的湖间地区以及南部和东南部的潮湿高地。

王国和城邦

虽然坦桑尼亚具有数千年人类定居的历史，但如王国这样的君主制政体形成的条件主要出现在卡盖拉及沿海地区。在卡盖拉地区，为了对抗位于今天乌干达内的传统布干达（现在的乌干达）王国的权力，哈亚部族建立了一些王国。哈亚族

是中非的班图人迁入过程中最早到达现代坦桑尼亚的班图人的一部分，定居在维多利亚湖西岸湿润的卡盖拉地区，该地区与现代乌干达南部的巴干达人和其他社区有着密切的历史和文化联系。

哈亚族的一些王国包括基济巴、卡拉圭、伊汉吉罗和基雅姆特瓦拉。其中基济巴或许是最有名的，也是历史记载最详细的一个王国。其成立于公元1400年左右，一直延续到1962年坦桑尼亚废除传统王国建立现代国家。基济巴位于维多利亚湖和卡盖拉河之间，它上升到显著地位，部分原因在于，它的开创者是位于现代乌干达内的基塔拉—布尼奥罗王国的王室后裔；而直到18世纪末的一段时间里，基济巴王国的国王都在那里出生、埋葬，王子也在那儿长大。在基济巴王国统治的很长时间里，与相邻的王国卡拉圭和基雅姆特瓦拉冲突不断，后来则是与北方的布干达王国冲突不断。①

基济巴和大多数的其他王国的政治结构都包括国王、首相、部长、县长和村长。从19世纪70年代到1962年，基济巴的国王是穆塔坦布瓦（1870～1903年）、穆塔汉加瓦（1903～1916年）、姆博内科（1916～1927年）、穆塔库瓦（1927～1937年）和卢汀瓦（1937～1962年）。②

---

① J·B·韦伯斯特、B·A·奥戈、J·P·克里蒂安：《大湖区：1500～1800年》，载《非洲通史第五卷：16～18世纪的非洲》（B·A·奥戈编），加州伯克利：加利福尼亚大学出版社，1992年，第816～820页。

② 阿贝尔·G·M·伊苏米：《基济巴：一个古老的非洲王国的文化遗产》，纽约州锡拉丘兹：锡拉丘兹大学马克斯韦尔公民与公共事务学院，1980年。

35 除了建立了王国以外，哈亚族在其他方面也很成熟，包括超过2000年历史的先进的冶金技术，这一技术使他们比欧洲人早19个世纪炼制出碳钢。该技术在1978年由哈亚老年人成功再现，从而有助于“改变学术界和大众关于复杂的技术产生在欧洲而不是非洲的想法。”① 哈亚族在陶器、树皮布制作及木制品上的技术也很成熟。他们制作了一些铁产品，包括镰刀、锄头、矛、刀、砍刀、捕河马器、砧和锤。一些陶器制品包括烹饪、饮水和牛奶储存罐；咖啡壶、杯、壶、烟锅。在棉质衣服引入哈亚族之前，他们通常穿树皮做成的衣服。后来，树皮布用于丧葬仪式以及制作床单和王权标志上。在木制品方面，当地的工匠制造出了奶罐、槌和锤、勺子以及捕鱼和酿造啤酒用的小船。篮子和绳的生产也很普遍。②

除了哈亚人建立的诸王国，城邦也兴起于坦桑尼亚沿海地区，这源于当地人和外国人之间的贸易联系。尽管有证据表明今天的坦桑尼亚沿海地区和外面世界之间的接触可以追溯到公元500年之前，但是现有最好的记载是公元800~1000年与波斯湾阿拉伯商人之间的往来。到12世纪，贸易站点出现在海岸地带以及桑给巴尔和奔巴群岛。随着沿海班图人和阿拉伯人之间的贸易蓬勃发展，这些贸易站点发展成小的城邦，直至

① 伊苏米：《基济巴》，《非洲古代的钢铁制造者》，载《时代周刊》，1978年9月25日，http：//www.time.com/time/magazine/article/0，9171，912179，00.html，2011年1月28日访问；J·D·费奇、罗兰·奥利弗编，《剑桥非洲史：从17世纪到18世纪》，纽约和伦敦：剑桥大学出版社，1979年。

② 伊苏米：《基济巴》，第15~18页。

16～18 世纪间都繁荣兴旺。这些城邦主要居民为穆斯林，从事商业贸易。到了 13 世纪，基卢瓦—基西瓦尼（即基卢瓦岛）成为其中最重要的城邦，控制着一直向南延伸到现代莫桑比克的海上贸易路线。到了 15 世纪，桑给巴尔（源于“僧祇之国”；僧祇被看作一个皮肤暗黑、身材高大并以能言善辩和战斗精神而闻名的民族）最终成为阿曼阿拉伯帝国的首都，赶上了基尔瓦。

1498～1698 年，葡萄牙统治着这些城邦。虽然他们进行了 200 年的统治，但是留下的影响并不持久。从 1698 年到欧洲殖民主义正式到来之前，非洲东海岸包括现在的坦桑尼亚海岸，一直被阿曼阿拉伯人统治。

德国和英国的统治

虽然自从 19 世纪上半叶德国和英国的探险家和传教士就活跃在现代的坦桑尼亚，但是直到 19 世纪 80 年代中后期，欧洲人对非洲进行大规模劫掠之后，许多地区才处于德国殖民统治下。[1] 在当时英国对现代的坦桑尼亚地区有更大的影响，
1886 年英德协议正式将现代的肯尼亚和坦桑尼亚纳入英国和 36
德国的殖民势力范围。根据协定，奔巴岛、桑给巴尔岛、马菲亚岛、拉穆岛等岛屿，一条沿着董氏湾海岸（位于莫桑比克）到塔纳河（在肯尼亚）海岸的 10 英里（16 公里）宽的地带以及索马里的一些城镇，被划分给桑给巴尔苏丹。1887 年，

① 欧文·卡普兰：《历史背景》，欧文·卡普兰编《坦桑尼国家研究》，华盛顿：美国大学出版社，1978 年，第 1～83 页。

德国授予德国东非公司至高无上的特权，该公司对“德国领地”的残酷盘剥，使沿海商人领导的反抗发展为大规模的叛乱，最终就于1891年4月建立了一个对东非领地进行管理的正式的德国政府管理机构。随后，德国和英国在现在的乌干达的利益冲突，迫使他们于1890年再次签署英德东非协定，该协定确定了英国在乌干达的权利，同时承认桑给巴尔和奔巴岛为英国保护领地。不久，为了换取德国的保护，桑给巴尔苏丹将马菲亚岛以及沿海地带的控制权移交给德国。

英德边界划分运动结束后，德国开始向内陆拓展殖民统治，但遭到了赫赫等部族的激烈反抗。于是在19世纪90年代，德国人设法巩固自己的统治。随着和平的恢复，德国人开始通过发展铁路等交通运输系统，引进棉花、咖啡、剑麻、橡胶等经济作物，重新打造他们殖民地的经济。虽然其中的一些作物，尤其是咖啡，在德国人到来之前非洲农民已经栽种了，但是德国人引入了种植园扩大生产。这必然导致，依靠强迫、现金税收等手段掠夺非洲人的土地和劳动，而这主要是为了欧洲种植园主的利益。虽然如此，在第一次世界大战前，布科巴地区（现在的卡盖拉）的哈亚族和姆万扎的苏库马族，能够分别生产殖民地咖啡和花生产量的3/4，于是一些地区农民的产量就成功地处于主导地位。

除了关于非洲经济作物生产的这些孤立的个案外，德国殖民地农业的发展极大地摧残着非洲人民。于是，1905～1907年，鲁伍马河南岸地区发生了由当地有魅力的巫医金吉基蒂勒·恩格瓦勒领导的马及马及起义。尽管起义最终被镇压，但它迫使德国殖民政权进行改革，包括文官取代军事人员进行管

理。此外，改革还结束了强迫非洲人劳动的做法，增加了对他们土地权利的保护，并鼓励他们发展经济作物和接受教育。传 37
教士重视教育，因此，相对于殖民地管理者、军人和定居者，传教士就成为该国欧洲文化的最重要传播者。该国基督教传教士的影响持续扩大。

随着第一次世界大战的到来，英德战争在东非爆发，坦噶尼喀变成了英德的一个战场。英国士兵从肯尼亚袭击坦桑尼亚的德国士兵，成功地将德国人于 1917 年驱逐出坦桑尼亚。1922 年 7 月 22 日，国际联盟（现在的联合国的前身）授权英国代表其管辖坦噶尼喀，并演变成 1946 年的联合国托管制度。虽然国际联盟的授权中针对坦噶尼喀的管理制定了许多条款，但是非洲人大多认为，他们的劳动条件上只是得到轻微的改善而已。此外，由于英国人成功地将所有德国人，包括传教士从该国驱逐出去，由此亚洲人接管了一些德国人放弃的农场和资产，增强了他们在当地经济上的作用。直到 1925 年，德国人才被允许返回坦噶尼喀。最终他们与希腊人成为该国最大的欧洲人群。

英国在对坦噶尼喀进行殖民统治期间，保留了许多德国原有的行政体系，但也引入了久经时间考验的间接统治制度，即利用原有或新任酋长进行管理。酋长因为成为殖民当局的执法者和税吏，后来变得相当不受欢迎。英国还引进了一个由英籍人士和亚洲人士组成的立法会（没有非洲人），增强了非洲人的土地权利，并鼓励坦噶尼喀北部和西北部的查格族以及哈亚族的非洲农民分别生产小农经济作物。他们这样做，就像之前的德国人那样，确立了在独立的坦桑尼亚经济中占主导地位的两个群体。虽然英国人在其领地开始提供医疗保健和教育等社会服务，但资金和其他因素限制了这些服务的规模。20 世纪 30 年代，非洲协会以及非洲商业和福利协会出现。虽然他们都主要关注社会和教育活动，但非洲协会有时也探讨政治，并最终成为第二次世界大战后非洲独立运动的心脏。

在桑给巴尔，其社会经济发展总的来说与大陆齐平，而它们之间的主要差异包括，桑给巴尔享有更大的政治自治，当地阿拉伯人口拥有较高的社会地位，经济依赖丁香和椰子生产，亚洲人掌控着经济活动，阿拉伯人控制着除了最高职位外的公务，而最高职位都由英国人掌控。其中非洲人和非裔阿拉伯人并没有得到很好的待遇。

38 独立运动

坦桑尼亚的独立之路开始于第二次世界大战后即 1946 年，当时英国勉强同意将坦噶尼喀置入联合国托管之下。这种状况以及其他事情的变化，意味着：（1）非洲人将由托管理事会来代表；（2）非洲人有权直接向托管理事会投诉；（3）联合国对领地内的政治和宪法事务进行某种监管；（4）联合国将每三年访问托管领土，以确保殖民地政府遵守托管条款。事后看来，这些变化可能导致英国殖民政府减少对该地区的投资。

尽管发生了这些变化，但坦噶尼喀的英国殖民政府没有预料到，该地区将在大约 15 年后实现独立。因此，在 20 世纪 40 年代和 50 年代，殖民当局对于为坦噶尼喀人民自治做准备并没有紧迫感。于是，对教育、基础设施和工业的投资以及将非洲人吸收到政府的较高阶层的努力都是有限的。只有少数的部族，如查格人和哈亚人，才有一定的受教育机会，不过费用由他们自理。因此，到了 20 世纪 60 年代，坦噶尼喀成为非洲最不发达的地区之一。

非洲发展中的殖民地投资不足和其他缺失使非洲人协会及其继任者坦噶尼喀非洲人协会（TAA）在 20 世纪 40 年代中期变成公开的政治组织，并开始行动争取更好的条件。例如，当时的 TAA 开始批判政府的农业和教育政策；反对非洲人土地的减少；抵制当局采取与殖民地肯尼亚白人少数政府一致的政策，即对待非洲人更为严苛的政策和鼓动废除基于种族的薪级和取消事实上的种族歧视，尽管种族歧视在 1947 年已被禁止。坦噶尼喀非洲人协会还质疑当时的立法会的构成（它有两个非洲酋长，不能代表非洲人），对到访的联合国代表团表达了自己关心的问题——所有这些都使得英国殖民政府恼火。在感觉受到威胁后，英国政府于 1953 年禁止公务员参与坦噶尼喀非洲人协会和其他任何公开的政治组织。这对坦噶尼喀非洲人协会以及随后的坦噶尼喀非洲民族联盟（TANU）来说是一个沉重的打击。当时 TAA 也缺乏雄厚的群众基础，没有一个实际上的民族领袖，这同样也使它很衰弱，直到尼雷尔崛起。

尼雷尔是扎纳基族群的一个小酋长的儿子，来自坦桑尼亚
西北部，曾在马凯雷雷大学和爱丁堡大学接受教育，1952 年 39
成为一个罗马天主教中学的老师，后来由于参与政治活动被迫辞职。随后，他成为坦噶尼喀非洲民族联盟领导，TANU 于 1954 年 7 月取代了 TAA。非洲民族联盟最初的支持来自失意的受过教育的非洲人，这些非洲人无法在欧洲人和亚洲人主导的社会经济体制中发展，但它最终开始吸引大众，即使有政府

的反对（如取缔它的一些分支机构）。然而，政府对坦噶尼喀非洲民族联盟的反对，不愿改变不得人心的间接统治制度，让TANU抓住了把柄，最终TANU在下述这些问题上表达了其诉求和使命：

> 坦噶尼喀准备自治；拒绝部落制，支持民族主义；建立一个民主政府；所有的政府机关中都应有占人口多数的非洲人；消除一切形式的种族歧视；TANU鼓励各类协会、合作组织和其他团体的发展，并与这些组织合作，如行业工会，如果他们同意的话。[①]

最终，重新组建了一个拥有31个官方席位和30个非官方席位的立法会，并于1954年成立。在1958年和1959年的选举中，坦噶尼喀非洲民族联盟或属于该组织的候选人赢得所有的非官方席位，迫使时任总督特恩布尔同意设立纯粹的非洲人委员会（这与以前实行多种族议会的政府政策不同），该委员会旨在让非洲人最终在行政和立法委员会中占主导地位，从而扭转数十年中殖民政府拒绝承认坦桑尼亚是一个非洲国家的局面。然而，殖民政府并没有制定走向最终自治的时间表。在1960年8月30日的选举中，坦噶尼喀非洲民族联盟赢得了大多数席位，为尼雷尔接任总理铺平了道路。1961年5月15日坦桑尼亚获得完全的内部自治，1961年12月9日，坦噶尼喀获得完全独立。与此同时，桑给巴尔于1963年12月10日取

① 卡普兰：《历史背景》，第57页。

得独立，为 1964 年 4 月 26 日组建坦噶尼喀和桑给巴尔（坦桑尼亚）联合共和国铺平了道路。

自独立以来，坦桑尼亚历史上的重要里程碑有 1967 年的
阿鲁沙宣言，启动了该国的社会主义时代；1970～1977 年国
家村庄化政策的实施，安置了占该国人口 80% 的农村人口；
1975 年，坦桑尼亚宣言，宣告坦桑尼亚为实行一党制的国家； 40
1979 年，坦桑尼亚对乌干达的反击，并最终推翻了入侵坦桑
尼亚西北部的伊迪·阿明的统治；1980 年，尼雷尔连任总统；
1985 年，尼雷尔辞去总统职位，正式结束了社会主义时代，
同年随后姆维尼掌权，姆维尼发动了自由主义的政治和经济改
革；1992 年，该国采用多党政治；1995 年 11 月，姆卡帕当选
为坦桑尼亚的第三任总统，并在 2000 年连任；2005 年 12 月，
基奎特当选总统，并在 2010 年 10 月连任；2011 年，该国庆
祝独立五十周年。

第二章　宗教和世界观

43　世界观

坦桑尼亚人的世界观主要为宗教所塑造。坦桑尼亚人和其他许多非洲人一样，是世界上最虔信宗教的人群之一。[①] 对很多坦桑尼亚人来说，身体/物质世界和精神世界密不可分，二者构成了完全统一的现实世界。在现实世界，精神世界取代、控制着物质世界。于是，坦桑尼亚人日常生活中充满着对善的精神力量（如上帝//诸神和祖先）的各种崇拜行为，并试图安抚和对付恶的精神力量（如撒旦、恶魔和巫术）。于是，宗教在很多方面都规定了坦桑尼亚人的认同感和归属感，并在他们的日常生活中扮演着中心角色。如此一来，大众很乐于参与

---

① 约翰·S·姆比蒂：《非洲宗教概论》，伦敦：海涅曼教育出版社，1991年；皮尤研究中心：《宽容和紧张：撒哈拉以南的非洲地区的伊斯兰教和基督教》，2010 年 4 月，第 3 页，http：//features. pewforum. org/africa/country. php？ c =216。

宗教仪式、活动和节日。①

近来的一次的全国宗教调查显示，坦桑尼亚人的宗教信仰虔诚度很高，这次调查表明：

• 93% 的人认为宗教在他们的生活中非常重要；

• 80% 的人每周参加宗教礼拜；

• 94% 的人信仰上帝并对此信仰绝对肯定，其中 66% 的人信奉人格化的上帝，而 27% 的人信奉客观的上帝；

• 97% 的信奉上帝的人认为上帝只有一位；

• 95% 的人信仰天使和奇迹；

• 96% 的人信仰恶魔，93% 的人信仰巫术，80% 的人信仰 44
“恶魔之眼”即某些人可以施展符咒或咒语，让不好的事情发生在其他人身上；

• 60% 的人认为，供奉神灵或祖先可以保护一个人远离不好的东西；

• 70% 的人认为，某些有灵性的人可以保护一个人远离不好的东西，49% 的人认为居居（*ju ju*）、圣地或其他神圣的物件可以保护一个人远离不好的东西，而在基督徒中，相信这个的比例有 44%，穆斯林中有 55%；

• 89% 的人信仰天堂（在天堂里好人永受奖励）和地狱（在地狱里坏人或不悔改的人永受惩罚）；

• 55% 的人每天祈祷，另外有 35% 的人每周或每月祈祷；

• 48% 的人经历过神疗法，51% 的人经历或目睹过恶魔鬼

---

① 坦桑尼亚旅游委员会：《宗教》，2010 年，http://www.tanzaniatouristboard.com/about-tanzania/religion/，2012 年 9 月 29 日访问。

怪从人身上被驱逐出去；

• 62%的基督徒相信耶稣会在他们活着的时候返回，而43%的穆斯林相信在他们有生之年哈里发将重新确立其统治。[①]

宗教在坦桑尼亚人的生活中扮演着中心角色，所以，在他们的重要人生活动如葬礼、婚礼、毕业典礼和许多公共庆典中，都会包含宗教祈祷、朗读、歌唱、舞蹈。该国精神领袖通常广受尊重，比许多政治领导人受到的敬重更高。特别是基督教和伊斯兰教的全国性领导人，他们在这个国家非常有影响力。

坦桑尼亚的主要宗教传统有非洲传统宗教（ATRs）、基督教和伊斯兰教。其他小一些的宗教传统还包括印度教、锡克教、佛教、巴哈伊信仰和伊斯梅利亚。就宗教实践而言，大多数坦桑尼亚人都是调和论者，他们坚持从以上不同宗教中选择信条。该国几乎没有任何的无神论者。

自1967年后，坦桑尼亚官方人口普查就取消了宗教调查，现在没有关于该国宗教分类的官方数据。因而，对该国宗教分类的判断差别很大，而最近的调查显示，该国主要是基督教徒（见表2.1）[②]。一些消息来源继续坚持认为，全国范围内基督教、伊斯兰教和非洲传统宗教仍然保持1967年时的相对比例，

① 皮尤研究中心：《宽容和紧张》。

② 同上，第20页。

而桑给巴尔群岛几乎所有人（99%）都是穆斯林。[①] 较近的调 45
查显示，基督教现在占主导地位。由此看来，显然基督教的发展在很大程度上是以非洲传统宗教为代价的——见表 2.1 “其他/无” 那一行减少的百分比。

表 2.1　对坦桑尼亚各时期宗教构成的估计

	1967 年人口普查（%）	2004 年人口统计和健康调查（DHS）（%）	2008 年非洲晴雨表（%）	2008 年皮尤全球态度调查项目（%）	2009 年皮尤论坛（%）
基督教	34	57	63	64	60
穆斯林	31	30	29	35	36
其他/无	35	13	8	—	4

来源：皮尤研究中心：《宽容和紧张：撒哈拉以南的非洲地区的伊斯兰教和基督教》，2010 年 4 月发布，第 64 页，参见 http：//features. pewforum. org/africa/country. php？ c = 216。

非洲传统宗教信徒与基督教徒大多生活在人口较为稠密的坦桑尼亚大陆，穆斯林则大多居住在桑给巴尔、坦桑尼亚沿海以及大陆城市地区，特别是商队贸易路线的沿途地区。坦桑尼亚大多数穆斯林属于逊尼派，但是，该国也有大量的什叶派穆斯林人口。

非洲传统宗教是该国土生土长的宗教，广泛分布于大陆；基督教则因为前殖民地晚期以来就有着协调一致的基督徒传教活动，也在大陆取得了显著成就。果不其然，该国绝大多数基

① 中央情报局：《世界概况：坦桑尼亚》，2010 年，https：//www. cia. gov/library/Publications/the-world-factbook/geos/tz. html，2010 年 11 月 5 日访问。

督教的传教站和学校都分布于大陆地区。现在让我们更详细地了解一下该国的宗教构成。

非洲传统宗教（ATRs）及其演变

非洲传统宗教在伊斯兰教和基督教传入坦桑尼亚之前处于主导地位，不过其仍然构成绝大多数坦桑尼亚本地人（即非洲人）——包括现在成为基督徒和穆斯林的那些人——的宗教背景。在马赛、苏库玛、瓦哈等部族中，非洲传统宗教发展最强，而其教条广泛传播，是因为当地坦桑尼亚人是宗教调和论者，他们坚持选择非洲传统宗教与基督教或者是与伊斯兰教中的要素作为教条。虽然基督教和伊斯兰教都憎恶调和的做法，但这一做法在坦桑尼亚原住民中仍然很普遍。这是因为

> 非洲宗教信徒不区分宗教信仰和他们生活的其他方面。他们的宗教信仰和文化非常紧密的地结合在一起，二者甚至合二为一。宗教信仰因此不是人们在特定时间、特定地点做的某些事情，而是生活结构的一部分……人通过仪式、祈祷和祭祀，更主要的是生活中的事务持续不断地与诸神进行沟通。[①]

因此，非洲传统宗教的某些方面，例如，信仰恶魔之眼，

---

① 阿洛伊修斯·M. 卢吉拉：《非洲传统宗教》，纽约：切尔西书屋，2009年，第17页。

参与纪念祖先的仪式以及利用传统宗教巫医等，在日常生活中很常见，同时也被大量的坦桑尼亚人所实践（见表 2.2）。[①] 居居（*ju ju*）可以保护人免受巫术、法术的有害影响，这种信仰即使在坦桑尼亚的城市精英中也很普遍。居居常常包括特别置备的小件饰物、项链、腰带、腕带和其他的随身小饰品。

表 2.2　非洲传统宗教在坦桑尼亚的流行程度

	总人口（%）	基督徒中（%）	穆斯林中（%）	46
你信仰恶魔之眼（即某些人可以用符咒和咒语害人）吗？	80	78	83	
你认为居居（*ju ju*）、圣地或其他神圣的物件可以保护你不受伤害吗？	49	44	55	
你曾经参与传统的非洲仪式来纪念祖先吗？	34	31	35	
你或你的家庭曾经利用过传统宗教医师吗？	43	35	53	

来源：皮尤研究中心：《宽容和紧张：撒哈拉以南的非洲地区的伊斯兰教和基督教》2010 年 4 月 15 日发布，参见 http：//features. pewforum. org/africa/question. php？ q = 12。

从表 2.2 中可以看出一个要点，即基督徒坚持各种非洲传统宗教习俗的比例低于穆斯林。这是因为，自基督教传入坦桑尼亚后就一直对非洲传统宗教习俗进行正面抨击，即使它吸收了并继续吸收那些与它的教义相符的习俗时也是如此。基督教保持核心教义的能力以及用与当地文化相兼容的方式传播这些教义的能力，一直是其在该国发展的主要助力，而其发展通常是以非洲传统宗教为代价的。

---

① 皮尤研究中心：《宽容和紧张》。

坦桑尼亚的非洲传统宗教随地理和文化条件的不同而千差万别，难以概括。事实上，它们和该国近120个土著族群一样种类繁多。由于非洲传统宗教通常扎根于当地人文和自然环境里，两者经常同步变化。因而，世界其他地区迁入人口造就的日益增长的文化多样性成为坦桑尼亚非洲传统宗教的主要威胁——这些人拥有的宗教信仰、文化、世界观与该国的非洲传统宗教信徒所拥有的截然相反。

此外，伴随着该国现代化的发展，具有传统社会特征的多代同堂生活的情况日益稀少，非洲传统宗教的知识越来越难以传递给年轻一代。再者，某些疾病和问题传统上是由非洲传统宗教来处理的，出现了处置这些疾病、问题的更加有效的现代方法，就大大削弱了许多非洲传统宗教的吸引力和权势。

性别在许多非洲传统宗教中扮演着重要角色。例如，女性担当女祭司、灵媒以及为了部族而向祖先和诸神祈祷的萨满。
47 虽然传统医师可以是男性也可以是女性，但是向妇女和儿童提供大量传统医疗服务的通常是女性。[①] 不利的一面是，妇女极易被指控为女巫。

然而，人们认为，某些持续存在的问题、不治之症以及不幸，不能为外来宗教、技术解决掉，这就继续推动着人们在非洲传统宗教的超自然领域中寻求更有效的解决这些问题的方法。于是，非洲传统宗教即使在遭受基督教强烈冲击下仍继续存在，是因为在当地人眼中，基督教有时看起来很不切实际，

① 约翰·姆比蒂：《妇女在非洲传统宗教中的作用》，载《非洲宗教手册》1988年，22期，第69~82页。

解决的问题也更多地与来世相关联。相反，非洲传统宗教在处理现世的物质和精神挑战上更加有效。此外，非洲传统宗教的延续还源于，非洲人过着公社生活，因此，个人常常难以承担因规避家庭和社区的某些非洲传统宗教仪式而招来的受排斥的风险。无论如何，因为非洲传统宗教都接受调和的做法，许多坦桑尼亚人一般不认为，同时是非洲传统宗教与基督教的信徒有什么不协调的地方。[①]

基督教未能将非洲传统宗教驱逐出坦桑尼亚的另一个关键原因是，早期的基督教传教士，忽视了非洲传统宗教信仰在当地人日常生活中的深度、强度和影响，同时也低估了这些信仰，视它们为单纯建立在无知和缺乏科学知识基础上的迷信。这样做的结果是，他们不知不觉中就让非洲人感到，基督教似乎无法应对日常生活中的超自然的挑战。在这个过程中，许多非洲人逐渐将基督教看作这样的一种宗教——局限于教堂里，同时无法像非洲传统宗教那样，在教堂院墙以外提供保护，防范魔法、妖术、巫术以及恶魔。[②] 同样这些论点中有许多也可解释，为什么其他许多坦桑尼亚人把非洲传统宗教和伊斯兰教调和起来来信奉。

毫不奇怪，非洲传统宗教的许多方面，如恶魔之眼和巫术信仰，在现代的坦桑尼亚仍然很普遍（表 2. 2）。这说明，在

---

① 理查德 · 考克斯：《为什么兰奇基督徒继续践行非洲传统宗教》，载《应用语言学研究院电子杂志》，2008 年，第 3 页，http：//www. gial. edu/GIALens/issues. htm。

② 同上。

传统宗教医师和草药医生之间进行区分很重要。前者使用占卜和符咒驱邪之类的治疗技术，而相当于传统社会现代医生的后者使用本地药用植物治疗某些疾病。此外，草药医生（例如，路德宗的草药医生巴布·阿姆比基勒·姆瓦萨皮莱）还是坦桑尼亚卫生保健系统的一个不可或缺的部分，光顾他们的人常常有着各种各样的社会和宗教背景。[①]

尽管非洲传统宗教众多，但它们的主要特征都是“信仰上帝（the Supreme Being）、精神世界（神灵服从于上帝）和神秘力量”。[②] 上帝被认为是一个遥远的、永恒的和全能的造物主，需通过如神物祭司这样的中介接近造物主。上帝还被认为存在于阳光、岩石构造或树木等显眼的或不寻常的自然事物
48 中，这些自然事物常常被作为非洲传统宗教教徒拜神和献祭的地方。非洲传统宗教信徒相信万物有灵，因为他们在自然界的所有元素中都能看到灵魂和神灵，同时他们认为物质世界和精神世界是直接连接在一起的。

非洲传统宗教没有宗教经典，仅通过口头代代相传，是因为在阿拉伯人和欧洲人到来之前，传统坦桑尼亚社会没有书写传统。相反，非洲传统宗教的宗教知识过去是（现在也是）由经验丰富的祭司或称萨满掌握，他们通过带学徒的方式，把这些知识传递给他们的血亲（通常是其子女）。非洲传统宗教

---

① 汤姆·莫索巴：《成千上万人争抢“奇迹”饮料》，载《民族日报》，2011 年 3 月 22 日，http://www.nation.co.ke/，2011 年 3 月 31 日访问。

② 理查德·J. 格曼：《从圣经的角度看非洲传统宗教》，内罗毕：东非教育出版社，2005 年，第 14 页。

知识依靠口头传播，这意味着它随时代变化而变化，而很多的非洲传统宗教知识会由于缺乏书面记录，而随知识的拥有者一同死去。认识到了这一点，人们就采取措施保护这方面的知识，防止这些知识永远消失。

非洲传统宗教没有中央组织或等级结构。于是，他们的神职人员虽然常常是世袭的，却善于依当地的环境和需要而作出回应和调整。非洲传统宗教信徒通过一系列的指令接近精神世界和上帝。首先是神物祭司、占卜者、算命人发出的指令，然后是死去的祖先（祖灵）发出的指令，最重要的指令就是诸神和上帝发出的指令。非洲传统宗教信徒通过浇酒奠祭、祈祷、唱圣歌以及提供动物祭品的方式，安抚愤怒的祖先，与他们的祖先保持联系。非洲传统宗教信徒也相信驱鬼辟邪，他们在面临重大决策时，经常咨询占卜师、算命人，以弄清楚祖先、诸神或上帝的意志。非洲传统宗教里包含有相当多的宿命论成分。

非洲传统宗教信徒有坚定的善恶观，认为今世的行为不是招致奖励就是惩罚。在非洲传统宗教教徒的世界观中，精神世界和物质世界紧密相连，同时精神世界也紧密地渗入人们的日常生活，所以不难看出，个人行为会遭现世报应的观念在这些宗教中为什么很普遍。

非洲传统宗教信徒认为，一个人今世的行为决定了他在精神世界中的位置，所以，对道德生活的强调不仅仅是为了取悦祖先和诸神，也是为了确保在物质世界和精神世界中取得成功。正直诚实的生活可以确保一个人死后成为先祖之灵，在活人和诸神之间进行调停，不道德的生活不仅带来诅咒和物质世界里的失败，而且人的灵魂在死后也会成为一个恶魔。此外，如果一个人有不良的行为，像谋杀、对老人与祖先不敬或打破禁忌，受到错误对待的人的灵魂就会缠住他。除非通过祭祀和其他形式赎罪，安抚这些鬼魂，否则他们就会对活着的冒犯者及其家属进行疯狂的报复。

49 死亡虽然会让人感到害怕，但在非洲传统宗教中却被认为是人与物质世界和精神世界完全交流的开始；是一个人物质生活的结束和精神生活的开端，而灵魂可以在有形和无形的世界中穿行。因此，人生的终极目标是在死后成为一名祖先或者一个值得崇拜的好圣灵。为了确保这一目标的实现，人死后要给予适当的殡葬服务，严格遵守适当的仪式，以免死去的人成为游魂，而游魂既对活着的人不仁慈，在彼世也不能够兴旺。

尽管非洲传统宗教教徒相信死后生命的存在，但他们对死后的世界是什么样子并没有明确的概念。因而，许多非洲传统宗教信徒也因为基督教对天堂中永生的承诺而选择信仰它。[1]简而言之，非洲传统宗教信徒有着明确的物质主义世界观，这种世界观甚至从物质方面来构想来世。[2] 非洲传统宗教对邪恶的起源也缺乏解释，而许多当地社区却有一些寓言，这些寓言基本上是以人本主义的方式来试图解释邪恶的起源。

虽然基督教和伊斯兰教被视为坦桑尼亚的主要宗教，但

---

① 艾伦·安德森：《非洲宗教》，载《死亡与频死百科全书》，2011 年，http：//www.deathreference.com/A-Bi/African-Religions.html，2011 年 2 月 24 日访问；理查德·考克斯：《为什么兰奇基督徒……》，第 7 页。

② 约翰·S. 姆比蒂：《非洲宗教和哲学》，伦敦：海涅曼，1969 年，第 4～5 页。

是，它们都没能像非洲传统宗教那样成功地将自己渗透到社会的各个方面。因此，自独立以来，非洲传统宗教在该国许多地区（例如，苏库马）得到复苏。此外，本土文化的复兴对非洲传统宗教来说也是一个福音。文化复苏在很大程度上是由于人们意识到，当作基督教或伊斯兰教灌输给坦桑尼亚人的某些东西，实际上就是产生了这些宗教的那些地区的文化。除了许多坦桑尼亚社区推动践行当地懂得的文化之外，许多基督教传教团体也越来越意识到，他们要取得长期成功，就要接受非洲传统宗教与基督教教义相一致的方面。

虽然每一个坦桑尼亚土著群体都有其自身的非洲传统宗教，但是这些宗教有许多相似之处。这是因为，在很大程度上它们基于相似或接近相似的环境条件。此外，相邻的社区也往往有着包括宗教信仰和实践在内许多社会文化交流。例如，著名的传统草药医师的病人长期以来都包括附近族群的人。

伊斯兰教及其影响

伊斯兰教作为坦桑尼亚的一种宗教，有 30% 到 36% 的人信仰，这一比例自 1960 年以来没有变化（见前表 2.1）。然而，这一比例相当于该国约有 1 300 万 ~1 500 万人的穆斯林，他们显著影响着国家事务。伊斯兰教的主要节日是阿术拉节（1 月 9 日）、毛利德节（4 月 11 日）、开斋节（11 月 24 日和 25 日）。因为这些节日是按阴历算的，它们就落在不同的日 50
期。开斋节是坦桑尼亚的国定假日之一。

伊斯兰教是第一个传播到坦桑尼亚的外来宗教。它通过波斯湾阿拉伯商人的贸易活动传入。在公元500年以前，波斯湾阿拉伯商人第一次到达坦桑尼亚沿海；随后在公元800年到公元1 000年间，也即公元600年穆罕默德创立伊斯兰教以后的200年到400年，他们引入了伊斯兰教。到了12世纪，坦桑尼亚海岸以及桑给巴尔岛和奔巴岛也出现非洲阿拉伯贸易站点。之后，非洲—阿拉伯贸易变得非常重要，致使1841年阿曼苏丹马吉德将其首都迁移至桑给巴尔。但当时伊斯兰教已经出现在现代的坦桑尼亚约1 000年了。

伊斯兰教不像基督教那样通过传教士的工作到达坦桑尼亚，而主要是经由阿拉伯人和非洲人之间的贸易传入。因为这个原因，伊斯兰教最初沿着内陆象牙和奴隶贸易的商队路线传播，后来这条路线成为该国的一些主要道路。虽然几乎所有的桑给巴尔人都是穆斯林，但在大陆，随着与印度洋海岸和主要交通动脉距离的增加，穆斯林人口数量逐渐减少。此外，直接参与了前殖民时期的象牙和奴隶贸易的非洲族群（如尼亚姆维济族）中穆斯林的比例较高，因为他们直接接触到了将伊斯兰教引入坦桑尼亚的阿拉伯人。

坦桑尼亚的穆斯林人口是所有非洲国家中最具多样化的人群之一（见表2.3）。该国穆斯林以逊尼派为主，同时也包括什叶派、艾哈迈迪耶穆斯林和其他未分类的穆斯林（表2.3里的“就是穆斯林”）。其中未分类的穆斯林大多是从非洲传统宗教皈依伊斯兰教的人，践行的是混合伊斯兰教和非洲传统宗教信仰的“民间伊斯兰教”。[①]

① 考克斯：《为什么兰奇基督徒……》，第3~4页。

表 2.3　坦桑尼亚穆斯林的分类

逊尼派（%）	什叶派（%）	艾哈迈迪耶（%）	其他派别（%）	“就是穆斯林”（%）	不是/不知道/拒绝回答（%）	总计（%）
41	20	15	1	20	4	100

来源：皮尤研究中心：《宽容和紧张：撒哈拉以南的非洲地区的伊斯兰教和基督教》，2010 年 4 月发布，第 21 页，参见 http：//features. pewforum. org/africa/country. php？ c =216。

逊尼派、什叶派、艾哈迈迪亚穆斯林之间有许多差异。就 51
人口而言，逊尼派分支在世界穆斯林人口中占多数（85%），而什叶派和其他少数分支占了其余的部分。就起源来讲，逊尼派和什叶派兴起于公元 632 年的政治分歧，即先知穆罕默德的早期追随者在决定谁应该接替穆圣时观点不同。当时一部分人想要穆罕默德的继任者或称哈里发，由穆罕默德的同伴、同部族人即古拉亚部族（the *Qurayah*）中推选出来，逊尼派即渊源于这部分人；而另一部分人想要继任者来自穆罕默德的家庭，尤其是阿里，什叶派就渊源于这部分人。随着时间的推移，伊斯兰教的这两个主要分支在神学和宗教惯例上的分歧日渐明显。

逊尼派穆斯林很看重初始四代哈里发（即艾卜·伯克尔，公元 632～634 年；欧麦尔，公元 634～644 年；奥斯曼，公元 644～656 年；阿里，公元 656～661 年）的宗教行为、语录和惯例（即逊尼派所说的逊奈），因为他们认为初始四代哈里发的生活方式是先知穆罕默德生活方式的写实，因而也就对穆斯林有约束力。逊尼派穆斯林的名字来源于“遵守逊奈者”，因为他们遵循上面提到的初始四代哈里发传给他们的穆罕默德的语录和行为生活。

什叶派穆斯林的名字来源于“阿里党人”。他们非常尊重穆罕默德家族的成员，并为他们精心设计仪式和神殿。什叶派穆斯林的宗教领袖被称为伊玛目或阿亚图拉（“真主的显迹”）。他们期待最后的伊玛目（救世主马赫迪）在审判日前返回，确立什叶派伊斯兰信仰；视卡尔巴拉城和纳杰夫城（伊拉克）以及马什哈德（伊朗）为圣城；一年一度举行纪念侯赛因·伊本·阿里的节日，侯赛因·伊本·阿里为了与叶齐德争夺哈里发之位而于公元680年战死。公元680年伊斯兰内部的战争标志着伊斯兰教内的逊尼派和什叶派的最终分离，侯赛因·伊本·阿里也因此被当作伊斯兰什叶派的创始人。

在坦桑尼亚，大多数什叶派穆斯林属于伊斯玛仪派。伊斯玛仪派的全球领袖是亲王殿下卡里姆·阿加汗，他是伊斯玛仪派第四十九代的世袭伊玛目。该派在坦桑尼亚的成员是著名的商人，该派内部的机构——其中一些机构由具有巨大商业和慈善兴趣的阿迦汗发展网络运作——致力于促进私营企业发展，振兴世界各地的历史名城。在坦桑尼亚和肯尼亚，伊斯玛仪派管理阿迦汗大学分校，同时他们经营的阿迦汗文化信托基金会（AKTC）也积极参与复建桑给巴尔石头城。[①]

艾哈迈迪耶派是由米尔扎·古拉姆·阿赫默德（1835～1908年）于1889年在印度建立起来的。艾哈迈迪耶穆斯林

① 阿迦汗发展网络：《坦桑尼亚和桑给巴尔的阿迦汗发展网络》和《桑给巴尔石头城的新生》，2007年，http://www.akdn.org/，2011年3月31日访问。

（或艾哈迈迪亚教徒）认为，他们的创始人是期待已久的基督
教弥赛亚（耶稣基督）和穆斯林马赫迪（被真主引上正道的 52
人）。因为艾哈迈迪耶教徒拒斥暴力，视“以刀剑进行的圣战”为非伊斯兰的信仰，转而推动“以笔进行的圣战”成为伊斯兰教最好的防御。因此，他们属于世界上最有教养，遵纪守法，并积极参与社区事务的穆斯林。艾哈迈迪耶教徒属于较能引人皈依的伊斯兰教分支，在那些他们活跃于其中的国家里，新皈依伊斯兰教的人有很大比例都是艾哈迈迪耶教徒。然而，他们不承认穆罕默德是最后一位先知，也因为其他事情，而一直受到主流伊斯兰教的强烈反对。[①]

表2.4总结了坦桑尼亚穆斯林和基督徒的世界观、信仰和习俗的重要方面，他们中很多都受到非洲传统宗教的强烈影响。表2.4表明，坦桑尼亚的基督徒和穆斯林之间在以下方面有大量一致之处：（1）神的本性；（2）祈祷和每周参加宗教礼拜的频率；（3）宗教在生活中的重要性；（4）天堂、地狱、天使、奇迹、恶魔和巫术的存在；（5）堕胎、同性恋、婚外性行为不可取。但这两个群体的区别也涵盖，什么是最重要的圣典（《圣经》对《古兰经》），斋戒的频率，对经典解释的一致性，关于神疗法和驱魔术的经历，对一夫多妻制的接受程度，女性神职人员的任命，末世神学以及政府对待穆斯林的

---

① 艾哈迈迪亚穆斯林社区：《艾哈迈迪亚穆斯林社区概述》，1995～2011年，http://www.alislam.org/introduction/index.html，2011年3月6日访问；人道第一国际：《人道第一：服务人类》，2009年，http://humanityfirst.org/。

方式。

表 2.4　坦桑尼亚的基督徒和穆斯林的世界观、信仰和习俗

	基督徒(%)	穆斯林(%)
(a)核心信仰和习俗		
信奉上帝的比例	99	99
信奉一个上帝的比例	97	99
对上帝信仰感到确定的比例	94	94
说他们的圣书是上帝原话的比例	78(圣经)	86(古兰经)
说他们每周至少参加一次宗教礼拜的比例	83	82
说他们每天至少祈祷一次的比例	56	55
斋戒的比例	70	93
说宗教在他们的生活中非常重要的比例	95	95
说在天堂中好人永受奖赏的比例	93	86
说在地狱中死时也不忏悔的坏人永受惩罚的比例	91	87
信仰天使的比例	96	97
信仰奇迹的比例	96	93
信仰恶魔存在的比例	97	93
认可只有一种解释他们宗教教义的真正方法的比例	61	63
曾经在生病或受伤后经历过神疗法的比例	63	26
曾经进行慈善捐赠即将自己一定比例的财富捐给教堂、慈善机构、清真寺的比例	85	86
经历或目睹恶魔鬼怪从人身上驱逐出去的比例	62	33
信仰轮回——即人们可以在今世里一次一次地重生——的比例	32	32
53 **(b)非洲传统宗教的影响**		
信仰巫术的比例	94	92
信仰恶魔之眼的比例	78	83
信仰居居(*ju ju*)、圣地或其他神圣物件可以保护人远离伤害的比例	44	55

续表 2.4

	基督徒(%)	穆斯林(%)
参加非洲传统仪式纪念祖先的比例	31	35
认为向神灵或祖先供奉可以保护人远离灾祸的比例	56	66
个人或家庭曾利用过传统宗教医师的比例	35	53
认为有灵性的人可以保护人免受伤害的比例	72	68
家中有非洲传统的圣物(如祖先的圣龛、羽毛、兽皮、颅骨、骷髅、粉末、雕像或雕刻的树枝、矛、弯刀或动物之角)的比例	17	20
曾参加朋友、亲属、邻居的传统非洲青春期仪式或男子/女子成年时的成年礼(如忍耐力或挑战测试,或准许参与某传统舞蹈而举行的仪式)的比例	39	57
(c)末世论和启示论(末世神学)		
相信耶稣在他们活着的时候会返回的比例(只限基督徒回答)	62	0
相信阿里发会在他们的有生之年重新建立其统治的比例(只限穆斯林回答)	0	43
(d)对性别和社会问题的看法		
认为应该允许妇女担任宗教领袖的职务如牧师、神父或伊玛目的比例	61	30
认为只应允许男人担任宗教领袖职务的比例	37	68
支持对偷窃和抢劫等犯罪施予诸如鞭笞和砍手之类刑罚的比例	26	50
支持将犯通奸罪的人施予石刑的比例	19	45
认为成为一名虔诚的教徒与在现代社会生活有着自然的冲突的比例	48	47
完全同意艾滋病是上帝对不道德的性行为的惩罚的比例	70	78
认为堕胎是不道德的比例	91	94
认为同性性行为不道德的比例	91	91
认为一夫多妻(有超过一个以上的妻子)不道德的比例	75	29
认为未婚发生性关系的人是不道德的的比例	87	87

续表 2.4

	基督徒(%)	穆斯林(%)
54 **(e)对宗教间关系的看法**		
曾经加入过跨宗教团体、课堂或者与穆斯林/基督徒聚会的比例	27(穆斯林)	43(基督徒)
其他直系家庭成员如子女、兄弟姐妹或父母是穆斯林或基督徒的比例	27(穆斯林)	39(基督徒)
说大部分/许多/所有的穆斯林/基督徒对基督徒/穆斯林有敌意的比例	43(穆斯林)	27(基督徒)
其他直系家庭成员如孩子、兄弟姐妹或父母是祖先崇拜、部落崇拜、泛灵论等非洲传统宗教成员的比例	19	20
认为穆斯林或基督徒有暴力倾向的比例	43(穆斯林)	12(基督徒)
完全同意他们宗教的成员有义务努力让其他人皈依自己宗教信仰的比例	69	75
认为他们的宗教是可以使人达到永生的唯一的真正信仰的比例	53	70
(f)对宗教和政府之间关系的看法		
认为他们国家的基督徒/穆斯林"常常"受到政府的不公正对待的比例	5(基督徒)	20(穆斯林)
支持将圣经/古兰经作为该国的官方法律的比例	39	37
现在非常关心他们国家的极端宗教组织的比例	30	29
"主要关心穆斯林极端组织"的比例	34	16

来源：皮尤研究中心：《宽容和紧张：撒哈拉以南的非洲地区的伊斯兰教和基督教》，2010 年 4 月发布，参见 http：//features. pewforum. org/africa/country. php？ c = 216。

基督教及其影响

基督教的基本教义是，耶稣基督是上帝和人类的救世主，通过他的受难、死亡和复活解救世人；相信他的人可以得到永生。因此，基督教的主要节日圣诞节（12月25日）和复活节关注于耶稣基督的出生、死亡和复活，同时圣诞节和复活节现在也是坦桑尼亚主要的国定假日。基督教作为坦桑尼亚的一种宗教，有34%～64%的人信仰。按这一比例核算下来，该国有1 400万～2 700万名基督徒，这意味着基督教对该国事务的许多方面都有显著影响。表2.4展示了坦桑尼亚基督教对以 55
下问题的看法：基督教核心信仰和惯例、非洲传统宗教的影响、世界末日、性别和社会问题、宗教间的关系以及政府与宗教的关系。

坦桑尼亚基督徒分类如下：新教徒（44%）、天主教徒（51%）和其他（5%）。该国的主要基督教教派是罗马天主教、东正教、新教和五旬节派。还有一些教派，如基督复临安息日会、摩门教（或称耶稣基督后期圣徒教会）、耶和华见证人教派，被许多主流教派视为邪教。该国基督徒很少变换教派，尽管新教徒在这方面比天主教徒有轻微的优势（见表2.5）。

表2.5　坦桑尼亚基督教的内部教派转换

曾经是天主教徒（%）	目前是天主教徒（%）	净变（%）	曾经是新教徒（%）	目前是新教徒（%）	净变（%）
32	31	－1	23	27	＋4

来源：皮尤研究中心：《宽容和紧张：撒哈拉以南的非洲地区的伊斯兰教和基督教》，2010年4月发布，第24页，参见 http://features.pewforum.org/africa/country.php? c＝216。

虽然坦桑尼亚的基督徒和穆斯林都受到非洲传统宗教信仰

和惯例的严重影响，但这种影响在基督徒中略低（见表 2.4 [b]）。此外，该国的不同基督教教派之间受非洲传统宗教的影响也有很大差异，一般受影响最大的是非洲独立教会（AICS）和罗马天主教中的成员，最低的是主流的新教教会成员。在一些非洲独立教会中，非洲传统宗教的影响非常巨大，以致这些教派在主流基督教教派眼中被视为邪教。

近几十年来，坦桑尼亚的路德会和圣公会在同性婚姻和同性恋或同性恋神职人员的问题上引起了全球争议。因为坦桑尼亚和非洲其他教会憎恶这些做法，所以，坦桑尼亚的路德会和圣公会成员经常发现自己处于未曾碰到过的境况——不得不向其北半球志同道合的同行提供避难所。①

这种角色逆转也是基督教人口中心向坦桑尼亚和其他南半球国家大转换的体现，这里的信徒表现出更大的对信仰的热情；对经文和圣经道德伦理的服从；对经文超自然方面的信仰——因此他们更常见到奇迹、神，更常被神治愈疾病；对先知预言持续力量的信仰和旧约圣经的敬重。坦桑尼亚和其他南半球国家对基督教充满热情也因为基督教里讲的驱魔法和属灵争战（spiritual warfare）能强有力地还击该地区对恶魔及异教、巫术、预兆和所谓活人祭祀的可怕习俗之信仰；南半球的生活和圣经中基本上属于农业文化的放牧、耕种和捕鱼（与

① 米兰达·K. 哈西特：《危机中的圣公会：英国国教持不同政见者和他们的非洲盟友是怎样重塑英国国教的》，新泽西州普林斯顿：普林斯顿大学出版社，2007 年；坦桑尼亚福音派路德教会：《多多马声明（关于同性婚姻）》，2010 年 1 月 7 日，http：//www. elct. org/news/2010. 04. 004. html，2011 年 4 月 1 日访问。

北半球工业和后工业时代的生活形成鲜明对比，这种生活往往 56
阻碍了人们对圣经的理解）高度和谐；和由于南半球广泛存在瘟疫和贫困，人们常常寿命短，生活艰难，于是圣经对更美好的今世和来世生活的许诺对他们有极大的吸引力。此外，北半球基督徒不得不与世俗主义和怀疑主义斗争，而在坦桑尼亚和其他南半球国家的基督徒所处的精神环境里，不仅世俗主义受到怀疑，也充斥着基督教、伊斯兰教和其他宗教之间的竞争。①

以下是对坦桑尼亚基督教的主要分支罗马天主教、新教、非洲独立教会的概述。

罗马天主教

坦桑尼亚有近 900 万的天主教徒。1499 年，葡萄牙奥古斯丁传教士与探险家瓦斯科·达·伽马一起到达桑给巴尔，首次将天主教引入该国。但这些传教士很快就遭到了穆斯林的反对，并于 1698 年阿曼阿拉伯人攻占桑给巴尔时结束了他们的使命。从 19 世纪中期起，圣灵会神父、白衣神父和本笃会僧侣就建立了一个永久的罗马天主教传教士基金会。1863 年圣灵会到达桑给巴尔，并于 1868 年越过桑给巴尔到达大陆的巴加莫约。在那里他们进入获释奴隶的村庄，让奴隶皈依天主教，并训练奴隶作为传道员帮助圣灵会在巴加莫约和乞力马扎罗山地区之间传播福音。虽然许多欧洲牧师继续服务于坦桑尼

---

① 菲利普·詹金斯：《基督教的新面孔：南半球对基督教的信仰》，纽约：牛津大学出版社，2006 年。

亚，但在该国和其他非洲国家中，非洲传道员长久以来在促使各地接受、传播罗马天主教和整个基督教上，一直发挥着关键作用。[①]

1878 年，白衣神父（或非洲传教士）抵达坦噶尼喀湖和维多利亚湖的湖滨，将天主教引入坦桑尼亚整个西部地区，并传播到附近的国家。1887 年，本笃会的传教僧人圣奥蒂连到达达累斯萨拉姆，并向南到达坦桑尼亚和莫桑比克边界上的鲁伍马河发展他们的修道士工作。恩丹达和佩拉米霍的天主教修道院很快成为他们工作和坦桑尼亚南部发展与现代化的中心。在第一次世界大战和第二次世界大战后，其他罗马天主教传教士也进驻坦桑尼亚，极大地帮助了他们教会的传教士工作。该
57 国 29 个天主教教区由非洲牧师领导，它们分散在全国各地，特别集中在姆宾加、孙巴旺加、布科巴、马亨格和莫希。这些地区长期以来一直是该国天主教福音传道的中心。

天主教通过其坦桑尼亚主教会议（TEC），与新教的坦桑尼亚基督教理事会（CCT）就斯瓦希里语和其他当地语言的圣经翻译，该国普通中学的宗教课程发展以及教育、卫生保健等社会服务提供问题进行密切合作。两个组织一起管理该国一半以上的医疗机构和中学，同时也运营许多幼儿园、神学院、职业技术学校、师范院校和一些大学。

---

① 米斯德·M·P. 基莱尼：《坦桑尼亚天主教会》，1988 年，http：//www.rc.net/tanzania/tec/tzchurch.htm，2011 年 3 月 18 日访问。

新教

坦桑尼亚基督徒的分布如表 2.6 所示，其中路德教会、圣公会和五旬节派是最大的新教团体。虽然英国引进了圣公会，但德国在对该国进行殖民控制时期，即 1885 年到第一次世界大战期间，也引进了摩拉维亚教会的教义和仪式。坦桑尼亚的
摩拉维亚教会（MCT）从 1891 年在坦桑尼亚南部伦圭最初创 58
建的摩拉维亚传教士站，发展到信奉摩拉维亚教的四个省里的 404 个教会会众、494 个牧师和估计 500 000 个成员。该教会在图库尤、姆贝亚、松巴万加和塔波拉发展尤为强势，并成为卡灵巴主教大学和神学院的所有人。[①]

表 2.6　非洲基督教的类别

新教（%）	非洲独立教会（%）	圣公会（%）	浸信会（%）	基督复临安息日会教（%）	路德教会（%）	非新教的基督教（天主教）%	总计（%）
10	5	10	1	3	13	56	≈100

来源：皮尤研究中心：《宽容和紧张：撒哈拉以南的非洲地区的伊斯兰教和基督教》，2010 年 4 月发布，第 23 页，http：//features. pewforum. org/afric/country. php？ c =216。

① 世界基督教协进会：《坦桑尼亚莫拉维亚教会》，2011 年，http：//www. oikoumene. org/en/member-churches/regions/africa/tanzania/moravian-church-in-tanzania. html，2011 年 3 月 17 日访问；迈克尔·韦斯托尔：《坦桑尼亚圣公会和路德会的关系》，在圣公会—路德会协会年度大会上提交，2009 年 3 月 7 日，http//www. anglican-Lutheran-society. org/Westall% 20paper. htm，2011 年 3 月 17 日访问。

坦桑尼亚的新教教会自1934年以来一直在坦桑尼亚基督教理事会（CCT）的庇护下发展。该协会会员承认新教教会有在全国发展新教的权力。

非洲独立教会（AICs）

非洲独立教会在19世纪70年代由非洲人成立，其最初的目的主要是为了抗议主流基督教教会的刻板和种族歧视，主流基督教教会直到独立前仍处于欧洲和美国传教士的控制下。非洲独立教会使用过许多其他的名字，包括非洲本土教会、非洲人发起之教会、非洲人建立之教会。非洲独立教会的一个显著特点是，从一开始就试图将当地的语言和其他文化活动（例如，舞蹈和鼓乐）融入进他们的神学和礼拜仪式中，虽然融入的程度长期以来各地差异很大。最初，一些非洲独立教会仍然允许其成员实行一夫多妻制，参与某些传统成年仪式，现在在某种程度上还是如此。这种对当地文化的敏感性有助于促使非洲独立教会成为坦桑尼亚和其他非洲国家基督教发展的主推力量。[①] 非洲独立教会在非洲估计有1.1亿成员。

非洲独立教会在殖民和后殖民时期坦桑尼亚的发展，一直不受主流教派的欢迎，它们中许多甚至经常被视为邪教。虽然一些非洲独立教会身上贴着邪教的标签，但是由于它们的缔造者信仰基督教，许多非洲独立教会仍保持着主流教会的神学传统。出于这个原因，非洲独立教会可以分为英国国教派、罗马

① 巴希斯：《非洲独立宗教》，2008～2011年，http://www.patheos.com/Library/African-Independent-Churches.html，2011年3月17日访问。

天主教派、东正教派、五旬节派、卫理公会教派、使徒派、犹 59
太复国主义或称弥赛亚派。同时，许多非洲独立教会尽管是独立的，但往往还与其缔造者最初的教派保持实质上的附属关系。自 20 世纪 80 年代，一些非洲独立教会利用到欧洲和北美的非洲移民增加的优势，将传教活动拓展到这些地区。

就核心信仰而言，非洲独立教会：

- 信仰基督教的上帝，并使用圣经作为所受启示的主要来源。
- 一大特征在于，把强烈的精神体验特征归之于精神存在，认为上帝和圣灵是好的体验来源，撒旦是消极体验的来源。
- 在促进公共福利的基础上，促进个体精神和物质生活幸福。
- 信仰基督教来世观念，但各非洲独立教会在以下方面存在差别：个人之救赎是否在死亡时获得，是否是集体性的救赎，是否在千禧年发生，是否属于世俗行为并通过个人行为的改变来获得。
- 遵循基督教的宗教日历，但是也经常添加宗教节日，来纪念其创始人的生活。
- 通常认为其创始人的出生地是神圣的，在那里有许多宗教节日、仪式和朝圣活动。
- 有纪念人的生活阶段，尤其是出生、成年、婚姻以及死亡阶段的典礼和仪式。
- 经常击鼓让圣灵附体。

- 通常遵循他们所谓的主流基督教教派的礼拜结构，但做礼拜时却经常使用非洲当地语言。

- 鼓励成员定期祷告和斋戒，并经常劝诫他们放弃某些食物和麻醉品，比如猪肉、酒、烟草。

- 多方面地使用西方基督教和非洲的符号及物体，如水、火、十字架、法杖。

- 力求拥有从圣灵那获取了真实的召唤或愿景的领袖。

- 为塑造非洲人的社区、社会结构观念，促进个人社会、道德发展，他们珍视并组建在精神和社会经济上相互支持的群落。

- 通常由男性领导，虽然大多数会众主要是女性，这种情况常常会导致一些女性领导的非洲独立教会的形成。

- 因为它们渴望非洲人民和社会健康、多产、现代，所以，他们通常活跃在政治舞台，并致力于团结、激励民众去抵抗外来统治的威胁。①

60 宗教间的关系和对话

根据定义，只有存在两个或两个以上在同一个空间或地理区位内相互竞争的宗教，才谈得上宗教间的关系和对话。由于坦桑尼亚的主要宗教是基督教、伊斯兰教和非洲传统宗教，所

---

① 巴希斯：《非洲独立宗教》，2008～2011年，http://www.patheos.com/Library/African-Independent-Churches.html，2011年3月17日访问。

以，本节着眼于它们在前殖民时期、殖民时期和后殖民时期的互动。

在前殖民时代的很长时期内，非洲传统宗教绝对统治着现代坦桑尼亚的精神事务，那时并不需要宗教间的关系和对话。然而，公元 800 年左右，当伊斯兰教传播到坦桑尼亚和更大范围的东非海岸时，事情开始发生变化。公元 1000 年 ~ 19 世纪 80 年代末，伴随着非洲人和阿拉伯人进行交易和通婚，最终也产生了斯瓦希里人和斯瓦希里语，非洲传统宗教和伊斯兰教在坦桑尼亚沿海地区和内陆商路附近地区普遍和平共处。在这漫长时期内的变化是逐渐发生的，加上伊斯兰教较少公然诱人改宗，两个宗教间的所有潜在冲突就被最小化了，即使 19 世纪末伊斯兰教成为海岸地区的主要宗教时也是如此。虽然这一时期的大多数时间里，阿拉伯穆斯林控制着坦桑尼亚海岸，但是，他们的控制更多地来自贸易而非征服，从而最大限度地减少了非洲人和阿拉伯人以及他们宗教之间的冲突。

前殖民时期坦桑尼亚和平的宗教环境只有两个明显的中断。第一个中断在 1499 ~ 1698 年间，那时葡萄牙人攻占了东非海岸一带阿拉伯人势力范围（包括坦桑尼亚），引发了穆斯林对罗马天主教的一定程度的反抗，从技术上也通过军事手段将基督教推到优势地位。但由于基督教几乎没有获得皈依者，伊斯兰教的主导地位仍然完好无损，于是宗教间对话就变得毫无必要。当地的穆斯林阿曼阿拉伯统治者 1698 年推翻葡萄牙人的统治，实际上终止了基督教在该地区接下来的 150 年内的存在时，宗教间的对话变得更加没有意义。[①]

直到19世纪50年代，随着新一波协调一致的基督教传教工作在该区域的开展，伊斯兰教在坦桑尼亚沿海的主导地位和非洲传统宗教在其他地方的最高地位开始遭遇越来越多的挑战。与此同时，具有强大军力的基督教英国海军力量也来到了这里，接着英国海军就终结了阿拉伯穆斯林的野蛮的东非奴隶贸易。但不同于1698年阿曼阿拉伯穆斯林成功地阻止基督教入侵，这一次运气不在穆斯林一边。因此，到了殖民时代开始时，非洲传统宗教、伊斯兰教和基督教三方激烈竞争的舞台就搭好了，而这场竞争最终导致了宗教对话和共存的需要达到顶点。

在殖民时代，伊斯兰教、基督教和非洲传统宗教就最高地位展开了全面竞争。而利用殖民地政府提供的有利环境，基督
61 教在该国快速发展，使得伊斯兰教和非洲传统宗教处于明显劣势。由于殖民地坦桑尼亚的教育是以基督教教会学校为主，穆斯林报名进入那些学校并不免费。这最终导致了穆斯林在接受教育和正规部门就业上落后于基督徒。很快，穆斯林开始鼓动反对殖民地政府。但是：

> 在所有反抗殖民政府的暴动中，穆斯林都趁机袭击传教士和基督教机构。穆斯林认为，传教士是殖民地政府合作伙伴，因此，对伊斯兰教来说是敌人……基督教同时成为站在殖民政府一边的反动势力，[甚至在]……1905年

① 米斯德·M·P. 基莱尼：《坦桑尼亚天主教会》。

> 的马及马及战争中，一些基督徒与德国军队并肩作战，捍卫基督教而反对人民……［而且］一些穆斯林因为发动反对德国统治的战争特别是杀害传教士而被绞死。①

针对穆斯林的反抗，殖民政府进一步把穆斯林边缘化，甚至在它增加了受教育的非洲人的特权时也是如此，而这些非洲人中许多是基督教教会学校培养出来的。与此同时，这类受过良好教育的非洲人越来越远离他们的非洲之根，由此进一步削弱了非洲传统宗教的社会影响。所有这一切都不利于宗教间的亲密互动。

20 世纪 60 年代初，基督徒和穆斯林之间巨大的教育差距成为穆斯林的一个痛处，致使有些穆斯林宁愿延迟大陆独立，以便赢得时间，从教育上让他们的民众为国家独立后的机会做好准备。当这些努力失败后，国家获得了独立，基督教也相比伊斯兰教和非洲传统宗教拥有持久的优势。② 正确地意识到宗教间的不平等对该国的未来是一个威胁，坦桑尼亚的第一任总统朱利叶斯・尼雷尔试图通过一系列措施解决它。包括：（1）

---

① 穆罕默德・赛义德：《坦桑尼亚的伊斯兰教和政治》，达雷斯萨拉姆穆斯林作家组织，http：//www. islamtanzania. org/nyaralca/islam-and-politics-in-tz. html，2012 年 9 月 29 日访问。

② 弗里德・路德维希：《1961～1994 年坦桑尼亚的教会和国家：改变中的各方面关系》，波士顿：布里尔出版社，1999 年，第 53 页；阿莫斯・姆希纳：《国家宗教的关系和宗教的发展政策教观》，载《坦桑尼亚的宗教和发展：一个初步的文献述评》（阿莫斯・姆希纳编），达累斯萨拉姆大学哲学部宗教和发展研究项目宗教和发展工作论文（编号：11～2007），2007 年。

要求基督徒对穆斯林开放他们的教育机构；（2）保证穆斯林可以追求平等的社会经济机会，并在这个过程中的几十年里设法阻止伊斯兰极端势力的崛起；（3）确保重要的国家地址、
62 国歌以及议会开幕时祈祷使用的语言可以被基督徒、穆斯林和非洲传统宗教信徒接受；（4）确保乌贾马政策一般推进能契合大多数基督徒、穆斯林和非洲传统宗教信徒所接受的价值观；（5）确保作为世俗国家的坦桑尼亚，国家宪法能保障每个人信仰和宗教自由。此外，1967 年后，政府停止收集宗教派别的数据，从而减少了宗教极端分子引起宗教纷争的一些机会。到尼雷尔统治结束时，该国拥有了足够和谐的宗教环境，甚至允许许多基督徒和穆斯林通婚。[①]

然而，最近几十年穆斯林和基督徒之间的冲突越来越多。即使温和的基督徒和穆斯林都设法冷静情绪，减少公开的宗教冲突的爆发。他们之间冲突的原因包括，两个群体都有极端主义倾向，不了解彼此的宗教，较少参与跨宗教的活动以及诱人皈依以希望将对方从永恒的毁灭中拯救出来。

除了各宗教间的冲突外，该国主要宗教、教派内部的关系也很紧张。例如，在伊斯兰教内，逊尼派和什叶派之间存在鸿沟，自由派与保守派在诸如饮酒和迎娶非穆斯林妇女等问题上也有鸿沟。穆斯林内部的这些差别，部分反映在坦桑尼亚主要穆斯林组织之间的竞争上，包括坦桑尼亚穆斯林理事会

① 布鲁斯·E. 赫尔曼、保罗·凯撒：《坦桑尼亚的宗教、认同和政治》，载《第三世界季刊》23 卷 4 期，2002 年 8 月，第 691 ~ 709 页；弗里德·路德维希：《坦桑尼亚的教会和国家》，第 53 页。

(BAKWATA) 和伊斯兰组织的最高委员会。① 坦桑尼亚的天主教徒、新教徒以及非洲传统宗教徒之间及其内部也有许多差异。

该国的基督徒和穆斯林之间日益紧张的关系长期以来破坏着他们之间的对话和合作。但是，每一种宗教内部一直都有更多成功的合作。例如，自 20 世纪 70 年代以来，该国基督徒在 63
他们的保护伞天主教组织和新教组织即 TEC 和 CCT 分别主持下，已经合作并管理他们的内部冲突。此外，TEC 和 CCT 也组建了各种泛基督教团体去推进共同关心的问题。这些团体包括：基督教社会服务委员会（CSSC），该组织促进了 TEC 和 CCT 在健康和教育等社会服务提供上的合作；坦桑尼亚基督教对话组织（TEDG），使 TEC 和 CCT 能代表其成员游说政府和其他非政府组织，倡导人权和社会经济、政治公正，塑造国家政策环境，监督该国的选举，向民众提供公民教育；和坦桑尼亚圣经会，该组织推动了 TEC 和 CCT 用通用的斯瓦希里语和其他当地语言进行圣经翻译。②

---

① 罗伯特·利尔斯、皮特·图买尼—门古、阿布·姆武吉：《宗教组织在坦桑尼亚的发展活动》，宗教和发展研究项目工作论文（编号：58 ~ 201）（英国伯明翰：伯明翰大学国际发展系，2011 年）。

② 坦桑尼亚基督教对话组织：《关于增长和减贫的国家战略实施差距的宗教组织报告——呈递给副总统办公室》，http://www.policyforurn-tz.org/files/FBO.pdf，2011 年 3 月 26 日访问；米斯德·M·P. 基莱尼：《坦桑尼亚天主教会》；米斯德·基莱尼：《1997 ~ 2000 年坦桑尼亚主教会议秘书处活动概述》，载 http://www.rc.net/tanzanialtec/secgenrep.htm，2011 年 3 月 26 日访问。

宗教与政治

坦桑尼亚的政治和宗教环境良好，但国家众多的宗教和竞争性政治版图也使这种环境透露出复杂。作为一个世俗国家，其政治制度一直受到宗教的显著影响。该国相对贫困的政府也长期依赖各宗教团体来满足许多社会经济需要。[①]

殖民时代坦桑尼亚虽然没有统一的政府，但是非洲传统宗教和伊斯兰教各自在该国大陆和桑给巴尔的政治事务和治理上发挥了重要作用。因为非洲传统宗教和伊斯兰教也是生活方式，一直很难将它们从各自的社会生活中分开。于是，殖民时代伊斯兰教在桑给巴尔的崛起，最终导致了伊斯兰司法体系包括卡迪氏法院的出现。虽然这些法院在独立后不久被废除，但该岛仍不可避免地受到伊斯兰教法律的影响。在该国大陆，自前殖民时期以来，许多传统管理体制和争端解决系统往往充斥着非洲传统宗教的成分，一直沿用下来。

当欧洲人将坦桑尼亚开拓为殖民地时，他们的新政治体制必然与先前存在的政治—宗教传统进行竞争。这促使英国在桑给巴尔的世俗的殖民当局于 1895 年跟苏丹一个容纳穆斯林利益的条约，该条约禁止英国干预桑给巴尔岛、坦桑尼亚和肯尼

---

① 弗里德·路德维希：《坦桑尼亚的教会和国家》，第 52 页；H. 马詹姆巴：《在坦桑尼亚大陆地区建立卡迪法院的可能性和合理性》，第 20 届坦桑尼亚民主研究和教育研讨会——达累斯萨拉姆大学会议室，2007 年 11 月 10 日。

亚沿海地区的伊斯兰司法。虽然殖民当局也普遍尊重该国大陆的非洲传统宗教，但是，欧洲传教士和管理者之间紧密、互利的关系，最终导致政府与基督教之间紧密联系。这种联系使基督徒在政治上一直受益，却使穆斯林和非洲传统宗教实践者在政治上处于不利地位。

欧洲殖民主义开始时，穆斯林比非洲人受得教育多得多， 64
他们大部分担任殖民地公务员职务。在殖民时代早期，国家—宗教关系总体上是好的，因为国家控制权尚未成为问题。但是，随着欧洲殖民统治变得根深蒂固，非洲人变得更为基督教化，受到了更多教育，非洲人逐渐接管公务员职位，这令穆斯林非常气愤，他们很快开始反对殖民政府和鼓动独立。如预期的那样，殖民地的基督教传教士支持殖民政府，甚至劝阻非洲基督徒加入穆斯林领导的自由运动。此外，许多做公务员的非洲人加入自由斗争比较迟缓，因为他们也效忠于基督教及其欧洲雇主，心里冲突。尽管在尼雷尔（基督徒）领导下，坦桑尼亚人民最终团结并赢得了国家的独立，但因为穆斯林和基督教徒青睐不同的领导人，这场自由斗争含有明显的宗教潜流。而且，独立前夕一些穆斯林还试图延迟独立直到该国有足够的受过教育的穆斯林，这样他们可以在独立后的时代更好地与基督徒竞争。

虽然在独立后的坦桑尼亚基督徒、穆斯林和非洲传统宗教信徒比例相当，但基督徒却控制着政府。依比例穆斯林在政府中的代表不足，这种情况和传统主义者或称非洲传统宗教信徒一样——传统主义者在人口中占大多数，因为一般接受的教育不足，又未从政治上组织起来，他们大多在政府中也无自己的代表。穆斯林在国家的自由斗争中起了主导作用，但在政府中的代表却不足，这长期损害着穆斯林与政府之间的关系。宗教在政治中仍处于中心地位，是因为较晚加入自由斗争的基督教精英不仅获取了最多的战斗果实，而且加强了独立后对国家的控制权。[①]

为解决坦桑尼亚的宗教、种族和民族分歧，1967 年，尼雷尔推出了乌贾马和其他一些政策。上述政策采取的措施包括：停止收集宗教信仰的数据，国有化大多数的宗教学校和医院以确保所有坦桑尼亚人可以接受教育和医疗服务，并最终在 1975 年使该国成为单一政党的国家。然而，后面的措施不仅仅是禁止族群和宗教派别纷争，而且还有利于非洲穆斯林的政治利益，严重损害了该国外来的阿拉伯、亚洲和伊斯玛仪派穆斯林的权力。在主流教会默许下耶和华见证人派的权力也被禁止。

各宗教团体对这些措施的反应不同。因为在独立之时，穆斯林在教育上远远落后于基督徒，所以，即使有乌贾马政策支持也从未赶上基督徒，再加上尼雷尔的基督教背景也使穆斯林
65 很难完全信任他。阿拉伯、亚洲和伊斯玛仪派穆斯林反对乌贾马，因为它损害了他们的商业利益。相反，非洲穆斯林支持乌贾马，因为他们将其看作进步的一种媒介，同时也是解决他们以前在非非洲人，包括阿拉伯、亚洲和伊斯玛仪派穆斯林手中遭受不公的一种方式。很快，非洲穆斯林在 1968 年成立了坦

① 弗里德·路德维希：《坦桑尼亚的教会和国家》，第 12 页，53 页，230 ~ 235 页。

桑尼亚穆斯林理事会（BAKWATA），取代了同一年被禁止的非非洲穆斯林为主的东非穆斯林福利协会（EAMWS）。直到1992年，乌贾马崩溃之后，一个更具包容性的坦桑尼亚穆斯林组织即伊斯兰组织最高委员会才在该国成立。

基督徒之间对乌贾马的接纳程度也不一致，原因在于天主教徒反对乌贾马（因为它国有化他们的许多机构），而新教徒更迅速地接受（部分是因为他们中的许多人占居着较高的政治职位）。拥有的机构较少的小的新教教会在乌贾马的村庄化政策下也蓬勃发展，因为相对于地位较稳固的天主教会来说，它们可以更快地应对它。1968年宣布乌贾马时，坦桑尼亚北部和西北部的查格人、哈雅人和帕尔人观点更基督化和倾向资本主义，所以，他们也反对乌贾马，同时乌贾马还挫伤了他们的士气。但是，总的来说，基督教在很大程度上支持该政策。

当姆维尼（穆斯林）接替尼雷尔（罗马天主教的基督徒）执政后，他继续推行尼雷尔促进种族、民族和宗教和平共存的政策。然而，他还引进了多党政治，并用新自由主义的政治和经济环境取代乌贾马。姆维尼的任职也引起了穆斯林的期望，使呼唤成立卡迪氏法院的要求达到顶点，而这一举动导致穆斯林内部以及穆斯林和基督徒之间的冲突，双方变得有些激进。继1998年肯尼亚和坦桑尼亚美国大使馆爆炸事件后，姆维尼政府被迫对国内激进的伊斯兰分子采取强硬行动，而此举使穆斯林对姆维尼任职产生的所有美好期望很快破灭。自那以后，由于基督教加剧了对穆斯林的怀疑，伊斯兰极端主义的日益增长以及穆斯林对政府不公平待遇的不满增加，该国的政治——宗教形势彻底变糟。同样令人担忧的是，鉴于桑给巴尔穆斯林日益增长的经济独立要求和国家可能的分裂，联合政府的未来岌岌可危。[①] 该国的宗教和政治领导人很有希望能挺身而出，帮助维护坦桑尼亚的团结。

---

① 康斯坦丁·塞巴斯蒂安：《专家支持桑给巴尔寻求经济独立》，载《公民》，2010 年 12 月 13 日，http：//www.thecitizen.co.tz/，2011 年 4 月 1 日访问。

第三章　文学、媒体和电影

坦桑尼亚有着年轻的文学、媒体和电影行业。虽然这些行 68
业的数量与日俱增，但发展却受到许多因素的制约，比如才华横溢作家的缺乏，媒体网络配置落后，文学、媒体和电影作品的市场太小。反过来讲，这种情况是由于该国低水平的阅读文化和较少的个人收入等因素，而这些因素又制约了文学、媒体和电影作品的市场。在本章中，我们评述了该国文学、媒体和电影行业的当前状态并探讨了它们未来发展的机会。

口头文学

坦桑尼亚的文学大多属于口头文学，并且主要是以口头形式而非书面形式进行传播。因为口头文学的创作者和听众需要很少的或者根本就不需要接受任何正规的训练，所以口头文学比书面文学应用的更广泛，并在该国的殖民时期开始繁荣兴旺。尽管许多口头文学都在衰退，甚至有些正处于灭绝的危险状态中，但坦桑尼亚的口头文学仍存在于该国所有的将近 135 种土著语言中。

想要掌握坦桑尼亚口头文学数量的精确程度是不可能的，

因为这种文学存放于人们的头脑中而不是摆放在图书馆等储藏
室里。难以把口头文学量化，是由于这一事实——它的诸如谜
语等众多元素是动态的，总是不断变化着以应对持续变化的社
69 会文化环境。此外，口头文学的传播者（如讲故事的人）很
善于动态地调整口头文学，使之迎合不同的观众。

尽管该国的口头文学可以被记录和保存，但记录、保存的花费高，该国过多的部族和语言又使得记录、保存变得复杂。因此，该国已记录的口头文学很多采用的是斯瓦希里语——该国的官方语言之一。虽然保存坦桑尼亚传统的口头文学面临着许多挑战，但是在该国多数口头文学真正的活“图书馆”相继去世之前开展这项工作却至关重要。目前，坦桑尼亚政府正在试图保护本国的口头文学，尽管这个项目范围还不是很清楚。①

坦桑尼亚口头文学的减少也因为其他一些原因，包括政府出于政治原因普及斯瓦希里语，先前促进知识在老一代和年轻一代之间进行有效传播的该国传统多代的社会结构的瓦解，国家的日益现代化以及随之而来的传统口头文学的贬值。

坦桑尼亚口头文学的主要类型包括民间故事、歌曲、诗歌、谚语、谜语。在坦桑尼亚，这些文学手法经常使用象征性的语言以及虚构的动物角色和人类角色进行表达。在某些情况下，无生命的物体例如，树木和岩石会被传播者拟人化（或赋予人类的外形和特质，如可以会说话的嘴巴），以赞美或谴

---

① 罗纳德·S. 克莱因编：《20 世纪非洲文学指南》，纽约：安加尔，1986 年，第 218 页。

责某些人的行为。

诗歌与歌曲

到20世纪50年代，坦桑尼亚虽然还有许多传统的吟游诗人（即那些经常一边创作、吟诵史诗或英雄诗，一边弹奏竖琴或七弦琴的人）。但是，近几十年来，由于社会经济环境的不断变化，个人或公众支持的缺乏，吟游诗人或表演者后继乏人，可用于培养新吟游诗人的录制品的短缺，年轻一代对坦桑尼亚传统口头文学了解不足等原因，吟游诗人的数量已大幅下降。[①]

然而，该国仍然有这样的艺术家，纵然他们大多都已年老，在居住地以外也默默无闻。例如，在坦桑尼亚西北部的哈雅人中，一些传统的吟游诗人仍然居住在维多利亚湖附近卡盖拉地区先前的传统王国基亚吉、伊汉吉罗、卡拉圭地域内。此外，许多年轻的当代歌唱家，如赛达·卡萝莱，演唱的情歌深受年轻观众欢迎。

已故的哈比卜·塞勒摩尼也即哈比卜·拉佳尼·格瓦库巴
本达（1929～1993年）是坦桑尼亚最伟大的口头文学大师之
一，这里着重讲讲他毕生的工作。[②] 1929年前后，他出生在传 70
统王国基济巴辖管下的卢库润戈城，该村是哈亚族居住地，距
现在的布科巴城镇近16公里（10英里），靠近布科巴—甘蒂

① M·M.穆洛科齐：《最后的吟游诗人：坦桑尼亚的哈比卜·塞勒摩尼（公元1929～1993年）的故事》，载《非洲文学研究》28卷1期和2期，1997年，第159～172页。

② M·M.穆洛科齐：《最后的吟游诗人》，第159～172页。

亚拉大道。他长大后成为穆斯林，是因为他父亲很可能是哈亚农村中最先皈依伊斯兰教的行商。作为阿巴克亚加氏族的成员，在传统的哈亚族等级制度下他被视为平民。但是，他在他母亲那边却拥有王室遗产，因为他的母亲是一位姆兹巴卡兹——统治基济巴王国的罗比托氏族的成员。另外，先他几年过世的母亲还是一名灵媒。

虽然塞勒摩尼身为穆斯林，但他实际上是一个文盲，他甚至从来没有上过当地的宗教学校（可兰经学校），在那里他至少可以认识阿拉伯文字。成长于卢库润戈村的经历帮助磨练了他的音乐表演技能，因为卢库润戈村是当时基济巴厄南噶（*enanga*）传统艺术的中心——厄南噶艺术得名于在史诗和歌曲表演中使用的当地乐器八弦槽齐特琴（称为厄南噶）。当时，基济巴有着 20 世纪初最著名的一些史诗和英雄史诗诗人，包括卢库欣德瓦·恩亚布沙加（卢库卡）。这些吟游诗人的资助者名为卢库卡·奥尔瓦·卡盖沙，是一名富有的贵族，也即卢库欣德瓦的父亲，他在其父亲过世之后既进行表演，也维持着主办厄南噶演出的家族传统。13 岁的时候，塞勒摩尼就成为了一名有造诣的厄南噶表演者，后来他的成就超越了他的几位师父。在卢库润戈村学艺后，他离开了该村庄，并在位于附近的其母亲家族的布干迪卡村永久定居下来。由于哈亚文化属于父权制，不允许子女拥有或继承母亲家族的土地，塞勒摩尼就居住在他母亲在布干迪卡的一处土地上。最终，这一风俗和他的搬迁将他的家庭置于贫困的境地中，因为 1993 年在其去世之后这块土地又归还给了他母亲的兄弟们。

20 世纪 40 年代，塞勒摩尼搬走了，成为卡巴莱王国国王加布里埃尔·鲁盖班达纳的一位宫廷诗人。1950 年，已故的南非音乐家休特·蕾西。在卡巴莱发现了塞勒摩尼，由此诞生了塞勒摩尼作品最早的现存记录。塞勒摩尼在卡巴莱为王室服务之前，主要表演其学成于卢库润戈的平民厄南噶诗歌。但在加入国王加布里埃尔·鲁盖班达纳的宫廷之后，他成为了一名才艺非凡的王室史诗表演者，接受着多个著名的王室吟游诗人如卡比欧玛·马舒拉诺和阿卜杜拉·菲扎·易卜拉辛的指导，而这些吟游诗人本身也曾经受过马甘加拉·加·布威利（1870～1939 年）——也许是该地区 20 世纪最为著名的王室吟游诗人——的教育训练。在卡巴莱，哈比卜特别擅长表演厄南噶。

在 20 世纪 50 年代中期，虽然他前往内罗毕进行过表演，71
其一些作品也被记录下来。但是，他依然留在了宫廷，直到 20 世纪 60 年代初，坦桑尼亚废除了传统的酋邦。这一突变令他和其他的吟游诗人失去了王室赞助，迫使他们开始在新兴的殖民城市中心（如布科巴）通过商业演出来谋生。1961 年，他和其他的传统表演者，在当时的首都达累斯萨拉姆以演出的形式帮助迎接独立。随后，1967 年，坦桑尼亚广播电台录制了他的一些表演。他的那首哈亚传统赞曲“卢库卡”——他加以修改用来赞美当时的总统尼雷尔和副总统卡瓦瓦，后来成为坦桑尼亚广播电台的一个固定项目。之后，1970 年，他又被列入代表坦桑尼亚参加日本世界博览会的艺术剧团的成员。到了 20 世纪 80 年代，他的表演已经被许多研究者、传统音乐爱好者、崇拜者和音乐制作商记录。他和他已经分居的第一任妻子亚丝娜有两个孩子，和他的第二任妻子亚纳蒂·科库拉穆卡有四个孩子。由于他从唱片中几乎没有收到任何版税，于1993年1月12日潦倒而死。

塞勒摩尼的艺术成功，是由于他对环境有着超强的敏锐性（即能感知他表演时观众的反应和时空的变化）；他愿意为了唤起并留住观众的注意而努力工作；他的传奇曲目不断扩大，也超越了出自于他自己部族社区的史诗。

然而，塞勒摩尼在坦桑尼亚以外却依然相对默默无闻，因为他的音乐传统比较晦涩难懂，并且在20世纪50年代，很少有具备语言、文化、文学或民族音乐等方面背景和训练的西方和当地学者去研究他的作品。虽然学者们现在具备研究他和其他厄南噶艺术家的作品的能力，但不幸的是，这种专业技能是在厄南噶传统衰落后以及塞勒摩尼去世之后才获得的。塞勒摩尼和其他的卡盖拉吟游诗人表演的厄南噶史诗可以采取不受时间影响的、半历史化的、完全历史化的、叙事或非叙事的形式，以说、吟诵、歌唱的方式进行表演。而大多数吟游诗人采用歌唱表演的形式。

民间文学

坦桑尼亚拥有各种各样精巧的民间文学，许多部族都有自己的神话、音乐、口述历史、笑话、传说、民间故事、谜语、谚语、格言，这对该国来说是一笔巨大的财富。[①] 在本节中，

① 宾夕法尼亚大学非洲研究系：《坦桑尼亚民间传说概述》，载《非洲和美洲的原住民》杂志，http：//ipoaa.com/tanzania_ folklore.htm，2006年11月20日访问。

我们主要关注故事、谜语和谚语，该国民间文学的其他方面在第二章到第八章有所论述。

故事

如同其他的非洲国家那样，讲故事在坦桑尼亚的教育、信 72
息传递、社会娱乐方面起着重要的作用，对孩子来说更是如此。除了传授宗教、道德、环境和历史上的的经验教训外，故事还向儿童和其他社会成员提供社会角色和行为准则方面的借鉴，并帮助建立起促进社会成员交流经验和想法的代际纽带。故事还可以用来传授理想的社会品质，如智慧、勇气和慷慨以及帮助社会成员选择他们愿意效仿的部族英雄。

自然景观也充分体现在坦桑尼亚的故事里。例如，乞力马扎罗山就彰显于那些居住在其山坡上的族群的民间小说里。举一个例子，查加人有一个故事，解释了为什么乞力马扎罗山上的两个山峰，即基博和马温西有不同的外貌。正如故事所讲的那样，基博和马温西曾经是两个同样美丽的女人，但在生活中却有不同的秉性。基博有精打细算的习惯，善于利用她的食物；马温西却有浪费的恶习，拙于为以后的困难时期节约粮食，因此到了饥荒时期，马温西就不得不依靠基博。在一次特别严重的饥荒中，马温西连续三天向基博讨要食物。起初，基博将食物施舍给了她，但在第三天，基博的慷慨耗尽了，就用饭勺打了马温西的背，导致了马温西目前崎岖的外观。同时，这场战斗似乎永久切断了基博和马温西之间的关系，因此她们呈现出当前体态上的分离。这个故事的寓意是，族群成员应该勤劳、睿智、自力更生。

在坦桑尼亚人的故事中，为了鼓励或劝阻某些社会行为，当地的动物如大象、鬣狗、兔子、乌龟常常被赋予人的各种品质。按照人们的一般思维，许多这样的故事里的大象、鬣狗、兔子、乌龟分别代表着强壮的人、贪婪的人、灵活精明的人以及迟钝的人。由于这些类比是可以扩展的，它们也能够被用来代指个人、家庭、宗族甚至整个族群。另外，在日常对话中也可以用这些动物和其他的动物来喻指某类人。在其他情况下，它们也可以被用作隐喻去警告、斥责、描述、歌颂某人。例如，你可以告诉你的朋友要小心“兔子”“鬣狗”“蛇”，而不是告诉他或她要警惕某些精明的人、贪婪的人、鬼鬼祟祟的人。

谜语

谜语是一种常见的语言艺术形式，几乎存在于坦桑尼亚和非洲其他国家的所有族群里。谜语是一种供人猜测的隐语，具
73 有意义双关、费解、含义模糊的特征。[①] 它的用途有教育、培训、娱乐、消遣以及供社会成员交际，对孩子们来说更是如此。具体来说，它可以向儿童灌输语言和知识，帮助开发他们的记忆力和其他智能，如批判性思维、机智、观察和深层推理能力。此外，谜语还有助于讲解、说明、诠释费解的社会现象和自然现象。在坦桑尼亚的许多部族如查加族中，谜语向社会提供了一种处理社会禁忌和其他敏感话题的可接受方式，而且巧妙的谜语更是备受推崇。[②] 在某些社会场合，比如未成年人

---

① 约翰逊·M. 伊希戈马：《非洲口语传统：坦桑尼亚西北部哈亚族的谜语》，载《国际教育评述》51期，2005年，第139～153页。

② 宾夕法尼亚大学非洲研究系：《坦桑尼亚民间传说概观》。

在场的情况下，谜语也可以用来进行隐晦对话。

许多坦桑尼亚部族的谜语通常会涉及当地的自然、社会、生物、文化以及家庭现象，所以它们对于那些来自不同社会文化和环境背景的人来说是相当费解的。谜语常常对变化着的社会环境和物质环境会做出即时的回应，因此许多坦桑尼亚部族的谜语库也经常变化。例如，该国现在的谜语会涉及到汽车这样的现代物品。相反，有些谜语因为过时已不再使用。

猜谜语在坦桑尼亚是一种参与性活动，它用提问和回答的方式来使出谜者和解谜者双方都保持警觉，例如，在斯瓦希里语中，一个典型的猜谜活动如下所示：

> **出谜者：** *kitendawili*！（谜语！或译成有一个谜语！）
>
> **解谜者：** *Tega*！（你出谜吧！）
>
> **然后这个出迷者会出谜语，** 比如：*NYumba yangu kuu ina mlango*！（我的房子很大，但它的门很小！）——*Jibu*（答案）：*Chupa*（瓶子）。

接着解谜者开始抛回答案直到解谜者解答出谜语或者放弃答谜，由出谜者给出正确谜底。在大多情况下，猜谜语是一个反复的过程。在这个过程中出迷者试图难倒解迷者，而解迷者又企图在最短的时间解答出谜语来使出迷者难堪。一旦一个谜语被解开，猜谜双方便会交换角色继续游戏直至其中一方或双方感到厌倦才停止猜谜。

在哈亚人中，猜谜语可涉及孩子团体之间的比赛，这种情况下母亲或祖母可以担任裁判。在另外一些情况中，母亲或者祖母也可以与个别孩子或是孩子组成的团体展开比赛，并向最终胜利的孩子或团队授予象征性的奖品。和坦桑尼亚许多部族猜谜一样，一个人要想成功地解答出哈亚人的谜语，需要很好地了解哈亚人的家庭和社会生活、人类身体及特征以及当地的动物、昆虫、植物、食物、地理等情况。

74 坦桑尼亚大多数部族对猜谜语的参与者在具体年龄和性别上都有限定，因此，当猜谜牵涉到混合的观众，比方说，孩子、德高望重的人或异性时，就不会使用那些涉及性和其他潜在尴尬内容的谜语。一般说来，包含着露骨的性方面内容的谜语只能告诉自己的同性朋友或同龄人。

谚语

同谜语一样，谚语在坦桑尼亚也被广泛使用。它和谜语的作用一般是一样的，但发挥作用的层面却比谜语更高。所以，当谜语更多地用来教导幼儿时，谚语则在对象涉及较大的儿童和成人时运用得更好。在坦桑尼亚和许多其他非洲国家，一个人语言的精通程度、智力的高低和知识的广度，可以通过语言——谜语、谚语和其他复杂结构的句子的熟练运用程度得到最好的展示。就像尼日利亚的小说家齐诺瓦·阿契贝观察到的一样，在尼日利亚和非洲的很多地方，“……谚语好比棕榈油伴着词汇一起吃下去。”①

不像谜语主要是用来开发人类智力，谚语则试图评估和改变人类行为。谚语虽然是对基于当地常识和经验的真理的简单具体表达，但它们往往采用比喻象征手法，而非平铺直叙。因

---

① 齐诺瓦·阿切比：《瓦解》，伦敦：海涅曼出版社，1958 年，第 10 页。

为谚语的意思常常是隐含着的，因此，你必须运用高级思维去理解它们。一些谚语具有普遍意义，但很多的谚语则只跟当地文化有关。它们因此能体现、传承、帮助保护所在文化中的某些元素，比如所在文化界定的年龄与性别角色、道德、适当行为、工作和事情中的相对价值。通过传播理想的社会品质，谚语在文化保护和社会凝聚力的提升方面也发挥着重要的作用。

谚语也传播知识，开发语言技能以及鼓励社会成员的批判性思维。和谜语一样，谚语在某些社交场合，如未成年孩子在场的情况下，也可以用来交流敏感信息。坦桑尼亚的谚语一般通过口头传播，但目前它们也开始以印刷形式在书籍和报纸上进行传播。谚语还经常被印在肯加（*khangas*）上，即深受坦桑尼亚妇女欢迎的大围裙、披肩上面。

在坦桑尼亚和东非很多地区最流行的谚语是斯瓦希里语——除了是东非地区的商用语言外，斯瓦希里语还充当坦桑尼亚和肯尼亚的国语——谚语。斯瓦希里谚语之所以十分普遍，是因为它们长期以来被撰写和翻译成包括英语在内的其他语言。相比之下，坦桑尼亚的其他许多本土语言里的谚语正在迅速消失，因为使用这些语言的人在逐渐减少。但愿这一类谚语在完全消失之前能被印刷、保存下来。[①]

---

① 阿弗里坡罗夫：《非洲谚语、格言和故事》，1998～2007年，http://www.afriprov.org/，2006年11月20日访问。

75 书面文学

坦桑尼亚的文学环境相当糟糕，因为该国存在着一个占主导地位的口头文化。因而该国缺乏支持文学环境蒸蒸日上的终身阅读文化。此外，人们较少看书，因为图书数量有限、获取书的费用高，图书馆和书店不足。而高额的书籍出版成本和狭小的市场不仅反过来导致了图书成本高，同时还制约出版行业的投资和创新。另外，邻国肯尼亚较大规模的出版业长期以来遏制着坦桑尼亚规模较小的出版业的成长发展。因此，为了生存，坦桑尼亚许多出版商偏重于出版那些在国内具备稳定市场的书籍，如教科书。

坦桑尼亚糟糕的文学现状也因为作家的数量短缺、报酬低廉、社会地位低下而进一步加剧。该国许多作家为了实现自己的目的，往往离开本国，或进入更加赚钱的行业，或专注于编写教科书，或是将自己的读者定位于富有的人群，例如，游客，而这样就会缩小它们阅读群体的范围。缓解该国目前文学现状的任务，随着更具活力的娱乐信息媒体如互联网的出现，很可能变得更加复杂。①

---

① 拉尔斯·P. 克里斯坦森、塞西莉亚·马格努森·柳恩格曼、约翰·罗伯特·伊科杰·奥登戈、玛利亚·索乌和博迪尔·福尔克·佛瑞德里森：《在非洲加强出版：对非洲出版商网的评估》，瑞典国际开发合作署评估部1999年2期出版物（斯德哥尔摩：瑞典国际开发合作署，1998年）；迈克尔·哈恩加：《聚焦阅读文化的缺乏》，载《卫报》，2006年9月6日，http://www.ippmedia.com/，2006年9月6日访问。

然而，该国的政府、图书出版商和作家，正努力通过推广终身阅读和学习作为人们获得摆脱贫困和保持高水准生活的能力的重要途径来扭转局势。为此，业内人士于1999年创建了坦桑尼亚图书发展委员会（BAMVITE），旨在促进协调发展各种阅读活动，包括每年举办的国家图书周活动。此外，坦桑尼亚图书发展委员会还致力于向全国各地的各个年龄阶段的读者提供足够数量的高质量的图书。这一目标的最终实现依赖于该国的作家、书店、图书馆和保质保量的出版物数量的指数化增长。从长远来看，坦桑尼亚图书发展委员会希望将坦桑尼亚打造成一个能在当前的全球信息社会里兴旺发展的知识社会。[①]

本土语言文学：斯瓦希里语文学

本土语言文学作品的出版采用的是坦桑尼亚本土语言而非殖民语言（如英语）。除斯瓦希里语文学作品外，该国还有少量的其他本土语言文学作品，而这是因为这些语言类作品的市场太小。[②] 现有的非斯瓦希里语书籍大多都由政府出版社出版，用于小学阅读课堂。除了这些外，基督教的《圣经》是唯一用多种本土语言（如基马赛语、伊西哈亚语、基查加语、基苏库马语和基赫赫语）广泛出版的图书。

坦桑尼亚本土语言文学作品的短缺主要是由于该国1966 76

① 坦桑尼亚书籍发展委员会：《家》，2006年，http://www.bamvita.or.tz/default.asp，2012年6月16日访问。

② 2007年10月10日与坦桑尼亚书籍发展委员会执行秘书弗里达·利亚鲁女士的私人通信。

年的决定，即在有损于其他许多本土语言的情况下将斯瓦希里语作为该国的官方语言和教学语言在所有初等学校进行推广。[①] 这一政策，加之该国的快速城市化，使得会讲本土语言的年轻人迅速减少，本土语言的未来令人堪忧。以下是对坦桑尼亚斯瓦希里语文学作品做的一个评述。

与坦桑尼亚的其他本土语言不同，斯瓦希里语有着悠久的作品出版史，可追溯至13世纪。而最古老的斯瓦希里语手稿是1728年姆威戈·瓦·阿苏马尼的《赫列卡利史诗》（*Utenzi wa Herekali*）——一部编年史，记录了皇帝赫列卡利和穆斯林先知穆罕默德之间7世纪时的一场战争。斯瓦希里语作为口语和书面语的漫长历史也使其文学作品广泛分布于整个东非地区。自斯瓦希里语成为该国的一门官方语言以及初级教学系统的教学语言乃至于该国主要宗教崇拜仪式的主用语之后，斯瓦希里语文学作品的数量更是与日俱增。

18世纪前，斯瓦希里语作品使用斯瓦希里—阿拉伯语进行编写。但是从18世纪到20世纪30年代，东非的斯瓦希里语文学作品的写作则主要采用三种方言：金维塔语（肯尼亚蒙巴萨的方言）、佳穆语（肯尼亚拉穆的方言）和吉安古加语（坦桑尼亚的安古迦岛、桑给巴尔岛的方言）。自20世纪30年代起，殖民、后殖民政府将吉安古加语作为标准的斯瓦希里语进行推广，吉安古加方言随之成为主要的斯瓦希里语。东非

---

① 劳拉·埃德蒙森：《坦桑尼亚的表演和政治：舞台上的国家》，印第安纳州布卢明顿和印第安纳波利斯：宾夕法尼亚印第安纳大学出版社，2007年，第67页；雷纳德·S. 克莱因：《非洲文学》，第214页。

地区很多斯瓦希里语的书籍现在都采用这种方言。

古典斯瓦希里语文学作品（18 世纪 50 年代～19 世纪 20 年代）大多都来自肯尼亚海岸，但现代斯瓦希里语文学作品更多地来自坦桑尼亚，特别是在吉安古加方言成为标准斯瓦希里语的基础后。与古典斯瓦希里语文学作品以编年史为主不同，现代斯瓦希里语文学作品逐渐开始有了新的类型和子类型，例如，散文、小说、书面戏剧作品。最初，尤其是在 20 世纪 20 年代到 20 世纪 40 年代，现代斯瓦希里语文学作品主要是以斯瓦希里语翻译的本土民间传说、阿拉伯民间传说以及各种欧洲文学作品为主，如瑞德·哈格德的《骷髅神庙的宝藏》和《所罗门王的宝藏》。20 世纪 60 年代，斯瓦希里语的译作还囊括了朱利尤斯·尼雷尔翻译的莎士比亚的《裘里斯凯撒》和《威尼斯商人》。[①]

坦桑尼亚名副其实的斯瓦希里文学作品的开启者是酋长夏班·本·罗伯特也即夏班·罗伯特（1909～1962 年）。他以新
的标准斯瓦希里语进行创作。20 世纪 40 年代到 60 年代，夏 77
班·本罗伯特创作了许多在今天仍然流行的诗歌、小说和散文，他由此被公认为现代斯瓦希里文学之父。他的 20 部书籍里，有短篇寓言《阿迪力兄弟》（*Adili na Nduguze*）；传记作品《我的人生》（*Maisha Yangu*）、《50 年之后》（*Baada ya*

① 卡罗尔·伊士曼：《非洲地区文学的崛起：斯瓦希里文学》，载《非洲研究评论》20 卷 2 期，1977 年 9 月，第 53～61 页；阿拉明·马兹瑞：《超越边界的斯瓦希里语：文学、语言和身份》，雅典：俄亥俄大学出版社，2007 年，第 16 页。

Miaka Hamsini)；社会讽刺故事《想象国》(*Kufikirika*)、《可信国》(*Kusadikika*)、《清算》(*Siku ya Watenzi Wote*)、《为自由而战》(*Utenzi wa Vita uya Uhuru*) 以及他去世后出版的他的著作全集《夏班全集》(*Diwani ya Shaaban*) 第一卷。在其早期作品，尤其是社会讽刺作品《可信国》和《想象国》中，他采用高度象征性的语言、乌托邦视角、西方文学风格和非洲传统来阐述如欧洲殖民主义给坦桑尼亚带来的社会变迁等问题。他的传记作品《我的人生》《50 年之后》，为发生在他有生之年里的社会变迁提供了一个展示之窗，《为自由而战》则记录了坦桑尼亚为争取民族独立所做的斗争。[①]

他的作品不仅以人文主义的主题而且还以优雅的风格和政治上的激进主义而闻名，后者是他对坦桑尼亚摆脱德英殖民统治，获得民族解放所做的知识贡献。在争取坦桑尼亚独立的斗争期间他曾与尼雷尔一起工作，而他高度隐喻性的写作风格帮助他躲过了殖民当局对他发难。他超凡的斯瓦希里语写作技能也使他能够充分阐述存在于坦桑尼亚和其他地方由来已久的人类不公。他的自传作品《我的人生》和《50 年之后》将其人生哲学观展现地淋漓尽致。其中《我的人生》以其在德国殖民统治下的早期生活经历为主题，《50 年之后》则涉及他在英国殖民统治下的生活以及争取自由和独立的斗争。[②]

---

① 安吉莉卡·巴施利卡：《夏班·罗伯特简介》，载《非洲数据库》2003 年，http：//people. africadatabase. org/en/profile/13163. html#profile129743；阿拉明·马兹瑞：《斯瓦希里之外……》，第 26 ~ 27 页。

② 卡罗尔·伊士曼：《非洲地区文学的崛起……》，第 53 ~ 61 页。

该国20世纪40年代到20世纪60年代期间还有另外两位斯瓦希里语作家。他们是创作了经典小说《科尔瓦和多拖》（*Kurwa na Doto*）的穆罕默德·萨利赫·法尔西和写作了《祖先的神龛》（*Mzimu wa Watu wa Kale*）等多部侦探小说的桑给巴尔作家穆罕默德·赛义德·阿布达拉。他们的作品是当代斯瓦希里小说的先驱，内容涵盖了20世纪60年代坦桑尼亚和东非众多地区在社会、经济、政治方面所遭受到的挑战。坦桑尼亚斯瓦希里语小说的真正成熟始于法拉吉·卡塔兰布拉的犯罪侦探小说《死亡电话》（*Simu ya Kifo*）的出版。随后，斯瓦希里语出版物迅速增多。

爱情小说、侦探小说与传统故事仍然是斯瓦希里语文学作品的主体，而该国的一些小说和戏剧也巧妙、优美地展现了东非历史上的和当代的社会政治问题。亚当·沙菲·亚当爱情小说作品《让我们缠在一起》（*Vuta N'kuvute*），基于桑给巴尔岛 78
和坦噶的背景，讲述了该国独立斗争期间一个印度新娘和斯瓦希里新郎之间的爱情故事。

该国斯瓦希里语的译作现在还囊括其他非洲国家作家以及西方作家的作品。例如，*Barua Ndefu Kama Hii* 是C·马甘加教授翻译的马里亚马·巴的作品《如此长的一封信》，该书详细地叙述了塞内加尔以及坦桑尼亚等许多非洲国家的妇女斗争。其他著名的译作还包括加布里埃尔·鲁休姆比卡的 *Viumbe Waliolaaniwa*（弗朗茨·发农《地球上的不幸者》的斯瓦希里语版）和 *Africa Inakwenda Kombo*（雷内·杜蒙《非洲错误的开端》的斯瓦希里语版）。[①]

除了夏班·罗伯特外，该国其他著名的斯瓦希里语作家分别为小说家穆罕默德·赛义德·阿卜达拉、赛义德·艾哈迈德·穆罕默德·哈米斯、穆罕默德·苏莱曼·默罕默德、尤弗雷斯·凯齐拉哈比、加布里埃尔·鲁休姆比卡以及剧作家易卜拉欣·侯赛因、梅·马塔尔鲁·巴利西迪亚和佩妮娜·O·穆拉马·马汉多。在简要评述这些作家的作品之前，我们应该注意到，坦桑尼亚的女性作家数量很少，而这是因为该国社会传统上对男孩的教育重视和投入都比女孩高。

穆罕默德·赛义德·阿卜达拉，1918 年 4 月 25 日出生于桑给巴尔的马库杜奇，之后马库杜奇也成为他度过余生之所。他身上的伊斯兰教传统文化特征和从正规教会学校教育习得的西方传统突显于他的作品当中。1938 年，他在教会学校完成学业后，担任了 10 年的殖民地卫生检查员，1948 年成为桑给巴尔的一家报社的新闻记者和编辑。1948 年到 1958 年期间，又担任了桑给巴尔其他报社包括《非洲，我们的家》（*Al Falaq*，*Al Mahda*，*and Afrika Kwetu*）的助理编辑。

1958 年，他成为全国性的农业杂志《农民》（*Mkulima*）的编辑，直至 1968 年退休。而他的写作生涯开始于 1957 年，当时他创作的故事《祖先的神龛》（*Mzimu wa Watu wa Kale*，肯尼亚文化局，1966 年）赢得了东非文艺局 1957 年至 1958

---

① 加布里埃尔·鲁休姆比卡：《个人简历：加布里埃尔·鲁休姆比卡博士》，http：//www.cmlt.uga.edu/sites/default/files/CVs/Ruhumbika,%20Gabriel%20CV.pdf，2012 年 9 月 30 日访问。

年间举办的斯瓦希里语故事征文比赛一等奖，随后也于1966年作为一部小说出版。他写的这个侦探故事是围绕主角姆萨先生（这个人物大致模仿柯南·道尔爵士笔下的歇洛克·福尔摩斯）展开的系列侦探小说的第一篇。

虽然阿卜达拉的书大多描写的都是聪明的英雄姆萨先生与他迷信且见识短浅的对手之间的较量，但故事情节随着时间推移变得越来越复杂和精致，同时他传奇般的斯瓦希里语技巧也应用得更加精炼。因此，他的许多书都被选入教科书，并多次再版。阿布达拉的书还吸收了大量兼收并蓄的桑给巴尔文化——包括阿拉伯人、印度人、非洲人和欧洲人所带来的影响，书的内容围绕着乱伦、违法、贪婪、复仇以及土地冲突展 79
开。其在桑给巴尔革命前后的家庭生活经历的各个方面也突显在其作品中。[①]

赛义德·艾哈迈德·穆罕默德·哈米斯出生于桑给巴尔，在达累斯萨拉姆大学学习了语言学、文学、教育、艺术史和发展研究。获得语言学硕士学位后，他又在德国莱比锡大学取得了博士学位，他的博士学位论文论述的是奔巴岛的斯瓦希里语方言。回到桑给巴尔岛后，他当过教师、学校理事、师范学院的指导员，还做过斯瓦希里语和外语研究所的所长。目前，他是德国拜罗伊特大学非洲语言文学系的主任。虽然穆罕默德是一个成功的小说家、剧作家、诗人，但小说为他带来了更大的

---

① 安吉莉卡·巴施利卡：《穆罕默德·赛义德·阿卜达拉：简介》，载《非洲数据库》，2003年，http：//people. africadatabase. org/en/profile/16529. htm1#profilel29332，2006年11月20日访问。

名气。

作为一名知名的社会主义者和技巧娴熟的斯瓦希里语小说家，穆罕默德的作品多关注阶级剥削和斗争。例如，在《光明中的黑暗》（*Kiza Katika Nuraa*）中，他聚焦于坦桑尼亚当代的社会现实和政治现实，突出描写了民众的无知、贫穷、不幸以及这些不利条件如何使民众更易遭受政治精英的盘削。虽然他将黑暗（*kiza*）和光明（*nuru*）两个相反的极端同时置于小说中，似乎也暗示群众极其无知、贫穷、不幸，但他仍然希望有一天光明会取得胜利，人民群众会摆脱压迫他们的社会现实或曰黑暗。这部小说还涉及坦桑尼亚年轻人和老年人代际之间的思想上的分歧。同样，《分离》（*Utengano*）探究了桑给巴尔革命后的社会剥削问题，还对革命后的政客们进行了严厉的批判，批判这些政客们西方化的城市生活方式阻碍了具有更加公正的阶级、世代和性别关系的社会的到来，败坏了他们的社会理想主义的说辞。

相反，《当祖父复活》（*Babu Alipofufuka*）描写了一位堕落的政府官员“K”的故事。“K”因他行尸走兽般的腐败生活方式而受到他祖父鬼魂的折磨。最后，他的生活方式形成恶性循环并最终使其孩子也陷入其中。“K”在现代坦桑尼亚公务员中非常常见，在揭示了他的生活方式所带来的后果之后，穆罕默德希望他和他的同僚能改过自新，挽救子孙后代的未来。[1]

穆罕默德·苏莱曼·默罕默德是坦桑尼亚写作技能最娴熟
的斯瓦希里语小说家之一，其创作的《渴望》（*Kiu*）和《雷
赫马的财富》（*Nyota Ya Rehema*）荣获了1973年度的肯雅塔
文学奖。《渴望》背景设定在桑给巴尔革命后，描述了对爱情
和金钱贪得无厌的渴望所带来的毁灭性影响以及女性生活于盛
行伊斯兰教的桑给巴尔海岸的斯瓦希里文化里，从而往往处于
不利的地位。穆罕默德1945年出生在桑给巴尔，他创作的小
说广受欢迎，以至于非洲东部的许多学校将它们列为必读书 80
籍。他还写了一本短篇小说集《胜利的笑声》（*Kicheko cha
Ushindi*）。

尤弗雷斯·凯齐拉哈比，1944年4月13日出生于坦桑尼亚西北部维多利亚湖的乌凯雷韦岛上的纳马加多村，是一名小说家、诗人、学者。他在维多利亚湖附近的一所教会学校完成了小学和中学教育，1970年又于达累斯萨拉姆大学开始了本科学习。20世纪70年代中期，他取得了达累斯萨拉姆大学的

---

① 阿拉明·马兹瑞：《超越边界的斯瓦希里语》，第29～30页；庞贝尔·诺塞拉：《对赛义德·艾哈迈德·穆罕默德的小说〈光明中的黑暗〉的诠释以及某些翻译问题》，载《斯瓦希里论坛》2005年，第12期，第63～80页；弗拉维亚·艾洛·特拉奥雷：《把一部斯瓦希里语小说翻译成"白皮肤"：艾哈迈德穆罕默德小说〈分离〉的意大利文版》，载《斯瓦希尼语论坛》2005年，第12期，第99～107页；联合国教科文组织：《穆罕默德，赛义德·艾哈迈德：〈当祖父复活〉（坦桑尼亚）》，载《文学翻译》，http://www.litprom.de/littrans/detail.php? id=452012年7月16日访问。

硕士学位，随后在20世纪80年代获得了美国威斯康星大学的博士学位。他曾经担任过高中教师、达累斯萨拉姆大学的非洲口头文学、书面文学以及创造性写作的教授，目前是博茨瓦纳大学非洲语言和文学的副教授。

凯齐拉哈比在达累斯萨拉姆大学攻读学士学位期间，开始了他的首部小说《神奇玫瑰》（*Rosa Mistika*）的创作，该小说主要涉及性别问题。20世纪70年代以来，他成为了当代斯瓦希里语文学的主要撰稿人之一，事实上也是摆脱斯瓦希里—阿拉伯语诗歌传统规则的新斯瓦希里语自由诗的创始人。他出版了诗作《鼠》（*Vipanya*），就开创了这种风格。而这种风格一开始饱受争议，一些传统的斯瓦希里语诗人抨击这种风格是不可接受的。现在这种风格却很普遍。

凯齐拉哈比的作品处理当代坦桑尼亚社会存在的问题，如两性关系（《神奇玫瑰》）、后殖民政治的发展以及贪婪的政治精英对坦桑尼亚民众的背叛（《马克思的短裤》［*Kaptula la Marx*］、《蛇皮》［*Gamba la Nyoka*］）、殖民主义对个人和社会的影响（《白痴》［*Kichwamaji*］）、个人在社会中的角色（《混乱人世》［*Dunia Uwanja wa Fujo*］）、尼雷尔的乌贾马也即非洲社会主义政策的推行及其后果令人失望（《混乱人世》《蛇皮》《马克思的短裤》）和异化等心理问题。凯齐拉哈比作品的灵感很多都源自于他的母语吉凯雷韦语和乌凯雷韦岛的民间传说，但他还借鉴了西方的作品，特别是德国存在主义哲学家例如，弗里德里希·威廉·尼采（1844~1900年）和马丁·海德格尔（1899~1976年）的作品。存在主义认为，每个人都是能自决的主体，应对他们自己的选择完全负责。[①]

加布里埃尔·鲁休姆比卡（1938 年～）出生于坦桑尼亚的乌凯雷韦岛，1964 年在乌干达马凯雷雷大学取得大学学位，1969 年又于巴黎索邦大学获得非洲文学博士学位。之后，他一直奔波于不同的大学教授文学，目前是美国乔治亚大学
（雅典）的一名比较文学教授。最初他使用英语写作，但后来 81
为了使其作品能够让尽可能多的斯瓦希里人阅读，他开始改用斯瓦希里语。他已经完成了一本短篇小说集。其中的《不论公鸡是否鸣叫，黎明总会到来》（*Uwike Usiwike kutakucha*）是独立运动精英未能兑现自己诺言的富有启发性的写照；《爱国者无形的事业》（*Miradi Bubu ya Wazalendo*）是坦桑尼亚的一部社会经济发展史；《这片土地上的孩子们永远的厄运》（*Janga Sugu la Wazawa*）论述了当代坦桑尼亚和非洲社会中存在的巫术；而他唯一的英文小说《独立》（*Village in Uhuru*），创作于后殖民时代早期阶段，探讨了部族王室对国家统一的危险。意识到这一挑战之后，坦桑尼亚的开国总统朱利叶斯·尼雷尔，建立了社会主义政治制度，该制度在建立民族认同上取

---

① 安吉莉卡·巴施利卡：《尤弗雷斯·凯齐拉哈比：简介（坦桑尼亚作家/学者）》，载《非洲数据库》，2003 年，http：//people. africadatabase. org/en/profile/4783. html#profile117374；马丁·班纳姆、埃罗尔·希尔、乔治·伍德亚德和奥卢·奥巴费米编：《剑桥指南：非洲和加勒比戏剧》，英国剑桥：剑桥大学出版社，1994 年，第 114 页；卡特里娜·瑞恩：《开启世界的水滴：在尤弗雷斯·凯齐拉哈比诗歌中水的形象》，芬兰尔辛基赫赫尔辛基大学文学院亚洲和非洲研究所硕士论文，2006 年，https：//oa. doria. fi/bitstream/handle/10024/4092/dropstha. pdf? sequence = 1，2012 年 7 月 16 日访问。

得了很大的成功，避免了民族分裂，而民族分裂本有可能像在其他非洲国家那样使后殖民时期的坦桑尼亚陷入危险。[①]

剧作家易卜拉欣·侯赛因1943年出生于坦桑尼亚南部海岸的林迪，他的父亲是一名商人兼古兰经讲师。1966～1977年，他在达累斯萨拉姆大学戏剧艺术专业学习期间，开始了剧本创作。在那里，他接触了20世纪一些戏剧作家的作品，受到了强烈影响，尤其是以将史诗或宏大戏剧的理论与实践结合起来而闻名于世的德国诗人、剧作家以及戏剧导演贝尔托·布莱希特的作品。1975年，完成本科学业后，他又荣获了柏林洪堡特大学戏剧博士学位，之后在1978年他成为了达累斯萨拉姆大学的一名戏剧艺术专业的教授。

侯赛因为了让20世纪的史诗/戏剧叙述手法和表演技巧更贴合坦桑尼亚及斯瓦希里的背景，对其进行了改编，由此他创造了真正的坦桑尼亚戏剧；他提升了斯瓦希里语戏剧和诗歌在语言、风格和智识上的水准；他贴近社会、历史，具有变革性。他本人于是也闻名于世。除了蕴含高深的哲理外，他的许多作品还运用了复杂的象征、隐喻手法去描绘坦桑尼亚历史上的以及当代的问题和事件——这是使他能够为更多的本国和国际观众所接受的一种教导技术。他出版的剧作包括：《戏剧表演》（*Kinjeketile*，*Michezo Ya Kuigiza*）、《罪有应得》

① 加布里埃尔·鲁休姆比卡：《简历：加布里埃尔·鲁休姆比卡博士……》；约翰·P. 姆邦德：《加布里埃尔·鲁休姆比卡：〈这片土地上的孩子们永远的厄运〉（2002年版）——分析和评论》，载《斯瓦希里语论坛》2005年，第12期，第81～93页。

(*Alikiona*)、《时间是一堵墙》(*Wakati Ukuta*)、《魔鬼》(*Mashetani*)、《乡村公鸡》(*Jogoo Kijijini*)、《传统的庇护》(*Ngao ya jadi*)、《婚礼》(*Arusi*)、《重要问题》(*jumbo La Maana*) 和《在无人之国的边缘》(*Kwenye Ukingo Wa Thim*)。

他的作品受到他厚重的斯瓦希里语文化底蕴的大量启发， 82
写作内容也涉及到坦桑尼亚的许多问题，包括国家的重大历史事件如 1905～1907 年的马及马及起义和 1964 年的桑给巴尔革命；国家一体化的挑战；快速的社会经济、文化变革和代际冲突；社会和阶层分裂；民族沙文主义、贪婪、腐败；一个更美好的坦桑尼亚社会的梦想的破灭；口语文学在语言和文化复兴中的作用。[①]

已故的梅·马塔尔鲁·巴利西迪亚（？～1987 年）是坦桑尼亚少数的几个女性斯瓦希里语作家和剧作家之一。她出版的作品包括小说《艰辛》(*Shida*)；儿童图书《让我们学会阅读》(*Tujifunze Kusoma*) 和《工作》(*Ayubu*)。她的作品以对斯瓦希里语的结构和内容、社会行动主义及坦桑尼亚儿童文学的贡献而闻名。在小说《艰辛》中，她研讨了 1967 年阿鲁沙宣言——宣布坦桑尼亚走社会主义道路以缩小该国的殖民统治

---

① 马丁·班纳姆等：《剑桥指南》，第 113～116 页；道格拉斯·基拉姆和露丝·罗：《易卜拉欣·侯赛因：简介（坦桑尼亚剧作家）》，载《非洲数据库》，2003 年，http：//people. africadarabase. org/en/profile/15704. html #profile119349，2006 年 11 月 20 日访问；安吉莉卡·巴施利卡：《易卜拉欣·侯赛因：简介（坦桑尼亚剧作家）》，载《非洲数据库》，2003 年，http：//people. africadatabase. org/en/profile/15704. html # profile129304，2006 年 11 月 20 日访问。

者所造成的社会差距问题——发表后领导人和民众之间日益扩大的社会差距。在她和别人合著的戏剧《工作》中，她把这一主题进一步升华，描绘了坦桑尼亚政治精英给人民群众带来的苦难和剥削。[①]

佩妮娜·O·穆拉马·姆汉多出生于1948年，是该国20世纪后期少数的几位斯瓦希里语女性剧作家之一。她在坦桑尼亚的达累斯萨拉姆大学学习了教育和戏剧，后来又成为该大学舞台艺术系的一名教员。她的戏剧作品包括《罪恶》(*Hatia*)、《正视我们的权利》(*Tambueni Haki Zetu*)、《我的荣耀》(*Heshima Yangu*)、《装饰》(*Pambo*)、《离婚》(*Talaka si Mke Wangu*)、《母亲是支柱》(*Nguzo Mama*)、《解放斗争》(*Harakati za Ukombozi*) 和《腐败的解药》(*Lina Ubani*)。而其戏剧作品采用了当代标准的斯瓦希里语，塑造了鲜明的人物性格，探索了坦桑尼亚当代的各种社会问题，如离婚的影响(《离婚》)，社会和政治虚伪(《我的荣耀》《解放斗争》)，女性的权利和解放(《正视我们的权利》《母亲是支柱》)，国家政治解放及其后果(《解放斗争》《腐败的解药》《母亲是支柱》)，尼雷尔的社会主义实验[《社会主义》(*Ujamaa*)]以及该国对现代化和西方化的反应。除了希望在坦桑尼亚获得尽可能多的读者外，马汉多的作品还表明，斯瓦希里语和其他非洲语言也可以成为优秀文学作品的载体，这些作品也是对殖

① 非洲作家索引：《当代斯瓦希里语文学》，2000~2002年，http://www.oocities.org/africanwri-ters/Contemporaryswahili.html#balisidya，2012年9月30日访问；马丁·班纳姆等：《剑桥指南》，第114页。

民、后殖民时期的相反论断的回应。马汉多的作品为她赢得了夏班·罗伯特作家奖（1999 年）以及哲哲琴奖（the Zeze Award）即坦桑尼亚的国家文化奖（2000 年）。

除了文学成就外，马汉多还是坦桑尼亚戏剧促进发展运动 83
的先驱者之一。这类戏剧流派允许居民运用艺术对社会和经济发展的各个方面进行自我教育。她在这一流派的文学作品集中探讨了妇女权利、社会公平、经济公平等方面问题。[①]

坦桑尼亚也诞生了许多著名的斯瓦希里语短篇小说作家，包括穆罕默德·苏莱曼·穆罕默德、萨阿德·A. 叶海亚和艾哈迈德·穆罕默德，他们的作品成为各种媒体及短篇小说集的主角。[②] 该国其他一些不太知名的作家，包括法鲁克·拓普康、已故的约翰·鲁塔伊辛加瓦、詹姆斯·H. 布瓦纳和卡塔马·马堪吉。其中法鲁克·拓普康发表了《国王尤哈》（*mfalme Juha*）、《他感受过风》（*Aliyeonja Pepo*）、《秘密》（*Siri*）等作品；约翰·鲁塔伊辛加瓦发表了《城市诈骗者和其他故事》（*Papa La Mji, Na Hadithi Nyingine*）、《墙上的拳头》（*Ngumi Ukutani*）；詹姆斯·H. 布瓦纳发表了《如果我能飞》（*Kama Ningeweza Kupaa*）、《巫医》（*Mganga Pazi*）；卡塔

---

① 安吉莉卡·巴施利卡：《佩妮娜·穆拉马·姆汉多：简介》，载《非洲数据库》，2003 年，http://people. Africa database. org/en/profilel12693. html #profile117381，2006 年 11 月 20 日访问；朱玛·阿达穆·巴卡里：《坦桑尼亚服务于发展实践的讽刺戏剧》，载《非洲的发展戏剧：致力于自决的艺术》（卡玛尔·沙尔赫编），英国埃克塞特：智慧图书公司，1998 年，第 115 页。

② 阿拉明·马兹瑞：《超越边界的斯瓦希里语》，第 31～32 页。

马·马堪吉发表了《该死的》(*Walenisi*，1995)。

英语文学

坦桑尼亚的英语文学的发展落后于斯瓦希里语文学很多。这归结于很多复杂的原因。首先，坦桑尼亚的殖民和后殖民政府长期鼓励用诸如斯瓦希里语等本土语言读写，结果造成该国很多文学作品采用的都是斯瓦希里语。其次，坦桑尼亚政府1966年将斯瓦希里语设立为该国的主要官方语言，紧接着大力推动了它的普及。再次，政府将经济国有化，由此遏制了之前支持该国英文出版物的广告宣传基础。最后，20世纪70年代初，该国面临着纸张严重不足的问题，政府将出版重点放在了官方文件、学校教科书和斯瓦希里语文献上。到20世纪70年代中期，由于在坦桑尼亚以英文出版作品是几乎不可能的，英语失去了它的声望和市场吸引力，许多作家起初本来用英语出版作品，就转向斯瓦希里语。

大约在同一时间，坦桑尼亚和非洲其他国家的许多学者开始质疑欧洲语言如英语在后殖民时代非洲的地位。许多人试图结束先前的殖民语言的主导地位，因为它们阻碍了国家的发展，也不适合充作非洲文化的传播媒介——多数非洲人不会讲这些语言。因此，20世纪60年代到70年代的许多权威的非洲作家都主张放弃欧洲语言，支持本土语言发展。然而这一主张在很大程度上被大多数非洲国家忽视了，而坦桑尼亚的开国总统，朱利叶斯·尼雷尔支持和执行了这项主张，从而进一步抑制了英语在该国的发展。[①]

虽然坦桑尼亚疲软的英语文坛不可能在短时间内得以改 84
变，但一些坦桑尼亚作家还是创作了一些英语文学作品。在殖民时代，作家马丁·卡扬巴（1891～1940 年）去世后的 1948 年出版了两本书：《非洲人在欧洲》和《非洲的问题》。前者讲的是 20 世纪 30 年代他在英格兰的旅行经历；后者是关于非洲发展中的挑战。1968 年，彼得·帕朗约（1939～1993 年）出版了《在阳光下死去》，该书是坦桑尼亚首部后殖民时代的英文小说。书中主要涉及了代际间的冲突、疏离和爱，讲诉了主角尼塔娅在他的过去和未来之间左右为难，不确定他是应该回到他熟悉的前殖民时期的传统文化生活方式还是拥抱由白种人带来的新的现实。最后，尼塔娅决心重整旗鼓，面对新的现实。该故事是一个寓言，影射许多非洲国家在刚刚进入后殖民时期时如何看待自己所处的位置。

1969 年，加布里埃尔·鲁休姆比卡在他的小说《独立》(*Village in ubhuru*) 中，探讨了坦桑尼亚众多的部族和地区给锻造一个统一国家所带来的挑战。1974 年，巴尔纳伯·凯蒂古拉用他的小说《在黑暗中摸索》研究乌贾马（社会主义）背景下的个人问题和社会问题。同年，伊斯梅尔·姆比赛在他的小说《我们土地上的血》中，用 1951 年梅鲁人民从他们世

---

① 西蒙·吉堪迪：《东非英语文学》，F. 阿比奥拉·伊丽利编：《剑桥非洲和加勒比文学史》2 卷，英国剑桥：剑桥大学出版社，2004 年，第 425～444 页；奥耶堪·奥沃莫耶拉编：《20 世纪非洲文学的历史》，林肯：内布拉斯加大学出版社，1993 年，第 61～62 页。

代生存的地方被殖民驱逐的事实去寓指后殖民时代的坦桑尼亚及非洲其他国家仍存在的权利剥夺现象。

1977 年，威廉 · E. 姆库梵亚在他的小说《邪恶的步态》中，探究了达累斯萨拉姆堕落的城市性生活，这一主题在同时期的斯瓦希里语作品中也有论述。在他的第二部作品《困境》中，姆库梵亚探究了一个老年男人和一个淫乱的年轻女子之间的悲惨婚姻生活，该女子是因为经济原因才被迫嫁给这个男人，这一现象在现代坦桑尼亚和其他许多非洲国家并不少见。

20 世纪 70 年代后期，普林斯 · 凯格文马（系奥斯 · 吉 · 姆旺邦古之笔名，1931 年 ~）也开始公然打破常规书写爱情、性和坦桑尼亚的政治。这种反文化活动很快导致他的首部这类小说《虚伪的爱》（1975）临时禁止出版。尽管这本书和他的其他著作——《已婚的爱是一棵植物[①]：一本关于在婚姻中如何保持快乐的小说》、《朝斯库的一打》（*Chausikur's Dozen*）和《码头上的社会》——仍存在着争议，但它们却揭示了一个日益开放的社会。而他的书也被一些人视为爱和性教育方面有价值的资料，这是相对于很多坦桑尼亚人越来越不能透过该国逐渐衰落的传统成人礼制度获取爱和性教育来讲的。

20 世纪 70 年代也见证了英语儿童启蒙文学的出现，其中包括玛莎 · 姆万基的《三块硬石头》（1975 年），该书收集了赫赫族和比纳族的民间故事。他的另一本书《亚辛的麻烦》（1990）讲诉了一个逃学的男孩因他的恶劣行径陷入麻烦的

① 英文书名本为 *Married Love is a Plant*。本书英文版中，原作者将书名中的 plant 一词误作 plan。——译者

故事。 85

目前，阿布拉扎克·古纳（1948 年 ~）很可能是坦桑尼亚最有成就的英语文学作家。他出生于桑给巴尔，但他一生中的大部分时间都在英国。他以奴隶制和殖民主义背景下的身份与转换为主题写了九本书：《出发的记忆》（1987）、《朝圣者之路》（1988）、《多蒂》（1990）、《天堂》（1994）、《欣赏沉默》（1996）、《在海边》（2001）、《抛弃》（2005）、《最后的礼物》（2011）和短篇故事集《我的母亲住在非洲的一个农场》（2006）。他还编辑了《非洲文学散文：重新评估》（1993）。

自 1997 年以来，塞韦林·N. 娜唐格鲁（1932 年 ~）已经创作了大量的坦桑尼亚英语文学作品，包括《给神父迈尔的一个花环》、《神的旨意》、《赦免》和《约拉的狮子》。他的作品处理当代坦桑尼亚的问题（如疾病和宗教），类型包括通俗小说读物和混合了爱情、金钱、犯罪和国际绑架勒索的犯罪恐怖小说。他的作品——都是由某一国内出版社出版——很可能标志着，随着该国开始抓住英语占主导的全球社会，英语文学在坦桑尼亚也复苏了。A·M. 霍科罗罗最近的作品《萨尔玛的精神》也属于这一流派。

总的来说，坦桑尼亚的英文著作的数量较少，但未来极有可能会增长。而这主要由于以下几个因素：英语已经成为全球通用语言，20 世纪 80 年代中期该国放弃社会主义拥抱资本主义，互联网（英语所统治的媒体）的出现以及导致该国出现英语媒体的媒体自由化。该国的年轻一代也在充满热情地拥抱一种主要通过英语传播的全球性的青年文化，这也具有启发意义。

媒 体

现如今，坦桑尼亚已拥有了400多种报纸和杂志、10余家电台和电视台，它们中有很多都集中在达累斯萨拉姆、阿鲁沙、姆贝亚、姆万扎、莫罗戈罗、桑给巴尔岛等主要城市地区。坦桑尼亚纸质媒体和广播媒体绝大多数采用的是斯瓦希里语，然而该国也有很多英语媒体。[①] 坦桑尼亚媒体的分布受很多因素影响，包括政府管理、文化、读写能力、收入水平、交通设施以及电视机和收音机普及的情况。

坦桑尼亚媒体管理并不统一，而这源于该国是由大陆（坦噶尼喀）和半自治桑给巴尔群岛共同组建成的联邦。桑给
86 巴尔存在着最严格的媒体法规，为保护岛上的伊斯兰文化，政府严密监控媒体。于是，根据法律规定，政府可监控私营媒体，记者必须持证上岗，记者有责任帮助宣传国家政策以及维护社会和谐。[②] 桑给巴尔政府也管制着岛上的媒体，并试图通过官方的电视媒体桑给巴尔电视台（TVZ）和坦桑尼亚桑给巴

---

① 雷切尔·姆坤黛：《坦桑尼亚的记者诚信和新闻自由》，斯坦诺普通信政策研究中心，2005年4月19日，http://www.stanhopecentre.org/training/EA/mkundai-Seminar.shtml，2012年7月16日访问。

② 凯利·斯旺斯顿：《坦桑尼亚：媒体状况》，斯坦诺普通信政策研究中心，2005年5月16日，http://www.stanhopecentre.org/training/EA/Tanzania.doc，2012年7月16日访问。

尔之声广播电台来控制该地区的电视、广播频道。[①] 但是，岛上的电台和电视广播频道是由岛上的私营广播公司掌控着。

在坦桑尼亚大陆，有三部主要的法律法规来约束媒体：1970 年颁布的国家安全法案——禁止未经授权而泄露机密信息，1976 年颁布的报纸法案和 1993 年的广播服务法案。其中，1976 年颁布的报纸法案（与 1977 年颁布的报纸管理规定）负责管制印刷媒体；1993 年的广播服务法案调控着大陆的广播媒体。[②] 坦桑尼亚通信管制局（TCRA）自 2003 年起也充当起了政府每日监控广播媒体的急先锋。

以上提到的法律赋予了坦桑尼亚政府很多监管媒体的自行裁决权。政府有些时候也使用了这种权力，禁止出版物发行，政府认为记者对社会和政府构成威胁就打击记者。虽然这些行为经常迫使记者审查自身，但是记者们还是常常通过将敏感新闻的出版发行转移到邻国特别是肯尼亚和乌干达来巧妙地与法律周旋。[③]

总的来说，坦桑尼亚有着合理的媒体自由度，而虽说它可

---

① 阿里·乌吉：《扶持公共媒体的群岛》，载《每日新闻》，2006 年 7 月 18 日，http：//www. dailynews-tsn. com/。

② 吉迪恩·肖：《坦桑尼亚的新媒体法案：对国家通信政策和新闻自由的影响》，载《非洲媒体评论》11 卷 2 期，2012 年，第 1 ~ 11 页，http：//archive. lib. msu. edu/DMCIAfrican% 20Journals/pdfs/africa% 20media% 20review/vol11no2/jamr011002002. pdf，2012 年 9 月 30 日访问。

③ 艾利·玛丽·特里普：《改变规则：坦桑尼亚政治自由化和城市非正规经济》，伯克利：加州大学出版社，1997 年，第 103 ~ 104 页；记者保护委员会：《2002 年对新闻业的攻击：坦桑尼亚》，http：//www. cpj. org/attacks02/africa02/tanzania. html，2012 年 7 月 16 日访问。

以放得更开一些，还是有其他很多因素影响着该国媒体的处境。这些因素包括该国近来的媒体自由化运动，媒体的过度商业化，高度腐败，记者们由于工资低且不稳定而士气低下，编辑自由受限，法律把许多广播媒体限制到该国各个地区从而阻碍了广播媒体发展，只使用斯瓦希里语和英语以及该国失衡的反诽谤法律对媒体不公。①

坦桑尼亚媒体面临的另一个挑战是缺乏保护记者利益并为之斗争的工会。虽然坦桑尼亚记者随着 1966 年成立坦桑尼亚记者协会（TAJA）而于 20 世纪 60 年代开始联合起来，但是，他们尚未形成一个工会，因为这样的实体到近来为止都属非法组织。另外，坦桑尼亚的记者还分散于差不多 17 个小的利益组织里，其中包括坦桑尼亚媒体委员会（MCT）。该委员会是一个独立但并不合法的志愿组织，其主要使命在于创造环境保障该国媒体的自由，发展一个自由、强大、负责、高效、讲求道德的媒体，以此促进社会更加民主和公正。②

87 报纸与杂志

坦桑尼亚主要的英语日报包括《每日新闻》（达累斯萨拉姆）、《卫报》（达累斯萨拉姆）、《非洲人报》（达累斯萨拉

---

① 雷切尔·姆坤黛：《新闻诚信……》。

② 坦桑尼亚媒体委员会：《关于坦桑尼亚媒体委员会》，2011 年，http://www.mct.or.tz/。

姆）以及《民主党人报》（达累斯萨拉姆）。[①] 其中《每日新闻》是坦桑尼亚历史最久远、最大的英语日报，从1930年发行至今从未间断。其发行量估计已达50 000份；内容涵盖本地新闻、商业和财经、新闻分析、各种专栏、主编评述、专题报道以及体育；同时还有发展较好的广告版块和读者反馈版块。所有这些报纸都有专门的周末版。

周报方面，有《阿鲁沙时报》（阿鲁沙）、《商业时报》（达累斯萨拉姆）和《东非人报》（肯尼亚的内罗毕）。大陆政府和桑给巴尔岛政府也有发布官方消息的周报刊物。《阿鲁沙时报》本部位于坦桑尼亚北部城市阿鲁沙。该报内容涵盖地方新闻与地区新闻、犯罪、体育、天气，也发表专题故事，刊登读者来信。因为阿鲁沙是一个重要的国际会议与商业中心，也由此成为坦桑尼亚为数不多的拥有可观的英语媒体受众的城市之一。《东非人报》是一个地区性的商业周报，由国家媒体集团发行，在肯尼亚的内罗毕出版。

坦桑尼亚人的斯瓦希里语精通程度比英语更好，该国也因此拥有着更多的斯瓦希里语日报与周报。但该国主要的英语报纸同样拥有自己的斯瓦希里语版。除了这些报纸外，该国还存在着大量的其他期刊，譬如《非洲评论》（达累斯萨拉姆），它是一个半年刊，内容涉及非洲政治、发展以及国际新闻，由达累斯萨拉姆大学的政治科学系出版。

---

① 斯坦福大学：《撒哈拉以南的非洲国家：坦桑尼亚和桑给巴尔岛：新闻》，2007年，http://library.stanford.edu/africa/tanzania/tanzanews.html，2012年7月16日访问。

网络新闻

坦桑尼亚有着大量的网络新闻资源。它们中绝大部分都是主要的英语报纸和斯瓦希里语报纸的网络版。包括坦桑尼亚IPP新闻媒体集团下的 www. ippmedia. com 和 AllAfrica. com，它们专门报道来自许多世界各地媒体和大陆媒体的非洲当代新闻。

截止 2011 年 12 月，坦桑尼亚已拥有了近 500 万互联网用户，占近 4 200 万总人口的 11%。虽然该国互联网用户所占比重不大，但值得注意的是，这个群体自 2000 年起——当时该国仅有 115 000 互联网用户——一直在迅速增长。[①] 因此，网络新闻资源很有可能随着电脑、互联网普及而继续增多。

广播与电视

88

2000 年年末，坦桑尼亚拥有近 47 家广播电台和 29 家电视台，其中大多数为私人所有。只有少数几家的服务范围能够覆盖全国。坦桑尼亚广播媒体的特点之一就是，法律要求它们只能使用斯瓦希里语或英语，以促进坦桑尼亚国家的统一团结。像 CNN（美国有线电视新闻网络）和 BBC（英国广播公司）这样的主要国际电视台和电台广播在当地也是可以收看

---

① 米妮瓦特斯营销集团：《非洲互联网用户、人口和脸书数据》，2011 年 12 月 31 日，http：//www. internetworldstats. com/statsl. htm，2012 年 7 月 16 日访问。

或收听的，它们很受地方精英和侨民社区欢迎。①

广播

坦桑尼亚是口语社会，所以，无线广播或许是该国最重要的大众传媒。据统计，该国约有 880 万无线广播受众，换句话说，每 1 000 人中就有 243 人是广播收听者。②

1951 年，英国殖民政府建立了坦桑尼亚第一家电台，现如今该电台为坦桑尼亚政府所有。起初，公共广播电台的服务范围只覆盖达累斯萨拉姆（坦桑尼亚前首都），于是称为达累斯萨拉姆之声。随后，随着 1995 年功率更大的广播设备投入使用，广播电台的覆盖范围达至全国，该电台也随之更名为坦噶尼喀之声。1956 年以前，隶属于殖民政府社会发展部的坦噶尼喀之声并不引人注意。但为了使该电台运作更加高效，殖民政府将其改制为像 BBC 一样的半自治的公共广播公司，并更名为坦噶尼喀广播公司（TBC）。坦噶尼喀 1961 年获得独立，1964 年与桑给巴尔结成联邦，随后在 1965 年，刚成立不久的坦桑尼亚联合共和国废除了坦噶尼喀广播公司，创立了一个民用广播电台即坦桑尼亚达累斯萨拉姆广播电台（RTD）。作为一个为大众提供服务的电台，政府希望 RTD 能够遵守公民服务相关的规章制度，尤其是大力推广政府政策。继 1933 年的媒体自由化浪潮后，为应对日益激烈的竞争，坦桑尼亚达累斯萨拉姆广播电台和国家电视广播公司、坦桑尼亚电视台于

① 艾达文吉：《坦桑尼亚：媒体》，2012 年，http：//www.pressreference.com/Sw-Ur/Tanzania.html，2012 年 7 月 16 日访问。

② 同上。

2002 年合并，组建了公共坦桑尼亚广播服务公司。[①]

1994 年 1 月，一台（Radio One）成立，成为 1993 年的广播电视自由化浪潮后的首家私营广播电台。自此之后，坦桑尼亚电台广播业蓬勃发展，该国近 47 家电台很多都被私有化。根据规定大部分电台必须使用调频频率，因此，他们的服务范围至多只能覆盖某一地区。少数几家私营电台有权使用中波频率（MW），广播能更加轻易地覆盖全国。除了调频宽度受限外，很多电台的播放范围也局限于国内利润最丰厚的城市市
89 场。少数几家电台，特别是一台、云中娱乐电台、自由非洲电台，是卫星电台，使用适当设备就可在全国各地乃至于国外接收电台广播，不过该国鲜少有人可以负担得起广播接收设备。

坦桑尼亚电台广播主要服务于商务、娱乐、宗教、政治、教育方面的目的。其中私营电台大多属商业性质，不过该国还有少数的为各宗教团体所有的非商业性质的电台。该国的主要政党——坦桑尼亚革命党（CCM）也投入巨资运营着一家电台，圣·奥古斯廷大学管理下的圣·奥古斯丁电台（SAUT）则是教育电台的典范。坦桑尼亚政府还通过其控制的坦桑尼亚达累斯萨拉姆广播电台（RTD）、面向年轻受众的坦桑尼亚喇叭调频广播电台（PRT）和桑给巴尔的坦桑尼亚和桑给巴尔之声，也成为广播电台业的巨头。IPP 新闻媒体集团是坦桑尼亚最大的商务广播服务提供商之一，天主教会则通过其收听范围可覆盖全国众多区域（如鲁伍马/桑格阿、金格和姆贝亚）的

---

① 坦桑尼亚文化基金：《电影、音/视频和多媒体》2009 年，http：//www.mfuko.or.tz/film-audio-multimedia.htm，2012 年 7 月 16 日访问。

坦桑尼亚玛利亚电台成为宗教类广播的翘楚。坦桑尼亚的有些电台特别像“一台”，在互联网上也可以收听到，但由于该国互联网带宽有限，电脑普及不够，收听率还是很受限。该国绝大多数商务电台服务于青年听众，播放大量的国内外音乐。

电视

电视作为该国20世纪90年代早期媒体自由化浪潮的一部分，于近期才在坦桑尼亚（大陆）发展起来。因此，该国的电视数量相对较少，据估计1 000个人中只有3人拥有电视。[①]该国不仅可收看电视的人口比例小，而且拥有电视的人口也大多集中在城市以及与电网连接的少数农村地区。

坦桑尼亚较晚进入电视时代，是源于该国政府自独立直到20世纪80年代中期一直推行着社会主义政策。特别是，坦桑尼亚的开国总统尼雷尔认为，电视是在浪费金钱，于国家的自力更生没有任何作用，电视还是会腐化本国非洲文化的资本主义工具。不过，在1993年媒体自由化开始后不久，1994年坦桑尼亚就建立了第一家电视台（私营），随后在2000年又成立了六家私营电视台。同年随后，该国政府也建立了自己的电视台——坦桑尼亚电视台（TVT）。2002年，坦桑尼亚电视台
成为坦桑尼亚政府广播服务总署的一部分。坦桑尼亚电视台是 90
当时唯一一家可以在全国播出节目的电视台，随后，政府修改相关法律法规，允许更多的电台在全国范围内播出节目。

---

① 艾达文吉：《坦桑尼亚新闻、媒体、电视、广播、报纸》，2007年，http：//www. pressreference. com/Sw-Ur/Tanzania. html；坦桑尼亚文化基金：《电影……》。

坦桑尼亚电视台一个引人注意的特点就是，多数节目都是本土节目，而其专业编导数量、设备和预算都不充足。同样，许多私营电视台除外国节目外也推出了大量的本土节目。当地的音乐视频也属于该国广受欢迎的电视栏目。

坦桑尼亚有三十几家电视台，其中绝大多数为私人所有并且集中在达累斯萨拉姆和阿鲁沙这样的大城市，这些电视台半数左右都属于主要的电视台。自1994年该国进入电视时代以来，有线电视台相继在11个主要城市地区落户。该国的一些电视台属公有性质，受市、县理事会的管理，转播来自更成熟的电视台的节目。不过，随着节目制作能力的提高，它们也日益致力于制作更多自己的节目。

除了坦桑尼亚电视台外，坦桑尼亚其他有影响力的电视台还包括IPP新闻媒体集团下的独立电视台（ITV）、非洲新闻媒体集团下的达累斯萨拉姆电视台（DTV）、星空电视台以及国营的桑给巴尔电视台，其中独立电视台有3个电视频道。

坦桑尼亚的互联网电视广播也日益增长。起初，许多互联网广播的先行者，像帕斯托尔·福斯坦·马尼希经营的福音电视（GospelTV），有着各自的门户网站。如今，虽然一些网络电视运营商依然运营自己的门户网站，但其他网络电视运营商则选择使用内容聚合器，比如非洲24小时电视台（http://www.africantv24.com/），或者在YouTube（http://www.youtube.com）上面有着自己的广播频道。福音电视除了传播基督教教义之外，偶尔还会对坦桑尼亚政府、执政党革命党以及该国1968～1985年的社会主义史发表刺人的评论。因为这个原因，坦桑尼亚政府下令取缔马尼希的音像制品，而他也在过去的10年里在肯尼亚流亡。[①]

电　影

故事片

虽然电影行业于20世纪20年代出现在殖民时期的坦桑尼亚，但直到20世纪30年代末电影制作才开始兴起。具体来说，电影制作始于1939年。那时，英国殖民政府认识到，电影可以克服由于该国识字率低造成的沟通障碍，就成立了殖民电影公司（CFU），开始利用其传播殖民宣传材料及其他教导性材料。[②]

坦桑尼亚殖民电影公司制作的一些影片，包括：《艰辛》 91
（*Gumu*）、《今日分娩》《盗牛贼》《付蛮子》（*Fumanzi*）。其中《艰辛》意在阻止年轻一代的坦桑尼亚人向城市迁移；《今日分娩》是一部公共卫生纪录片；《盗牛贼》则是一部意在阻止人们在马赛和其他牧牛部族偷牛的影片；《付蛮子》是专为非洲士兵而拍的二战娱乐片，该片讲诉了丈夫发现其妻子偷情后，寻找、追捕并惩罚其妻子情人的故事。这部影片主要是为了安抚战争期间不得不忍受与妻子长期分离的非洲士兵。

---

① 国家记者：《福音磁带被达累斯萨拉姆官员禁止》，载《民族日报》，2000年9月23日，http：//allafrica. com/stories/200009230025. html，2012年7月16日访问。

② 马丁·马汗多：《坦桑尼亚参与性电影的制作：理想还是痴心妄想?》，载《坦桑尼亚网络杂志》5卷1期，2005年，第9~15页。

殖民电影公司于 1955 年倒闭，并在 20 世纪 50 年代末由南非的非洲电影制作公司（AFP）接手。非洲电影制作公司起用本地演员制作了大量的类似殖民电影公司电影题材的 16 毫米斯瓦希里语故事片。如由雷西德·姆福梅·卡瓦瓦主演的影片《查诺回乡》(*Chalo Amerudi*)、《苦涩的木薯》(*Muhogo Mchungu*) 和《扬帆出发》(*Meli Inakwenda*) 都试图阻止年轻一代的非洲人迁移到该国的殖民城市。这些影片阻止年轻非洲人迁移至城市的理由包括：城市生活充满艰辛（《苦涩的木薯》)；城市会让年轻人变得堕落，甚至为此赔上他们的家庭(《查诺回乡》)；城市会让年轻女孩丢掉结婚的机会（《扬帆出发》)。当然，这些电影都没有将非洲居民的城乡迁移归咎到殖民经济的混乱上。

20 世纪 20 年代，该国商业影院系统的进口电影面向城市白人、亚洲人和非洲精英观众，这些进口电影大多来自于美国、英国、印度、阿拉伯。20 世纪 30 年代，因为出现了有声电影，进口电影数量明显增加。到了 20 世纪 40 年代，坦桑尼亚放映的大多数美国电影都主要来自南非，后来又从肯尼亚的内罗毕引进。然而，印度电影比美国电影更受欢迎，因为大多数电影观众都是印度人。无论如何，外国电影在坦桑尼亚上映前必须要通过政府审查。坦桑尼亚独立后，电影的分销渠道主要有两条：一条是流动的面向非洲农村的大篷车影院系统，放映的是 16 毫米的教导片和娱乐片；另一条则是面向城市白人、亚洲人和非洲精英观众的商业影院系统。

坦桑尼亚独立后不久，第一任总统尼雷尔就开始与社会主义阵营结盟。不久，他试图清除西方殖民的遗迹，包括电影。

此外，虽然为了控制外国电影进口和分销，其于 1968 年创办了坦桑尼亚电影公司（TFC），但他并没有在电影业上投入多少。1971 年，坦桑尼亚电影公司获得了电影制作能力，以启动当地电影制造业，并为政府制作纪录片。后来它却辜负了人 92
们的期望，并最终于 1990 年倒闭。从成立到倒闭，它总共才制作了几部电影，其中包括在很大程度上迎合政府政策的电影《穷人的救赎》（*Fimbo ya Mnyonge*）。它也和其他公司合作制作了一些电影，如《竹之歌》（*Wimbo wa Mianzi*，上映于 1983 年，主要讽刺外来的促进当地发展的知识、技能的失败）、《玛里姆的婚礼》（*Arusi ya Mariamu*，上映于 1983 年，由美国的罗恩·马尔维希尔和已故的南盖约马·恩格欧格共同执导，描绘了脱离某些非洲传统的徒劳性以及非洲治疗体系与西方对比的优越性）、《涂麦妮大妈》（*Mama Tumaini*，上映于 1986 年，由马汀·特纳内和西格·恩祖森共同执导，描绘了挪威援助工作者和坦桑尼亚援助工作者之间的关系）。

马汀·马汗多，现在是坦桑尼亚最有成就的故事片导演之一，同时也是桑给巴尔国际电影节的导演，他后期参与制作的《先祖》（*Maangamizi*，上映于 2001 年，由马汀·马汗多和罗恩·缪维希尔共同执导）是坦桑尼亚第一部完整的斯瓦希里语电影，并且赢得了许多国际奖项。[①] 《危险》（*Hatari*，1962

---

① 坦桑尼亚文化基金：《电影、音频……》；罗萨林·史密斯：《坦桑尼亚故事片》，载《非洲事务》88 卷 352 期，1989 年 7 月，第 389 ~ 396 页；格里斯格里斯电影：《玛里姆的婚礼》，1999 ~ 2005 年，http：//www. grisgrisflims. com/html/marrige-of-mariamu. html，2012 年 7 月 16 日访问。

年上映）和《走出非洲》（1985 年上映）是马汀·马汗多另外两部部分或完全在坦桑尼亚拍摄的故事片。在这两部电影中，《危险》或许更不寻常，因为为了与非洲原有的素材相契合，该剧本以写实为主。

1985 年，自坦桑尼亚经济自由化后，该国的电影行业开始发展。而这一结果得益许多因素（如管制和经济改革、技术变革、媒体改革）的共同作用促进了坦桑尼亚国内电影市场的扩大。在后自由化时期电影业的主要发展中，其中之一要数 1997 年创办的桑给巴尔国际电影节，该电影节自此成为坦桑尼亚和东非很多地区电影首映的最重要的场所。① 近几年，坦桑尼亚在桑给巴尔国际电影节上展出了多部电影作品，包括《父亲的棍棒》（*Fimbo Ya Baba*，上映于 2006 年，由奥马尔·夏利导演），讲述了贪婪的父母为了个人利益而牺牲自己孩子的未来和幸福；《实际情况》（*Hali Halis*，上映于 2007 年），该片讲述的是如何勇敢面对感染艾滋病毒或罹患艾滋病的家庭成员；《克勒鲁》（*Kolelo*，上映于 2007 年，由哈密尔·拉杰卜执导），这是一个关于卢库鲁族祖灵世界的民间乡村故事。

尽管故事片在坦桑尼亚有悠久的历史，但由于生产成本过高、专业电影制片人短缺、电影分销工作糟糕以及影院设施缺乏等因素，故事片并没有在该国取得很大成功。然而，最重要的是，故事片制作和观看在坦桑尼亚从来没有真正流行起来过，因为故事片更多地将目标锁定为西方观众。如此一来，故

① 桑给巴尔国际电影节（ZIFF）：《2007 年帆船国家电影节接受的电影》，http://www.ziff.or.tz/，2007 年 5 月 10 日访问。

事片和多数坦桑尼亚观众并没有多大关联。而这一商机现在已经被电视片填补了。

93

电视片

与故事片不同，电视片由业余电视制片人制作而成的。20世纪90年代末，电视片兴起，那时，尼日利亚的诺莱坞影片流传到坦桑尼亚，并受到广泛欢迎。影片所描述的背景、问题以及传统顿时引起了多数坦桑尼亚人的共鸣，演员多为非洲黑人，这也迎合了当地人的口味。此外，尼日利亚电影所展现的生活方式、价值观念、风俗习惯、神话传说以及物质环境都在极大程度上契合了典型的坦桑尼亚人在那些方面的特征。好莱坞电影一般要去电影院才能看到，而“诺莱坞”的电影也能快速印制成便宜的CD和DVD。

尼日利亚电影的成功很快引起了当地企业家的注意。2002年，乔治·奥蒂诺的《女朋友》一炮走红，获得巨大的商业成功，坦桑尼亚的“诺莱坞”诞生了——自那时起其影片的出产量居非洲第二，仅次于尼日利亚的“诺莱坞”。据报道，到2010年坦桑尼亚的“诺莱坞”每月出产一百部影片。电视片也少则一天就能拍摄完成，然后直接制成DVD和CD，在该国城市街头廉价销售以供各家之需。其中有些电视片在YouTube等互联网站、汽车影院和按次计价的实惠的郊区影厅都能观看。[①]

参与性电影或草根电影

运用电影情节讲述普通人的日常生活，这是坦桑尼亚电影行业取得的最令人兴奋的进步之一。这类电影往往采用参与制作的方法，其主题在创作剧本、拍摄电影以及电影制作中往往都发挥着重要作用。20 世纪 70 年代，草根电影在坦桑尼亚出现，并且能够较准确地呈现其主题；该类电影提出了一些思想，引发了草根阶层对于许多社会问题的讨论；传递出被忽视人群的心声；增进了族群之间的交流，而这种交流常常受到多样化的语言、社会、经济以及识字水平的限制；提升了边缘人群的生活水平，同时也向难以接触到电影制作技术的族群传播了电影制作技术。[②]

以下是坦桑尼亚参与性电影制作的一些例子：

- 《遗失的宽恕》（2007），它由四部短片构成，讲述了坦桑尼亚街头流浪儿童的生活，并且试图通过电影来教授一些能够帮助他们过上好生活的技能。[③]

---

① 罗萨林·史密斯：《坦桑尼亚的故事片》，莫纳·尼古希克拉·姆瓦卡林加：《坦桑尼亚电影业的政治经济：从社会主义到开放的市场经济——1961～2010 年》，堪萨斯州曼哈顿堪萨斯大学电影与媒体研究系博士论文；桑给巴尔国际电影节：《关于桑给巴尔国际电影节》，2011 年，http：//www. ziff. or. tz/about/ziff，2011 年 11 月 24 日访问。

② 马丁·马汗多（2005）：《坦桑尼亚的参与性电影制作》。

③ 桑给巴尔国际电影节：《水的庆典……》。

• 《四个故事》(2007)，该影片介绍了伊林加的尼 94
玛（Neema，意为“恩泽”）工艺品中心内的四个年轻聋子的工作生活，而这个中心是一个向伊林加的聋人以及残疾人提供工作的圣公会组织。

• 《巢》(*Kiota*，2007）展示了坦桑尼亚家务工即“家务女孩”所受的剥削，剧本、影片都是由伊林加的基沃诃德（Kiwohede）康复中心里的六个曾经的“家务女孩”写作和拍摄的。

纪录片

正如之前提到的，坦桑尼亚纪录片的拍摄始于殖民时期。然而，纪录片的真正起步是在20世纪90年代迎来该国自由化浪潮后。随着电视台的增多，自20世纪90年代，当地的一些电影企业开始制作电视纪录片，这些纪录片主要关注该国的社会、政治、经济以及文化教育。随着坦桑尼亚电视业持续增长，其纪录片行业也会相应地发展起来。

阿班图视界公司是最为活跃的纪录片制片商之一，它最近的纪录片包括《热门话题》(*Mada Moto*)。这是关于1995年大选的热点问题的系列记录片，总共47集，每集约40分钟。[①] 许多外国媒体公司也开始参与该国纪录片的制作，主要有以下一些例子：

① 阿班图视界公司：《阿班图简介》，2006年2月14日，http：//abantuvisions. com/PreviewProfile. php，2006年11月日访问。

- 《达尔文的噩梦》(2005) 介绍了欧洲武器出口怎样给非洲内战火上浇油以及非洲人用自然资源（如鱼）兑换武器如何导致非洲大陆沦丧。[①]

- 《一个马赛族村庄的日常生活》(1985) 是一部五集的 BBC 系列纪录片，讲述了横跨坦桑尼亚和肯尼亚边界的马赛族的日常生活。[②]

- 《铁树》(1988) 探讨了维多利亚湖西岸哈亚人两千多年的铁的生产历史。[③]

- 《妇女的奥拉马尔（*Olamal*）：马赛族生育仪式的组织》(1985) 介绍了马赛人传统的奥拉马尔仪式，该仪式旨在提升马赛族妇女的生育能力。[④]

- 《铭记奶牛》(2006) 探讨了坦桑尼亚北部的马赛居民保持传统游牧——养牛的生活方式而面临的挑战（如干旱）。[⑤]

---

① Coop99 电影公司：《达尔文的噩梦》，http：//www. coop99. at/darwins-nightmare/dartvin/html/startset. htm，2012 年 7 月 16 日访问。

② 纪录片教育资源：《纪录片：一个马赛族村庄的日常生活系列》，2012 年，http：//www. der. org/films/diary-of-maasai-village-series. html，2012 年 7 月 16 日访问。

③ 纪录片教育资源：《纪录片：铁树》，2012 年，http：//www. der. org/films/tree-of-iron. html，2012 年 7 月 16 日访问。

④ 纪录片教育资源：《纪录片：妇女的奥拉马尔：马赛族生育仪式的组织》，2012 年，http：//www. der. org/films/womens-olamal. html，2012 年 7 月 16 日访问。

⑤ 中央电影公司：《铭记奶牛》，http：//www. localfilms. org/maa sai/，2012 年 7 月 16 日访问。

- 《坠落的芒果》（2004）挑战了坦桑尼亚父母和整个国民，希望他们以孩子为优先，更好地照顾好自己的孩子。①

电视真人秀节目和商业广告

坦桑尼亚的电视真人秀节目和商业广告发展迅速。例如，
美国哥伦比亚广播公司（CBS）电视台和世界赛跑制片公司制 95
作了《极速前进》系列节目，该节目中 2004 年 1 月的短片的
一部分就在坦桑尼亚开机拍摄。② 该国壮丽的景色也为制作各
种电视广告提供了背景，像雷诺、日产、快达航空公司和西门
子等国际公司的广告就取景于坦桑尼亚。

---

① 中央电影公司：《坠落的芒果》，http：//www. localfilms. org/mangoes/，2012 年 7 月 16 日访问。

② 里纳尔多：《时间表：极速前进 5——时间表》，2004 年 12 月 21 日，http：//www. tarflies. com/article. php? -f = detail&id = 424&tarfly = 166deb6c693bddc37c65cf0714135f1c，2012 年 7 月 16 日访问。

第四章　艺术和建筑/房屋

99 坦桑尼亚社会显著的方面包括它的艺术、建筑、房屋，它们在功能、审美和娱乐上具有很多作用。在本章中，我们将介绍坦桑尼亚的艺术、建筑与房屋的性质和作用。

艺　术

艺术表达是一种普遍的人性特征。坦桑尼亚出土了最古老的人类遗骸，或许该国就是人类居住历史最悠久的地方，该国手工艺品的制作也是世界上最古老的传统之一。[1] 除了语言，艺术对坦桑尼亚文化的保留、表达和传播至关重要。它保留、表达和传播坦桑尼亚的历史、文化价值和知识以及社会诉求、目标和理想。因为社会中所有的人都可以欣赏艺术，不分阶级、收入或教育程度，艺术就能够使人们跨越不同的文化背景

---

① 约翰·麦克：《东非》，载《非洲大陆的艺术》（汤姆·菲利普斯编），慕尼黑/伦敦/纽约：帕莱斯特出版社，1999 年，第 117 ~ 178 页；莫妮卡·布莱克门·维索纳：《东非》，载《非洲艺术史》（莫妮卡·布莱克门·维索纳、罗宾·波伊诺尔和赫伯特·M. 科尔编），纽约：艾布拉姆斯出版社，2001 年，第 440 ~ 471 页。

和语言进行交流。相比之下，文字只能为社会有读写能力的阶层理解。

艺术和文化往往是非常紧密地交织在一起的，坦桑尼亚艺 100
术是该国文化一个很好的体现。因此，坦桑尼亚的艺术反映了该国巨大的文化多样性以及极其重要的公共社会倾向。

坦桑尼亚的艺术品具有多种用途，包括充作礼物；充作如酋长、苏丹王和总统等传统和现代政治领袖权力象征的一部分（例如，座位、权杖和帝王之杖）；充作年长者使用的拐杖；充作秘密社会的手工艺品（例如，马孔德艺术品）；充作各种成年礼的教具；充作已故杰出社会成员的纪念物（纪念碑或纪念塔）。

和非洲其他地区一样，该国艺术倾向于强调关键的人类生命周期（即出生、长大、步入婚姻、成为酋长、死亡并成为祖先），也强调人类生活居住的环境（如播种和收获的季节）的周期。从人类生命周期方面讲，坦桑尼亚人创作的艺术品侧重于使用在使人们从一个生命阶段过渡到下一个阶段的庆典、仪式和节庆上。也有一些手工艺品用于各种生育、治愈以及涤净仪式。因为很多坦桑尼亚人视生命为一个连续统一体，即使是象征着死亡的工艺品，也常常意味着某人开始变成先人，或其灵魂的生命开始了。

坦桑尼亚艺术表现的范围就像同心圆：从个体开始，再到家庭、村庄、世系（证明拥有同一个最早的祖先的一群人）、宗族（相互之间关系可追溯到神话时代的世系群体）、族群（通过文化和语言联系起来的世系群体）、城市和城邦、国家，最后是整个地球。在沦为殖民地之前，该国艺术就已经表现出从个体到族群的圈子；而从殖民时期开始，城邦乃至于全球就进入了坦桑尼亚艺术家们的心灵。因此，纹身、划痕、珠宝早已成为个人艺术形式，另一方面，如城市和国家这类较大实体的艺术品则倾向于更新、更大。

从历史上看，坦桑尼亚艺术教育的发展可以分为殖民时期之前和殖民时期之后。殖民时期之前，艺术教育主要是通过学徒制来进行。殖民期前，艺术具有审美的用途，同时具有很强的功利性，并且和社会环境紧密相连。

随着殖民主义的到来，欧洲语言和教育（先是德国，后来是英国）充当了强大的压迫、颠覆、分化和异化工具。结果，该国传统文化的艺术和艺术教育实践同越来越占主导地位的欧洲宗教、文化和教育系统的艺术和艺术教育实践产生了鸿沟。虽然这两种系统自然就相互影响、竞争，欧洲艺术还是牺牲了当地的艺术而获得了主导地位。与此同时，按照殖民教育政策，只有殖民地白人学校才能讲授艺术和人文科目，而当地
101 人学习工艺品制作和基本的读写，以便为殖民地资本主义经济培养必要的下级办事员。而且，殖民当局担心，在艺术和人文上训练非洲人会挑起他们反抗殖民主义。在白人学校，艺术课程范围狭窄，以欧洲为中心，很大程度上也仅限于殖民母国的艺术和人文。因此，到了独立的时候，该国艺术教育是远远不够的。

在坦桑尼亚殖民时期，只有非常有限的高等教育设施，这也限制了该国艺术教育的发展。于是，最早在大学层次学习艺术的坦桑尼亚人，求学的地方在当时马凯雷雷大学的玛格丽特·特洛维尔艺术学院（现在是玛格丽特·特洛维尔工业和

艺术学院），这个学校位于乌干达的坎帕拉。当时，附属于伦敦大学的马凯雷雷大学是东非唯一一所大学。由玛格丽特·特洛维尔（1904～1985年）建立的玛格丽特·特洛维尔艺术学院，早在20世纪60年代早期就已经成为东非和南非艺术和设计教育最重要的中心。然而，由于该国基础教育落后于邻国，当时只有少数的坦桑尼亚人到该校学习。尽管如此，该校早期坦桑尼亚学生包括画家山姆·恩提诺（1923～1993年）、艾利姆·纳亚乌、阿里·达尔维什（桑给巴尔）和乔纳森·金德姆。

这四名先驱者中最著名的是恩提诺。从马凯雷雷毕业后，恩提诺到伦敦斯莱德艺术学院继续学习艺术，然后回到他母校马凯雷雷大学任教。后来，他返回坦桑尼亚，在克雅博格理工学院（现在为克雅博格大学）任教，最后留在了达累斯萨拉姆大学。在达累斯萨拉姆大学，他帮助建立了音乐、艺术和戏剧系（现在为美术和表演艺术系）。恩提诺是一个有造诣的艺术家，他是坦桑尼亚和东非第一个在国外进行展出的艺术家。他出生于马切姆的一个叫恩德里尼的村庄里，位于乞力马扎罗山山坡上的哈伊地区。去马凯雷雷之前，他就读于马兰古地区的恩德里尼—恩库小学和老莫希中学。

艾利姆·纳亚乌同样值得注意。尽管纳亚乌也是玛格丽特·特洛维尔艺术学院第一个学位班的本科生，但是，在获得学位证之前，他辍学了。因为他坦率直言，并参与了非洲独立运动，与新院长塞利儿·托德（接替特洛维尔任院长）意见相左。离开马凯雷雷后，他于1963年在肯尼亚首都内罗毕建立了巴雅巴（意即跃起的羚羊）文化中心。巴雅巴或许是肯

尼亚（如果不是全非洲的话）唯一一个非洲人拥有的美术馆，
102 自此成为一个重要的艺术家训练中心。这些艺术家们有的来自于东非，有的来自像加勒比海岸地区、美国、德国、瑞士、澳大利亚和墨西哥这样遥远的地方。一路走来，艾利姆·纳亚乌已经成为国际著名的画家、雕塑家、壁画家和诗人，被广泛认可为东非的艺术之父。像恩提诺一样，艾利姆·纳亚乌是在伦敦进行艺术展出的第一批非洲艺术家中的一个。

虽然坦桑尼亚独立后整合了各个学校，但其艺术和设计教育的外来殖民根基和西方倾向并没有改变。此外，独立后，以前的白人学校变成私立学校，其开设的艺术课程继续取代了公立学校的艺术课程。因此，该国艺术和设计教育依然把该国学校系统里的大多数学生排除在外。

同时，在独立后的很多时期内，坦桑尼亚精英忽视、低估了艺术对国家发展的作用。尽管坦桑尼亚在20世纪60年代末到80年代中期试图利用艺术来促进社会主义发展议程，但是，艺术教育缺乏足够资金、师资、资料、设备，学校课程设置窄，这实际上就破坏了独立后艺术在国家发展中的作用。为了使艺术在该国占据适当的位置，促进该国社会、文化和经济的发展，该国的艺术教育必须重新改造，必须带有当地特色，采用当地的方法和设计。这样的改变也需要采纳传统的学徒制，以培养出未来的坦桑尼亚艺术家。[①]

---

① 奥古斯汀·哈塔尔：《坦桑尼亚戏剧教育状况》，提交给联合国教科文组织的论文，2001年，http://portall.unesco.org/culture/en/files/19603/10814381543hatar.pdf/hater.pdf，2012年6月13日访问。

尽管坦桑尼亚在发展官方文化政策上，在建立诸如巴加莫约艺术学院等机构为学校系统培养艺术教师上，有些方面比其邻国要好，但是，对艺术教育的需求远远超过了供给。该国及其许多邻国有一种倾向——对于艺术教师的培训主要是音乐和民族音乐学，而排斥戏剧、舞蹈和视觉艺术，这也许能反映出培训音乐教师的费用较低。尽管该国规定，1997 年艺术（包括音乐、美术、雕塑和表演艺术）应成为坦桑尼亚小学和中学的考试科目，但是，直到 2008 年，这才在一定程度上在中学课程中成为现实。除了有必要在小学阶段采取类似的举动，该国艺术教育仍然为很多问题所困扰——缺乏实施它的政治意愿，教师以及教学、学习材料不足，该国学校的时间表里没列入艺术，社会对艺术有负面看法，人们相信女孩从事艺术在道德上成疑，人们相信艺术会破坏社会经济现状，人们也认为艺术毕业生就业前景糟糕，因此，很少有学生对艺术感兴趣并学习艺术科目。[1] 103

坦桑尼亚艺术的发展还面临其他许多挑战。首先，由于该国艺术品市场营销不佳，当地对艺术和艺术品评价不高以及艺术产品版权保护薄弱，导致坦桑尼亚国内和国际艺术市场有限。因此，除了将艺术品卖给旅客外，几乎没有别的途径能将艺术品卖到利润丰厚的国际市场。在坦桑尼亚国内，对艺术评价不高意味着该国的博物馆主要是吸引游客和精英。

---

① 比森希亚·舒勒：《“政治意愿”在坦桑尼亚艺术教育实施中的作用》，坦桑尼亚达累斯萨拉姆大学和戏剧教育协会（IDEA），http：//www.unesco.org/，2012 年 6 月 26 日访问。

其次，国外的艺术赞助商、经销商、推销商和收藏家带来的经济压力已经成为影响坦桑尼亚艺术生产的主要因素。因此，许多艺术家被迫进行商业化创作，让自己的工作适应国际旅游市场的需要，从而将艺术与其传统之根切断，并限制了艺术家们满足当地需要的能力。虽然不可能完全隔离外界对坦桑尼亚艺术的影响，过度与外界接触可能会埋没了坦桑尼亚艺术。此外，也存在对真正的和与文化相关的艺术的保护、发展和生产的干预现象。如果说艺术必须随着社会而变化，该国艺术上的很多变化却并非对当地需要的回应。①

第三，由于缺乏资金、管理人员、艺术画廊和博物馆，该国艺术的保护也是一个问题。因此，该国很多最珍贵的艺术往往流向国际艺术企业集团、国外艺术博物馆和画廊以及私人收藏家，而普通的坦桑尼亚人却见不到这些艺术。对于坦桑尼亚艺术来说，这些外部势力既是一件幸事，也是一件不幸的事。在某种程度上，这些外部势力通过支持艺术家而有助于保护坦桑尼亚艺术；另一方面，它们通过促进旅游纪念品、夸张的艺术作品和其他手工艺品——这些东西迎合了西方人关于脱离了该国文化之根的坦桑尼亚艺术的天真观念——的生产，来摧毁该国艺术。

时下，在坦桑尼亚，大部分艺术品存放在当地及国际博物馆（例如，达拉斯萨拉姆国家博物馆、文化之家和史密森尼博物馆）；该国大学（如达拉斯萨拉姆大学）和学院（如巴加

---

① 西德尼·利特菲尔德·卡斯菲尔：《当代非洲艺术》，伦敦：泰晤士和哈德逊出版社，1999 年，第 64 ~ 101 页。

莫约艺术学院）的美术系；有数百年历史的沿海小镇，如石头城（桑给巴尔）、巴加莫约、建于13世纪的东非最古老的清真寺考勒遗址（在巴加莫约附近）和在沿海岛屿基卢瓦—基西瓦尼和松戈姆纳拉的阿拉伯和葡萄牙废墟；公共艺术委员会，如达拉斯萨拉姆的第一次世界大战士兵纪念馆、自由火炬馆、老州议会大厦、阿扎尼亚路德安基督教堂；画廊（包括温暖之心坦桑尼亚艺术、非洲财富画廊、阿夫里卡尔特先生手雕木艺术画廊和马库塔诺坦桑尼亚艺术和手工艺中心）；酒店（例如，乞力马扎罗山达累斯萨拉姆凯悦酒店）。坦桑尼亚各
地，还有其他有趣的纪念碑，包括纪念1855年伯顿和斯皮克 104
到达乌吉吉的纪念碑，纪念1871年亨利·斯坦利与大卫·利文斯通在基戈马会面的纪念碑。

传统艺术

总的说来，坦桑尼亚传统艺术起源于阿拉伯和欧洲殖民主义统治之前。该国传统艺术有的绝迹了，而仍留存下来的艺术有些变化较大，有些变化较小。由于传统艺术是由当地艺术家创作的，并在本土文化范围内被消费，它通常能反映当地的许多真实情况和意义，所有社会成员也通常都可以理解它。因此，传统艺术一直以来都是该国个人与社会进行表达和沟通的强有力工具。

艺术长期以来也一直充当着该国传统和现代政治领导人的权力和威望的象征，也是他们君权象征的核心成分。因此，该国传统和现代政治领导人为了审美、公务和礼仪上的目的，长期以来创建了一大批艺术品（如雕像、权杖、凳子、椅子、

鼓、珠宝和服饰）。最精致的坦桑尼亚王室艺术瑰宝是由从前
的桑给巴尔苏丹国（1856～1964 年）、以前的某些传统非洲酋
105 邦、卡拉维王国及乌尼杨韦齐王国遗留下来的。其中，传统王
室艺术最好例子是尼亚姆韦齐酋长的高背凳、卡拉维王国复杂
的木槿花铁制台架以及精雕细刻的木门和桑给巴尔前阿曼阿拉
伯统治者华丽的房屋建筑。①

坦桑尼亚传统艺术长期以来也一直就制作诸如座垫、篮筐、盆罐和木制器皿等各种功能性物品，这些物品是由当地或相邻部族的工匠用当地的材料、图样和工具制作出来的。该国传统部族，如坦桑尼亚西北部的哈亚人，有铸铁厂生产功能性艺术物件，如刀、剑和枪。②

坦桑尼亚也有着一些世界上最好的古代岩石绘画。其中最好的一些例子是位于多多马的孔多阿地区的 1 600 幅孔多阿—伊兰吉岩画。2006 年，联合教科文组织世界遗产委员会宣布孔多阿的岩画为世界遗产时指出，“孔多阿的岩石艺术遗址是对住在这里超过几千年的狩猎—采集者和农民生活的极好见证，体现了非洲中南部狩猎—采集者艺术的独特变异，也体现了一种独特的农牧民绘画形式”。③ 200 多处岩画遗址散布在伊

---

① 约翰·麦克：《东非》。

② 约翰·麦克：《东非》；《非洲古代的钢铁制造者》，载《时代周刊》，1978 年 9 月 25 日，http：//www.time.com/time/magazine/article/0，9171，912179，00.html，2012 年 6 月 27 日访问。

③ 联合国教科文组织世界遗产中心：《决定——30COM8B.36——提名列入世界文化遗产名录的文化财产（孔多阿岩石艺术遗址）》，1992～2002 年，http：//whc.unesco.org/en/decisions/1002，2012 年 6 月 28 日访问。

兰吉丘陵上，这些画作展现了人物、河流和动物的形象。有些画被认为具有3万年的历史，而一些洞穴里的石镞可追溯至公元前8000年。[①] 此外，这些岩石艺术遗址发挥着独一无二的作用，它们“仍被当地族群积极地使用在各种仪式活动中，如祈雨、占卜和治疗仪式。绘画和生活实践之间的这些密切关系，加强了与创造出绘画的社会之间的联系，也展示了一种非常重要的文化连续体”。[②]

当代艺术形式

坦桑尼亚有很多当代艺术形式，这些艺术形式在很大程度上是对该国不断发展的社会、经济、政治和审美现实的回应。这些新的艺术形式的产生多由于坦桑尼亚与外来势力的接触，包括阿拉伯、葡萄牙、德国和英国殖民势力。自坦桑尼亚独立以来，该国已越来越多地接触到更大的全球化世界。这影响了坦桑尼亚的艺术，例如，将国外的艺术传统和技术引入到坦桑尼亚艺术中。

坦桑尼亚当代艺术是伴随着受过正规训练或者用艺术谋生的现代画家的出现而自然出现的。受过正规训练的艺术家们在诸如大学等正式组织工作，更倾向于为艺术而艺术或为了表达

---

① 莫妮卡·布莱克门·维索纳：《东非》，载《非洲艺术史》（莫妮卡·布莱克门·维索纳、罗宾·波伊诺尔和赫伯特·M. 科尔编），纽约：艾布拉姆斯出版社，2001年，第476页；快乐旅游有限公司世界指南：《坦桑尼亚的地标和纪念碑》，2012年，http://www.tanzania.world-guides.com/tanzania-landmarks.html，2012年6月27日访问。

② 联合国科教文组织世界遗产中心：《决定……》。

自我而进行艺术创作，他们创作了少量署名的艺术品，倾向于在正规场所展示他们的作品，如画廊、博物馆和文化中心。这种类型的艺术家有油画家山姆·恩提诺（1993 年逝世）、埃利
106 亚斯·E. 赞高教授和后来的乔治·利兰加（2005 年逝世）。相反，许多商业艺术家都是自学成才的艺术商，他们在非正式组织里为了销售而大规模创作艺术。这一群艺术家主导了现代坦桑尼亚的艺术场景。

雕塑

坦桑尼亚有世界著名的马孔德雕塑行业，主要从业者为坦桑尼亚南部和莫桑比克北部的马孔德人。自传统时代以来，包括马孔德流派在内的坦桑尼亚雕塑，具有很多的作用，并已应用于教育、娱乐中，还为艺术家们提供了生计。简言之，除了油画、素描、水彩画、制图和建筑这些较新的艺术形式外，雕塑是该国美术一个很好的范例。莫桑比克马孔德人生活在安全而与世隔绝的穆埃达高原，因而与坦桑尼亚马孔德人相比同质性更高，于是他们的雕塑与其文化的关联更大，反映了他们的传统信仰、民俗、礼仪和其他的文化习俗，例如，在男孩和女孩的成人仪式中使用雕像。相反，因为坦桑尼亚马孔德人异质性更高，经受了几个世纪的侵略以及与相邻族群和外来者的混居，他们的雕塑同社会的相关性较小。无论如何，马孔德人已雕刻了几个世纪，他们的雕塑已从原始的自然主义图案演变到更为抽象的纪念品类型的艺术作品，这些作品主要是为了拿到当今的旅游市场出售而创作。马孔德雕塑的重要特征是使用一整块木头（不论使用的这块木头有多么复杂），主要使用暗

色、纹理细密的非洲黑木树。[1]

在坦桑尼亚最受欢迎的雕塑材料是木材，石材、陶瓷和金属使用得较少。虽然在该国前殖民时期，这一艺术类型已经出现，但自20世纪以来，由于艺术的商品化和商业化，它发展得尤其欣欣向荣。

前殖民时期坦桑尼亚雕刻是为了精神和文化上的目的（即神圣和世俗的目的），但现在很多雕刻是出于世俗上的原因，即为审美和销售而制作。例如，著名的马孔德雕刻业可以追溯至20世纪30年代，当时马孔德人开始为商品艺术市场生产艺术品。起初，这些主要来自莫桑比克北部的马孔德人，为了寻找工作迁移到坦桑尼亚的达累斯萨拉姆。早期雕塑家，如曼古力·伊斯提瓦沃、佩胡米·艾拉乐，在出现了对他们雕塑
的商业兴趣时，受到印度企业家皮拉鼓励，开始满足雕刻需 107
求。后来，马孔德人采取和完善更易销售的萨马基传统西泰尼型（魔鬼）雕塑，就获得了更多商业上的成功。自20世纪70年代中期以来，莫桑比克政府对马孔德木雕传统的鼓励也已不可避免地影响到坦桑尼亚，坦桑尼亚许多著名的马孔德雕塑家的家庭成员分居于边界两边。

由于坦桑尼亚马孔德雕塑与其传统目的日益脱节，许多人 108
不赞成坦桑尼亚马孔德雕塑商业化，而现实是，许多艺术家为了赚取收入从事这一行。因此，许多艺术家热心于制作纪念品和其他有销路的雕塑。其中许多作品，尤其是以魔鬼为题材的

---

① 埃利亚斯·赞高：《马孔德雕塑》，载《AFRUM：当代非洲美术》，2009年，http：//www. afrum. con/index. php，2012年6月28日访问。

作品，可以是很恐怖的。该国最重要的一些马孔德雕塑家包括阿克斯蒂诺·马拉巴、安东尼·布鲁诺、乔金·姆普与卡和艾洛熙·钱达。

虽然马孔德人主导了坦桑尼亚的木雕流派，他们绝对不是唯一从事这项艺术活动的族群，实际上该国几乎每一个族群都有木雕或石雕的传统。相应地，该国其他一些从事雕塑艺术的族群包括扎拉莫人、尼亚姆韦齐人和苏库马人。苏库马雕刻往往有着站立着的大而粗犷的轮廓，外表饱经风霜一般。他们的神物和舞蹈面具有相似的饱经风霜般、令人害怕的外表，装饰着眉毛、胡子和胡须。[①]

坦桑尼亚马孔德雕塑有八种主要风格：比纳达姆型、迪蒙戈型、西泰尼型、麻温古型、吉利加型、吉姆布鲁姆布鲁型、门丹多撒型和通巴通巴型。20 世纪 30 年代早期，恩耶肯亚·南衮都在莫桑比克开创了比纳达姆型（人类日常生活）风格。比纳达姆型风格是一种自然主义风格，常常描绘马孔德男性和女性不同生活场景中的传统角色，如拿着烟斗的老年男性和取水的妇女。比纳达姆型风格是所有其他风格的基础。

迪蒙戈型（力量）由罗伯特·雅各布·桑瓦尼开创，他是一个 20 世纪 50 年代末移居到坦桑尼亚的莫桑比克人。迪蒙戈型风格最初表现的是被一群朋友高高举起的摔跤比赛优胜者。属于这种风格的后来的雕刻包括马孔德人家谱图，其中一位女性居于一堆人物的顶端。

---

① 兰德非洲艺术：《坦桑尼亚的苏库马塑像》，http：//www.randafricanart.com/Sukuma-figure-Tanzania-1.html，2012 年 6 月 27 日访问。

西泰尼型（恶魔）是在20世纪60年代由萨马基·利坎科开创的，是到目前为止最受欢迎的雕刻风格。西泰尼型起源于萨马基不小心摔掉并毁坏了他的一件比纳达姆型雕刻，这件雕刻只剩下一个眼睛、耳朵、鼻孔、一条腿和胳膊。萨马基雕刻了一块复制品交给艺术品经销商皮拉，这件艺术品很快被卖出。从而鼓励了萨马基和模仿他的人制作更多相同类型的雕刻。

麻温古型风格基于云的形状。皮拉鼓励克莱门茨·恩加拉将自己与萨马基的风格分开，于是克莱门茨·恩加拉就开创了麻温古型风格。恩加拉最早的云型作品是一个用某种头巾包裹着的不露脸的类人雕像，这个类人雕像右手高举托着月亮，左手低垂握着地球。

其余四种风格，吉利加型、吉姆布鲁姆布鲁型、门丹多撒型和通巴通巴型，都是由雕刻大师沙诺·满都开创的，都基于马孔德传统信仰。吉利加（意即受到惊吓或感到震惊）型描
述了人们独自走在森林或别的什么可怕之地时所感受到的恐 109
惧。它通常是有一只鼓鼓的大眼睛和暴露在外的可怕牙齿的雕像。

吉姆布鲁姆布鲁型出现在20世纪90年代初，是一种拟人的或类人的雕刻技术，描绘伴随着人类紧张行为而产生的混乱。它通常用大大的眼、鼻和嘴来抽象地表示人脸，同时，眼、鼻和嘴怪异地连接到长着腿的脑袋上。门丹多撒型风格描绘了传统上术士受人雇佣而用以伤害世仇家庭成员的那些魔鬼。这种雕刻往往有一只依传统用来监视仇人或敌人的大眼睛。通巴型风格出现于20世纪80年代中期，它描绘了纹身以

及其他马孔德人体艺术。这种风格的雕刻往往具有葫芦状的外观，雕刻者根据自己的需要对其进行雕饰。

在马孔德和坦桑尼亚其他族群中，雕刻绝对是男人的世界。尽管如此，该国也有一些成功的女性雕塑家，包括巴加莫约的哈丽雅斯·卡甘古拉·拉穆拉，多多马的斯科拉斯蒂卡·索斯皮特·马莱塞拉，巴加莫约的爱格妮思·基贾齐，达累斯萨拉姆的曼达拉·曼叶库娃。这些人中，曼达拉·曼叶库娃可能是最有成就的一位。人们亲切地称她为“大妈妈”，她是坦桑尼亚的最好的木雕家之一。她出生于1978年2月。由于她的母亲出自因雕塑而闻名的马孔德族群，因此，曼达拉·曼叶库娃称：“并不是她选择了雕刻，而是雕刻选择了她”。[①] 她通往专业雕刻的旅程开启于幼年时期。她在其外祖父母（两人都是艺人）身边长大，从她的外祖母和外祖父那儿分别学会了陶艺和雕刻。她的外祖父打破传统，值得赞扬，允许她拿着他的工具玩，甚至在他自己的工作室教她雕刻，而曼达拉的外祖母则教她做陶器。

作为一名年轻的女子，在曼达拉·曼叶库娃选择了雕塑而不是传统上认为适合女性的陶瓷行当时，她顶住了来自传统的压力。由于没有上学的天赋，她在小学阶段就结束了正规学校

---

① 国际培训与发展五大湖联盟和伊利湖西部艺术理事会：《女性世界中的艺术》，托莱多：国际培训与发展五大湖联盟和伊利湖西部艺术理事会，2010年；姆万德勒·姆万耶科娃、鲍勃·桑科法：《当你是一名女性雕刻家时》，载《UDADISI：在行动中反思》，2009年9月17日，http://udadisi.blogspot.com/2009/09/unapoku-wamwanake-mchongaji，2012年6月27日访问。

教育，并进入雕塑业。尽管曼达拉将她有限的正规教育部分地归咎于坦桑尼亚薄弱的艺术教育，但是，她最终成功地接受了巴加莫约雕塑学院和瑞典哥特兰美术学院的高级培训。虽然她的成功并非没有遇到挑战，但是，她并不后悔她关于从事专业雕刻的决定，因为她发现雕刻令人感到满足。雕刻带给她幸福，因为雕刻与她的大脑、精神、身体和心充分契合。

她最好的作品是出色的自画像和其他雕塑。这些雕塑描绘她对人、动物、文化信仰、关系和环境的看法。她立基于达拉斯萨拉姆附近的巴加莫约，从事雕刻已超过十年，并且在坦桑尼亚、南非、瑞典和美国展出过她的作品。她参加培训、各种研讨会以及展览，于是就成功地提高了她的技术以及她作品的质量。

作为一个女人，曼达拉从事一个基本上属于男性的职业，
人们经常问她，如何在一个基本属于男性的世界中获得成功。
她的绝妙回答是，“因为女人生了男人……男人可以做到的事
情，女人也可以做到”。更重要的是，由于曼达拉在工作上巾 110
帼不让须眉，她已经为未来坦桑尼亚女性雕塑家开辟了一条明
确的道路。[①]

陶瓷艺术

除了木制艺术品外，粘土艺术品可能是坦桑尼亚其次最为普遍的艺术形式。在坦桑尼亚许多传统乡村社会中，即使面对

① 姆万德勒·姆万耶科娃，鲍勃·桑科法：《当你是一名女性雕刻家时》；姆万德勒·姆万耶科娃：《姆万德勒·姆万耶科娃》，2008 年，http：//mwandale. blogspot. com/，2012 年 6 月 27 日访问。

来自国产及进口的现代塑料器具、铝制器具、金属器具和瓷器器具的日益激烈竞争，陶制烹饪器具和餐具，如杯子、盘子、锅、罐（用于烹调和储存水与食物），仍然很受欢迎。在城市地区，现代陶器餐具更受欢迎，尽管传统陶器也广泛用于装饰。

从前殖民时期开始，坦桑尼亚陶器制造者为了换取生活必需品如食品和牲畜，经常同周边族群进行陶器贸易。现在，许多陶器交易是现金交易，且陶器业务已被扩展到为本地客户和国际客户制作商业陶器，该国实用型和装饰型的陶器和石器有花盆、花瓶、灯架、碗、炉罐（砂锅）、雕像、陶土面具、陶瓷盘盆和烛台。

坦桑尼亚陶器属于古老的传统，该国各地正进行的考古工作至今仍在剖析这一传统。例如，该国部分地区已有石器时代晚期的陶器出土，包括坦桑尼亚南部沿海的林迪地区。① 坦桑尼亚作为人类起源的摇篮，其陶器传统可以追溯到最早的人类历史。像很多传统手艺一样，该国陶器生产有着深厚的精神和文化意义，有着世俗陶器物品和神圣陶器物品的区分。例如，在佩尔人和沙巴阿人那里，“陶器经常充作子宫这生命孕育容器的隐喻……借助于传统医师，神圣陶器器皿……能赋予祖先灵魂以身体或驯服他们颠覆性的力量。”② 在坦桑尼亚某些族群（包括帕尔人）中，文化和传统令男人们弃商从事重体力

---

① 菲利克斯·A. 谢米，雷米吉乌斯·谢米：《来自坦桑尼亚南部沿海的纳罗苏拉陶器：石器时代晚期最早的得到公认的沿海陶器》，载《尼亚米阿库马》，2001 年 12 月，第 29 ~ 35 页。

② 芭芭拉·汤姆逊：《纳姆斯夫利·恩耶基：优秀的坦桑尼亚陶艺家》，载《非洲艺术》40 卷第 1 期，2007 年，第 57 页。

劳动，如挖掘和搬运沉重的粘土原料，陶器和人类生活之间的 111
这种隐喻式联系就使得制陶成为一种女性职业。

坦桑尼亚最著名的一种陶器制作传统可分别见于坦桑尼亚东北和西南的帕尔与基西族群。纳姆西菲丽·尼基是帕尔族群最有成就和最具创新精神的陶器艺术家之一。她出生在 20 世纪 60 年代初期，生长于邬桑巴拉山脉西部基莱蒂地区。她整个一生都在该地区制作陶器，她幼年时在临时窑洞里帮母亲做诸如取水、拿工具、取粘土、取木柴以及硬化陶器的制陶杂务时，从母亲那儿学会了陶艺。作为她母亲对她早期正规训练的一部分，她学到了关于陶器的形式、功能、技术和美学方面的知识，认识到质量、工艺、形状、光滑度、稳定性（即站立不翻倒的能力）和适当烧制的重要性。尼基除了制作受她当地族群重视的世俗陶制品和神圣陶制品外，也制作欧洲风格的陶器，包括茶杯和茶碟、大而浅的水果碗、小勺子、沙拉碗、酒瓶或果汁罐。[①]

尽管她制作的陶罐符合传统结构和美学标准，随着时间的推移，她逐渐成长为一名经验丰富的陶工，在陶罐制作中巧妙地结合了传统与创新。尼基有意愿去重新诠释与挑战传统，超越历史悠久的审美、技术和形状上的标准。通过实验和这种意愿，她创造出新的陶罐设计，在国内外市场上博得了溢价。她的成功也源自于她愿意忠实于自己手艺中的那些久经考验的东

---

① 芭芭拉·汤姆逊：《纳姆斯夫利·恩耶基：优秀的坦桑尼亚陶艺家》；S. A. C. 瓦安尼：《柯耶拉地区伊孔巴基西的陶艺制作传统：一篇人类学论文》，坦桑尼亚国家博物馆，1976 年。

西，即使她为了满足国内外顾客不断变化的需求而不断创新、生产产品时也是如此。她不得不去适应文化和社会经济的重大变迁，包括自欧洲殖民时期以来坦桑尼亚的日益西化；国家独立对她、她生活的社会和她的手艺的影响；由于基督教和伊斯兰教的传播而导致的许多本土礼仪习俗的衰退（包括制陶家庭以前在陶罐制作的不同阶段举行的流传下来的仪式和祈祷）；现代经济、医疗卫生、林业、农业实践的引进；越来越多的外国游客涌入她的家乡。

由于她出色的技艺，自 20 世纪 90 年代以来，尼基在传统陶艺作坊给国内外旅客授课。2002 年，她成为达拉斯萨拉姆著名的尼雷尔文化中心文化之家的驻馆艺术家。在她一周的驻馆期内，她又成为第一位获得坦桑尼亚文化信托基金泽泽艺术和手艺奖的坦桑尼亚女性。

112 摄影

摄影在坦桑尼亚是一种重要的艺术形式。同世界其他各国一样，坦桑尼亚的摄影师们使用胶卷和数码相机进行拍照。坦桑尼亚拥有许多有成就的摄影师。一部分摄影师被该国主要的媒体机构和企业所雇用，而更多的摄影师从事个体经营。由于经济、培训和设备获取途径上的限制，坦桑尼亚业余的和专业的摄影师大多数是男性，如桑给巴尔的贾韦德·加法尔吉。除了摄影，加法尔吉也是一名电影制作者。不过，坦桑尼亚也有少量的职业女摄影师，如坦噶的麦法基·迪瓦尼·佳姆毕。除了其他目的之外，她使用摄影是为了女性问题而鼓吹。

绘画

在坦桑尼亚，绘画作为一门艺术形式，被广泛地应用于建筑物、肖像画和报纸印刷业的漫画制作中。坦桑尼亚有成千上万的画家，包括创造了该国有数百年历史的岩画却不为人知的许多艺术家，而当代著名的艺术家有乔治·利兰加、爱德华·萨伊德·汀噶汀噶、埃利亚斯·E. 赞高教授、斯蒂芬·恩迪巴莱马、大卫·姆祖古诺、拉扎·穆罕默德、托拜厄斯·敏兹、罗比尼奥·纽提拉、约翰·克拉克、戈弗雷·谢姆瓦伊卡和埃瓦里斯特·齐卡威。

油画

坦桑尼亚前殖民时期有很长的油画传统，多采用天然的颜色材料，如植物和粘土、石灰石和其他颜色的泥土，在人们身上（大多是在脸、手和腿上）、房子的墙上、动物的毛皮上和各种石头的表面描绘各种油画图案。该国闻名于世的岩石艺术部分包含由许多自然生成且本地可用的颜色材料制成的图案。

然而，由于传统的坦桑尼亚没有获得纸张和帆布的途径，在纸和帆布的表面上做油画并没有兴起，直到 19 世纪后期大量欧洲人来到坦桑尼亚。最初引进了更方便、实惠的绘画材料，如纸张、画布和油画笔，之后这种艺术形式在坦桑尼亚全国快速地传播。

尽管在坦桑尼亚殖民时期，艺术教育相当有限，但仍有少量的坦桑尼亚人从欧洲传教士那里学习油画。有的人是自学油画，并最终成为油画大师。已故的山姆·恩提诺（于 1993 年逝世）属于坦桑尼亚第一批受过正规油画训练的人。他在坦桑尼亚油画艺术制度化过程中起到了关键作用。从 20 世纪 60 年代后期开始，坦桑尼亚油画沿着抽象派和汀噶汀噶派传统的方向发展。该国主要的抽象派油画大师包括已故的乔治·利兰

113 加、艾利亚斯·延戈教授、已故的大卫·姆祖古诺、拉扎·穆罕默德、托拜厄斯·敏兹、约翰·克拉克、罗比尼奥·纽提拉和弗朗西斯·帕特里克·伊曼加马，这些大师是以蚀刻技术而出名。蚀刻是指通过酸的腐蚀作用而不是用刻刀在金属板或者玻璃上画出图案、图画。

汀噶汀噶派艺术家超过100位，包括爱德华·萨伊德·汀噶汀、达乌迪·汀噶汀噶、赛迪·奇拉伯尼、诺埃尔·卡兰达和莫鲁斯·迈克尔·汀噶汀噶。汀噶汀噶油画与马孔德雕塑齐名，通常描绘人、鸟、动物、风景和其他对象，这些油画色彩明丽、丰富、充满趣味。由于圆点在汀噶汀噶油画中被广泛使用，珍珠鸡和豹是这一流派最受欢迎的绘画对象。自从20世纪60年代后期汀噶汀噶派创立以来，这一流派在坦桑尼亚和其他东非地区成为主要的以游客为导向的油画风格。当地精英和全球的艺术经销商也购买汀噶汀噶油画。[①]

作为汀噶汀噶艺术的创立者，爱德华·萨伊德·汀噶汀噶绝对是这一流派中最优秀的艺术家。20世纪30年代中期，爱德华出生在坦桑尼亚敏都的一个穷苦家庭。在敏都上到小学四年级后，他搬到位于坦桑尼亚东北部的坦噶，去寻求更好的生
114 活。爱德华的母亲是一位来自于马库阿族群的基督徒，而他的父亲是恩今多人、穆斯林。

1960年，爱德华移居到达累斯萨拉姆，最后投靠一名在

① 莫妮卡·布莱克门·维索纳：《东非》；当代非洲艺术组织：《汀噶汀噶》，载《AFRUM：当代非洲艺术》，http：//www. afrum. com/index. php，2012年6月28日访问。

达累斯萨拉姆被一名英国官员所雇用的亲戚。后来爱德华在达累斯萨拉姆获得一份政府工作，并且继续追求他在马孔德音乐和舞蹈上的兴趣。1968 年，爱德华使用低成本的材料，给自行车绘画，由此开始了他的油画生涯。尽管爱德华是一名自学成才的艺术家，他也在工作中学习画画，不久之后就创作出简明、亮丽的非洲风景画和动物画。这些画作受到达累斯萨拉姆市外籍社区的欢迎。当他的生意做大时，爱德华雇佣了三名马库阿亲戚和两名马孔德亲戚来帮助他满足市场需求。1972 年，爱德华去世后，这五名雇员成为了第一代汀噶汀噶油画家。

1971 年，汀噶汀噶签署了一份合同，为坦桑尼亚国家艺术理事会（NACT）每周提供艺术品。同时，汀噶汀噶决定将他的艺术事业变为全职工作。在他死后，他的五名员工仍旧履行 NACT 的合约，并从马库阿族群招来更多的油画家。20 世纪 90 年代，汀噶汀噶的亲戚创立了汀噶汀噶艺术联合协会（TACS）。在他的子女中，达乌迪·汀噶汀噶就是该协会里的一位著名的汀噶汀噶油画家。[①]

纺织品和服装

坦桑尼亚的纺织品和服装也是生动的艺术场景。几乎任何

① 《汀噶汀噶》，载《非洲油画》，http：//www. africaonacanvas. ca/content/tingatinga，2012 年 6 月 28 日访问；坦桑尼亚汀噶汀噶艺术合作协会：《欢迎参观汀噶汀噶优秀作品》，http：//www. tingatinga. org. uk/index. html，2012 年 6 月 28 日访问；当代非洲艺术组织和汀噶汀噶艺术合作协会：《什么是汀噶汀噶和谁是汀噶汀噶》，2009 ~ 2011 年，http：//www. tingatingastudio. com/menu-ahout. html，2012 年 6 月 28 日访问。

使用布质材料的物件，包括桌子和座椅套、围裙和日常服饰与头饰，往往都饰有关于野生动物、花朵和植物的多彩的艺术图案。许多装饰图案最初是由该国艺术家创作的，然后就被有些服装设计师采用。坦桑尼亚的一些艺术图样也吸引到了国际时装设计师。例如，日本东京设计师周布步美（爵士卡兹（Jazzkatze）品牌的创始人）近来借用鲁巴尼·拉西地的一些油画来设计某些时装。这些服装设计在2010年春季东京时装秀上进行了展示。关于基于当地油画图案的其他服装和时尚设计，请参阅第五章。

其他实用型和审美型手艺品

坦桑尼亚人的很多家庭用品（如杯子、碟子和茶壶）往往也具有审美价值。这种审美价值取决于家庭用品的美观程度。祈祷垫、地毯、篮子和椅子等其他家用物品也一样具有审美价值。很多进口的家庭用品使用的是国外的绘画风格，而当地生产的家庭用品通常使用的是当地的审美图案。坦桑尼亚传
115 统的彩花盆/罐，如由伊哈哇的戈戈村和派尔与基西族群制作的盆/罐，是实用型艺术很好的范例。公共建筑物和私人建筑物、教堂、学校和广告牌上的壁画也是实用型艺术的体现。例如，艾利亚斯·延戈的油画装饰了坦桑尼亚许多公共建筑和私人建筑。在整个坦桑尼亚，很多实用型装饰品很受欢迎，因为它们有神圣的或文化的价值、经济性，栩栩如生，也能促进当地经济发展。

建筑和住房

坦桑尼亚建筑除了可充作住所，也是艺术表达的一种重要方式。坦桑尼亚建筑主要分为三类：传统、现代和传统与现代的融合。传统建筑在农村地区占主导地位，这也是大多数坦桑尼亚人生活的地区。自 13 世纪以来，桑给巴尔和该国许多沿海地区就有着从简单到华丽的传统中东建筑。虽然坦桑尼亚传统建筑在该国各地差别很大，这类建筑一般朴素平实，大部分是简单的圆形或方形的抹灰篱笆屋，也是茅草屋，而铁皮屋顶数量也在不断增加。

坦桑尼亚农村住房的建筑设计简单有多种原因。首先，该国温暖的热带气候一般能让人们长时间在户外工作和娱乐，因此，人们不需要更为精细的住房。第二，坦桑尼亚人（和其他非洲人一样）历来更注重精神上的而不是物质上的东西。这种关注在一定程度上限制了人们放在住房及其他物质追求上的努力和投资。第三，由于住房是大多数人做的最昂贵的投资之一，坦桑尼亚人住所的简陋也些许地暗示他们物质上的贫困。第四，很多坦桑尼亚房子结构反映了当地可用的建筑材料。因此，在该国干旱和半干旱地区，由于难以获得足够的建筑材料，房子就很简陋。最后，由于住房往往标志着某种生活方式，现存的坦桑尼亚住房也暗示了该国的生活方式。例如，由于很多马赛人采纳游牧的生活方式，传统马塞房屋都是临时的。但近几十年随着马塞人转为稳定生活方式后，他们住房的质量和耐用性都提升了。

该国很多现代建筑位于城市地区，主要是最初在殖民时期就进入坦桑尼亚的欧美设计风格。坦桑尼亚沦为殖民地的一个持久的后果是，当地前殖民时期的建筑设计和建筑技术受到诋毁，为西方建筑设计和技术所取代。这种取代一般是为了欧式建筑设计、材料和建房技术创造市场。因为坦桑尼亚很多建筑
116 师也受西方建筑传统的训练，他们尚未能调整自己的技艺来建筑适应当地条件的房屋。

在坦桑尼亚各地，有许多现代的政府办公房以及医院、教会和教育建筑。尽管现代建筑用于机构很好，但要用作许多普通百姓的住房，即使不能说不适合，也已经证明造价昂贵。此外，这种建筑因为不便于使用当地建筑样式和材料而遭受批评。作为回应，该国国家住房和建筑研究局（NHBRA）正在积极地开发合适的当地建筑用材，并调整现代建筑设计和施工以适应当地条件。

融合式的建筑位于传统与现代建筑之间，包含了二者的成分。个别坦桑尼亚人推动了这种尚未成为普遍现象的趋势的出现。这些人设法调和几乎所有生活领域（包括建筑和住房在内）中传统与现代相互间的冲突。例如，在农村地区，茅草屋顶越来越多地被铁皮屋顶取代。在很多情况下，这种改变也反映了传统建材（比如草）越来越难以得到。

农村居民点及住房类型

117

坦桑尼亚农村居民点一般由规模各异的村庄组成，这些村庄依当地的环境条件、民族和可用的土地而建。大多数坦桑尼亚人是从事农业的班图人（例如，查加人、哈亚人和尼亚姆

韦齐人），他们的村庄往往较大，人口较多，一般多集中在该国土地更加肥沃的地方，其中包括乞力马扎罗山地区。少数尼罗—哈米特族群（例如，马赛人）历来生活在较小、人口较稀少的村庄。

影响坦桑尼亚农村村庄分布的主要因素之一是该国乌贾马村庄化政策（1967～1985年），这项政策试图在该国各地建立按照公社原则规划、组织起来的村庄，通过提供更好的服务，如道路、市场、学校、卫生、电力和水，达到促进自给自足和加速发展的目的。虽然该计划并没有完全成功，但它成功地安置了很多人，并为他们提供了社会服务。尽管由于执行力不足和缺乏资金而失败，但这项政策是非洲农村地区社会经济转型中最大胆的尝试。①

虽然坦桑尼亚大多数村庄由同一种族群内有较近亲属关系的个体组成，但那些靠近从前贸易路线（现在已成为主要道路和铁路线）的村庄更多样化。目前，村庄是坦桑尼亚地方政府结构中最低层次的单元，坦桑尼亚地方政府结构包括村、百户区、县、区和全国政府。乡村治理包括村民会议（由所有超过18岁的人组成）以及由选举产生的主席和副主席组成的村务执行委员会。

大部分村庄住房倾向于抹灰篱笆结构的圆形或方形茅草屋

---

① 阿代勒·布龙·楚迪：《乌贾马村庄和农村发展》，载《挪威地理杂志》26卷第1和2期，1972年，第27～36页；姆博内科·穆恩亚加：《乌贾马村庄的安置意味着传播财富》，载《坦桑尼亚每日新闻》，达累斯萨拉姆，2011年10月3日。

类型，也零零散散带有现代成分，如铁皮屋顶、水泥墙壁和地板。该国最富裕的家庭和地区往往使用的现代耐用建材也最多。许多富裕地区是那些农业发达以及自殖民时代起就受惠于教会学校的地区。通常情况下，家庭规模和收入是影响房子大小的主要因素。

农村住房往往包括给男性和女性单独安排的住房。因此，一个家庭住宅通常有两到三座房子组成：厨房或烹调房，也用作女孩和儿童的住所；父母居住的主要房子，这个房子往往分割成一间卧室、一间客厅；为年长男孩子准备的另一座房子。在一夫多妻制家庭中，男户主往往也有自己的房子，这个房子
118 被他妻子们的房子所包围。因为人们大量的时间花在户外以及受贫困等其他因素的影响，坦桑尼亚农村许多房屋往往规模不大，家具少。在大多数情况下，户外茅厕是处理人类排泄物的主要地方，烹饪用水和饮用水通常取自附近的河流或井。传统上人们在河流中洗浴，但现在他们大多是在家里室外围墙内洗澡。

城市居民点及房屋类型

坦桑尼亚有两种类型的城市居民点：19 世纪欧洲（德国和英国）殖民统治以前就存在的居住点和由殖民统治产生的居住点。在 19 世纪后期坦桑尼亚殖民化之前，早在 11 世纪，城市居民点已在该国沿海和桑给巴尔地区开始形成。其中一些城镇包括桑给巴尔、坦噶、巴加莫约和达累斯萨拉姆。沿着内陆的奴隶商队路线，贸易站点慢慢出现，最终发展为塔波拉、莫洛哥罗、莫希、基戈马、乌吉吉和姆万扎这样的现代城镇。

这些内陆城市居民点的发展取决于非洲人和阿拉伯人之间奴隶、象牙、陶器、动物皮毛和铜的贸易。沿海与内陆城市居民点发展的活力都依赖于东非和阿拉伯半岛之间的海上交易，在某种程度上还包括与波斯、南亚、东亚以及东南亚之间的海上贸易。①

除少数沿海城市和内陆城市的建立要早于 19 世纪欧洲殖民统治，坦桑尼亚所有其他城市都源于殖民统治时期。即使是那些在欧洲殖民统治浪潮之前建立的城市地区也都极大地被这一浪潮所改变，从而往往导致城市里建起了欧洲区、阿拉伯区、亚洲区和非洲区。以达累斯萨拉姆为例，尽管收入早已取代种族成为定居在坦桑尼亚城市的一个关键因素，但这些区域仍然基本保持完好。坦桑尼亚城市高收入居住区居民的生活质量可轻易就与许多发达国家的水平相比。由于坦桑尼亚发展水平低，它的城市中产阶级规模相当小。因此，坦桑尼亚大多数城市居民是在非正规经济部门谋生计的穷人，这些人经常需要用他们农村原住地的粮食来弥补收入的不足。②

坦桑尼亚主要是一个农业国家，生活在城市的人口只有

---

① 迪安·辛克莱：《比青铜更持久的纪念物：J·H. 辛克莱和桑给巴尔石头城的建立》，载《非洲地理评论》28 卷，2009 年，第 71 ~ 97 页；阿卜杜勒阿齐兹·Y. 洛迪：《东非穆斯林的过去和现在》，载《北欧非洲研究杂志》3 卷第 1 期，1994 年，第 88 ~ 98 页；杰奎琳·伍德福科：《城市和建筑》，载《1885 年之前的非洲文化和社会》（第二卷）（托茵·法罗拉编），北卡罗来纳州达勒姆：卡罗来纳学术出版社，2000 年。

② 萨拉·L. 史密雷：《坦桑尼亚达累斯萨拉姆人口普查和住房质量的变化》，载《非洲地理评论》31 卷第 1 期，2012 年，DOI：10.1080/19376812.2012.679451。

25%。该国大部分城市人口生活在24个最大的城市，其中包括达累斯萨拉姆、姆万扎、桑给巴尔和阿鲁沙和。总的来说，这些城市占了该国近60%的城市人口。仅达累斯萨拉姆一个城市就拥有该国将近1/4的城市人口。

正如第一章指出的那样，坦桑尼亚诸城市存在很多相似的挑战，包括人口的快速增长；城市基础设施、住房、卫生、就
119 业、学校和医院的不足；由缺乏土地使用管制、规划人员和房屋检查人员数量不足而带来的无序发展；对殖民时期城市规划和住房标准的持续依赖——这不仅不适合当地条件，也是该国城市问题的主要原因。

坦桑尼亚的城市建筑是相当复杂的，特别是在沿海城市里——这些城市一千多年来一直是非洲人、阿拉伯人、欧洲人和亚洲人的交汇处。例如，在桑给巴尔，建筑遗产极多，于是该市石头城于2000年被列为世界文化遗址。然而，石头城大多数建筑的结构并不牢固，维护昂贵而不充分。因此，近几十年来许多建筑相继坍塌，“在布满阿拉伯宫殿、波斯浴池、英国殖民办事处、印度商店和从前奴隶禁闭室的狭窄曲折小巷中留下张开大嘴的缺口”。①

在大陆，大部分城市住房可追溯到殖民时期。现代和后现代建筑占主导地位，在达累斯萨拉姆更是如此。在达累斯萨拉姆，19世纪后期的住宅和商业建筑与更新的建筑共存。该城

① 亚历克斯·扎维斯：《桑给巴尔某文化遗产房屋年久失修》，载《洛杉矶时报》，2005年12月25日，http://articles.latimes.com/2005/dec/25/news/adfg-stonetown25，2012年6月29日访问。

市主要景点包括索科伊内大道的圣约瑟夫大教堂、阿扎尼亚路上的德安基督教堂和基武科尼前街殖民时期的德国建筑。

在用途和所有权上，坦桑尼亚城市房屋也各不相同。在用途方面，房屋的主要分类有住宅型、商业型、世俗型和宗教型。正如世界各地许多其他城市一样，坦桑尼亚城市中土地使用通常以住宅用途为主，其后依次是商业用途、世俗用途和宗教用途。每种土地用途都倾向于集中在城市的特定区域，住宅房屋集中于郊区，商业用途房屋在中心商务区是最多的。尽管在达累斯萨拉姆有一块很明显的政府专用地块，但世俗与宗教型房屋广泛地散布在整个市区。达累斯萨拉姆市区激烈的土地竞争正逐渐地给该市描绘了一个现代化的天际线。在所有权方面，可以区分出公共建筑与私人建筑，而私人建筑最为常见。

阶层和人口的多样性推动坦桑尼亚城市居民住房的多样化。因此，该国非洲、阿拉伯、亚洲和欧洲族群的多样性一般也反映在该国城市住宅上。在达累斯萨拉姆，有明显的种族和民族聚居区，每一聚居区各有其独特的地理和建筑特色。但就整体而言，尽管坦桑尼亚的欧洲人口微乎其微，欧洲建筑仍在坦桑尼亚许多城市占主导地位。

此外，城市住房也依收入不同而不同。在坦桑尼亚许多城
市中，社会中的富裕人群占据着城市最好的地方。这并不奇
怪，城市上层、中层和下层地区的住房质量密切反映了各阶层 120
人群的收入水平。因此，坦桑尼亚的城市住房差别很大，从富
裕地区的宫殿到由穷人占据的、自发形成、公共服务很少的贫
民窟和棚户区。城市低收入地区的住房密度最高，而富裕地区
的住房质量、材料、工艺是最好的。

第五章　美食和服饰

122 美　食

坦桑尼亚拥有多种多样的美食、烹饪传统和烹饪方式，这些都深受本国丰富的贸易、民族、宗教、种族、文化、农业和生态条件的影响。此外，坦桑尼亚的美食因社会经济阶层的不同而不同，富裕阶层享受着极为丰富的美食。除了某些本土人群的饮食之外，长久以来坦桑尼亚的美食也受到阿拉伯穆斯林、葡萄牙、印度、巴基斯坦、德国以及英国等国烹饪传统的影响。

尽管坦桑尼亚地域广阔，但是，这个国家仅有 11% 的国土面积适宜种植业。坦桑尼亚主要粮食作物有玉米、高粱、粟米、大米、小麦、豆类（主要是大豆）、木薯、土豆；这个国家也盛产各种各样的水果（例如，香蕉、芭蕉、梨、苹果、李子、百香果、葡萄以及牛油果），蔬菜（卷心菜、番茄、甜椒、花椰菜、莴苣以及各种本土蔬菜）和各种香料。

坦桑尼亚居民蛋白质摄入的重要来源是家禽、鱼和动物。鸡和鸭是坦桑尼亚居民家禽肉类和蛋类的主要来源。坦桑尼亚的鸡养殖总量估计在 3 700 万只，这些鸡主要产自于欣延加、姆万扎、塔波拉以及姆贝亚这些地区。另一方面，产蛋鸡主要分布于达累斯萨拉姆、乞力马扎罗、滨海区、多多马、莫罗戈罗以及伊林加地区的主要蛋类市场（即城市）附近。总的来说，坦桑尼亚是一个家禽肉类和蛋类的净进口国。①

坦桑尼亚拥有丰富的鱼类供给。这些鱼主要产自于坦桑尼 123
亚的海区（印度洋）和许多淡水渔场，比如各种湖泊（例如，维多利亚湖和坦葛尼喀湖）、水坝、水库、湿地、池塘以及河流（例如，鲁非吉河、鲁伍马河以及鲁阿哈河）。在坦桑尼亚，靠近渔场的地方以及城市地区的鱼类消费量是最高的。在城市地区，居民的高收入使得人们更能消费得起鱼类这种美味佳肴。在坦桑尼亚的印度洋沿海地区有着各种各样的鱼类。这些鱼类包括石首鱼、青枪鱼、海豚、马鲭、旗鱼、鳕鱼、沙丁鱼、对虾以及鲨鱼。同时坦桑尼亚也生产海藻和海带类植物来满足国内和出口市场的需求。尽管尼罗河里的鲈鱼、鲶鱼和罗非鱼是坦桑尼亚最重要的淡水鱼类，而尼罗河鲈鱼捕获后主要用于出口。坦桑尼亚的游牧民族极少食用鱼类。比如，马赛族人，他们传统上更喜欢从牛、山羊、绵羊中获取蛋白质。在坦桑尼亚，鱼类的制作方法通常有煨炖、烧烤、油炸、单独食用或者与各种菜一起食用。

坦桑尼亚肉类供给的主要来源是家畜，特别是牛、山羊、

① 哈里发·穆萨米：《家禽业分国评论：坦桑尼亚》，联合国粮食与农业组织，2007 年，ftp://ftp.fao.org/docrep/fao/011/ai349e/ai349e00.pdf，2011 年 4 月 4 日访问。

绵羊以及猪。改良的牛品种只占据这个国家牛群的很小一部分，这是导致该国牛奶产量以及消费量较低的一个因素。坦桑尼亚 2/3 的牛奶供给来自于自耕农，他们把多余的一些牛奶拿到当地的城市中心地区出售来赚钱。剩下的牛奶供给（1/3）主要来源于坦桑尼亚的一些现代化的乳牛场。

山羊肉和绵羊肉满足了坦桑尼亚居民大约 12% 动物蛋白需求。这些山羊和绵羊主要由全国各地的自耕农蓄养。尽管坦桑尼亚人很少从猪肉中摄取动物蛋白，但该国北部和西南地区也生产大量猪肉。落后的生产方式、研发不足、低效率的推广服务、诸如非洲猪瘟这样的疾病、猪的营养不良、种畜有限以及限制了坦桑尼亚的生猪产品市场发展的宗教禁忌等因素阻碍了坦桑尼亚生猪产量的增长。坦桑尼亚的野味肉主要来源于水牛、羚羊、大象、非洲大羚羊、鸵鸟和斑马。在该国的许多农村地区、难民营以及观光胜地，人们也吃这些动物。由于坦桑尼亚的贫困率高，对多数人而言，肉类是他们只有在特殊的日子里才能吃到的美味。

坦桑尼亚人最重要的保证日常卡路里摄入的主食有玉米（33%）、木薯（15%）、大米（8%）、小麦（4%）以及高粱（4%）。尽管这些主食养活了该国居民，但其重要性随地区和收入的不同而不同。例如，城市高收入人群的食物主要是大米和小麦。另外一方面，木薯和高粱是这些粮食作物主产区居民
124 以及低收入城市家庭的主要食物。然而，玉米也是所有社会经济阶层城乡居民的重要主食。总的来说，坦桑尼亚在木薯和高粱生产方面是自给自足的，玉米和大米近乎自给自足，小麦则

几乎完全依赖于进口。①

如表 5.1 所示，坦桑尼亚的粮食作物生产有着差别化的地理分布，生产的吨数能很好地指示这些作物在该国饮食中的重要性（未包括小麦和高粱）。从这个表也能清楚地看到，坦桑

表 5.1　坦桑尼亚的粮食作物生产

粮食作物	主产区	2002～2003 年坦桑尼亚的年产量（千吨）
玉米	姆贝亚、莫罗戈罗、鲁夸区、伊林加、姆万扎	3 444
木薯	姆特瓦拉、滨海区、姆万扎、莫罗戈罗、基戈马、鲁夸区、辛吉达	2 843
大米	姆贝亚、莫罗戈罗、姆万扎、欣延加	1 294
高粱	姆万扎、辛吉达、多多马、莫罗戈罗	461
秋葵和御谷	多多马、辛吉达、鲁夸区、姆万扎	200
甜土豆	基戈马、欣延加、姆万扎	989
爱尔兰土豆	伊林加、姆贝亚	334
豆类	姆万达、欣延加、辛吉达、多多马、卡盖拉、马尼亚拉、姆万扎	1 038
香蕉	乞力马扎罗山、卡盖拉、姆贝亚、基戈马、坦葛	1 900
花生	欣延加、塔波拉、多多马	255
芝麻	林迪、鲁伍马	15
向日葵	辛吉达、鲁夸区、伊林加	112

资料来源：农业及食品安全与合作部《2002～2003 年粮食作物生产、地区、产量》。见 http：//www. agriculture. go. tz/（2011 年 4 月 19 日取得）。

① 尼可拉斯·米诺特：《坦桑尼亚主食价格》，载《东南非共同市场主食价格变动：原因、结果和政策选择研讨会论文》，莫桑比克马普托，2010 年 1 月 25～26 日，非洲农业营销项目，http：//ageconsearch. umn. edu/bitstream/58555/2/AAMP-Maputo-24-Tanzania-ppr. pdf，2011 年 4 月 4 日访问。

尼亚的“面包篮子”限制于一小部分地区，特别是玉米和木薯的主产区。

从生产趋势上看，自20世纪90年代以来，玉米、木薯、大米、甜土豆、香蕉以及芭蕉、花生、芝麻、豆类以及向日葵的产量总的来说都提高了。与此同时，高粱、小麦、粟米、爱尔兰土豆以及大豆等和其他豆类的产量略有减少。尽管坦桑尼亚有成为食物出口国的潜力，但是由于落后的农业生产政策、有限的农业研发和农产品推广服务、落后的食品加工和市场营销、主要实行传统生产方式以及农业生产过于依赖雨水等这些原因，坦桑尼亚仍然需要持续地进口一些重要的主粮。

尽管坦桑尼亚人的食物主要基于玉米、粟米、高粱、大米
125 和木薯这样的淀粉类食物，但是在主食的制作和食用上存在着广泛的地区差异。由于坦桑尼亚的人口构成高度多样化，包括120多个族群以及少量来自世界其他地区的人，因此，坦桑尼亚并没有全民性的饮食。然而，由于乌伽黎在整个国家都受欢迎，它正逐步成为全民性饮食。乌伽黎是一种由玉米面制作成的干面糕或者面包（有点类似于意大利的波伦塔玉米糕或美国的不加糖的玉米面包），它通常和烹饪过的蔬菜、豆类或者和炖过或烧烤过的鱼、牛肉、鸡肉或者山羊肉一起食用。[①] 在该国部分地区，乌伽黎由木薯、粟米或者高粱面粉做成，它的

① 华盛顿坦桑尼亚大使馆：《坦桑尼亚：食物》，http://www.tanzaniaembassy-us.org/tzepeo.html，2011年5月4日访问；爱德威梅格：《各国食物：坦桑尼亚》，2011年，http://www.foodbycountry.com/Spain-to-Zimbabwe-Cumulative-Index/Tanzania.html，2011年4月19日访问。

颜色随使用的面粉而改变。

木薯、粟米以及高粱是坦桑尼亚的本土植物，从另外一方面来说，玉米在1498年由葡萄牙人引入坦桑尼亚。尽管玉米引入在这个国家有略微超过500年的历史，但是一直到19世纪七八十年代，在政府和国际救援机构将其作为饥荒或干旱救济粮（当地人称之为查库拉查纳加（chakula cha njaa））之后，玉米才逐渐成为这个国家的国民主食。由于这个原因，最后才接纳玉米为主食的社区起初不喜欢乌伽黎或者混合了豆类和玉米的食物，而现在它们在该国很多地区颇受欢迎。[①]

为了准备一人份的乌伽黎，首先在深平底锅（坦桑尼亚居民传统上使用各种各样的锅烹饪乌伽黎）中用大火煮沸两杯量的水；接着将大火变成中火，然后慢慢地在锅中加入两到三杯非低筋玉米粉；一边加入玉米粉一边用一把结实的木制烹饪平勺或者筷子快速地搅拌三到四分钟，一直到它变成固态热面包的样子为止。为了使乌伽黎更加有味道，可以一直烹煮下去，直到它散发出轻微的焦香味为止。乌伽黎的软硬程度由加入面粉的量决定。虽然硬一点的乌伽黎更方便人们用手拿着吃，但是没有经验的厨师很难将它的软硬程度做得刚刚好，一不小心就容易将它做得像石头一样硬，使人难以下咽。无论乌伽黎在口感上是软还是硬，坦桑尼亚人吃的乌伽黎随着个人习惯、家庭以及族群的不同而不同。

食用乌伽黎的常见方法如下：首先将它用手（通常是右

---

① 《对坦桑尼亚土著的个人访谈：埃尔维拉·巴亚巴托和多瑞斯·姆如图》，2011年5月10日~2012年7月16日。

手）掰成一小块，接着用手指头将它捏成一个球状，用大拇指在这块食物上摁出一个小凹槽，然后在这个小凹槽上放一点蔬菜或者肉做成的菜，最后将它们整个吃掉。在住家之外，坦桑尼亚的餐馆中通常都提供配有蔬菜和炖肉的乌伽黎。不那么富裕的人吃乌伽黎时通常配蔬菜，家境殷实的人家吃乌伽黎时配蔬菜、炖或者烤的鸡肉、鱼、牛肉、羔羊肉或者山羊肉。

除了乌伽黎，坦桑尼亚人其他的主食由地区和收入决定，包括白饭或者肉饭（将咖喱、肉桂、小茴香、辣椒和丁香跟米饭一起煮）、薄煎饼（未发酵的扁圆的煎饼，由小麦粉、
126 水、盐做成，类似于印度的馕）以及用不同的方式烹饪的爱尔兰土豆、甜土豆、香蕉和芭蕉、木薯以及将玉米和豆类混合制作的食物（Makand，马肯德）。最近，马肯德在诸如阿佩尔（Upale）地区及该国各地的寄宿学校和监狱中也很常见。恩迪兹卡昂噶（Ndizi kaanga，即炸香蕉和芭蕉）是城市地区居民的常见菜肴，而配上豆类和肉的煮香蕉和芭蕉是坦桑尼亚西北部哈亚地区居民的主食。煮玉米或者烤的玉米是整个国家居民普遍流行的零食。

几乎所有的主食都会搭配各种炖蔬菜，如羽衣甘蓝、菠菜、木薯叶子、大豆汤，或者配上炖或者烤的鱼、牛肉、鸡肉以及山羊肉。通常情况下，这些主食也会搭配不同的饮料，比如水、茶、咖啡、果汁以及各种各样的传统自酿啤酒或者从外面买的啤酒。在大多数情况下，坦桑尼亚人用洋葱、番茄、食用油、椰奶、花生以及各种各样的调味品来增加主食菜肴的色香味。在沿海地区，许多用鱼制作的菜肴都会加入椰奶和各种温性的或者辛辣的调料。而一般来说，离沿海地区及城市中心

越远，菜肴的辛辣程度就会越弱。椰果、芭蕉、蔬菜、肉汤是坦桑尼亚民众普遍喜欢的小食。

坦桑尼亚居民生产并且消费多种多样的热带水果，比如橘子、椰子、香蕉、木瓜、西瓜、番木瓜、芒果、百香果、梨、苹果、李子、葡萄以及鳄梨。这些水果通常作为坦桑尼亚人的餐后水果或者一天中的零食。

坦桑尼亚日益发展的市场经济使得整个国家的民众吃上主食和水果成为可能。而城市地区的高民族融合以及高收入使得城市居民在食物的选择上有更多的余地。同时，在城市地区，诸如米饭、小麦面包、恰巴提（类似于印度薄饼）、桑木巴萨（一种好吃的肉或者蔬菜派）、曼达兹（一种甜甜圈）这样的食物随处可见。坦桑尼亚城市居民的高收入使得他们能够负担得起更高水平的肉类消费。但是，即使在城市里，与坦桑尼亚大部分的农村地区一样，穷人家常常只能在如结婚、圣诞节这样的日子里才吃肉。

坦桑尼亚最好吃的美食在该国家最大、最富裕、最国际化的大都市达累斯萨拉姆里。在达累斯萨拉姆，你能够轻易找到最具有坦桑尼亚风味以及国际化风味的餐馆。这些国际化的美食满足了达累斯萨拉姆的阿拉伯人、欧洲人、亚洲人、游客以及各色本地精英人士的需求。

大部分的坦桑尼亚人都遵循一日三餐的用餐规律，但早餐、中餐和晚餐吃什么随着收入、民族、地区的不同有着广泛的差别。在坦桑尼亚，许多穷人往往不是一日三餐，他们的饮食多不均衡。结果，营养不良成为了坦桑尼亚的常见问题。而政府提出学校午餐计划，以解决学龄人群的营养不良问题。

127 对于大多数坦桑尼亚人来说，他们的早餐通常都吃得很简单。吃早餐时，他们喝热红茶或咖啡，配上乌伽黎、香蕉、木薯、甜土豆或者其他季节性的淀粉类的食物。在坦桑尼亚许多农村地区以及寄宿学校中，玉米粥或者粟米粥也是比较常见的早餐。这类粥是由玉米粉、水、糖混合在一起做成的。对于较富裕的农村、城市家庭来说，他们的早餐通常是一两杯热茶或者咖啡，配上炸过的甜米面包、油炸甜甜圈或者奶油烤面包、面包、薄煎饼、鸡蛋。许多富裕家庭的早餐也包括香蕉、木薯、甜土豆这样的本地食物。在坦桑尼亚，日益紧张繁忙的工作日程意味着许多家庭成员很少有时间坐在一起吃早餐。在一年繁忙的时间段里（如耕作、播种、丰收季节），许多坦桑尼亚人通常在早上吃多一点，一直忙到晚上才吃饭。

坦桑尼亚人午餐通常吃乌伽黎或其他淀粉类的食物，如香蕉、芭蕉、肉饭、爱尔兰土豆以及甜土豆、木薯，它们都和各种豆类搭配着食用；烤鸡；烤山羊或牛肉；晒干、烧烤或者炖的野味肉；烤猪肉；炖肉；烤鱼或者炖鱼；秋葵；诸如菠菜，羽衣甘蓝、豌豆、木薯叶这样的绿叶蔬菜以及由动物的骨头、肉、血熬的汤。他们吃午餐的时候通常也会喝一些像水、茶、果汁、各种土制啤酒和商业啤酒这样的饮料。由于很多人并没有充足的时间或条件按时吃午餐，于是午餐就成为了该国最简略的一餐。

晚餐是坦桑尼亚人的正餐。除了与全家人一起吃饭之外，晚餐逐渐成为了坦桑尼亚人最丰盛以及最悠闲的一顿饭。晚餐与午餐吃的东西一般是一样的，而比较富裕的家庭会在晚餐的时候加上一些与午餐不同的食物。

零食通常随着收入、地区和季节的不同而不同。而一般说来，人们经常食用的零食有热带水果、蓬松的炸面圈、椰子、花生圈、烤肉串、萨莫萨三角饺、炸米糕、巴甲、炸鸟肉、大枣、花生、大豆、腰果、炸小鱼、锅烤蚱蜢、锅烤白蚁。在坦桑尼亚主要城市里，高收入阶层人群的零食还包括精致的美式和欧式点心。随着收入的增长、食品加工、储藏和分销上的改进，可供人们选择的零食变得越来越多。

坦桑尼亚人普遍都很好客。他们的用餐时间随着民族、收 128
入、宗教信仰，甚至主人是农村人还是城市人有着广泛的差别。在许多农村和穆斯林家庭中，男人和女人不同桌吃饭。依照风俗习惯，通常是女人和女孩儿们做饭。她们在厨房或者空旷的院子里，用三块石头垒成的灶台或炭炉烧木取火做饭。尽管坦桑尼亚的男人们参与食物的生产，但是，他们极少在家里做饭。除非他是酒店或者机构的厨师，或者他单独一个人居住，又或者他老婆不在身边的时候，男人们才会自己做饭。

吃饭前，菜通常是由女人和女孩儿摆在低矮的桌子或者地板上的垫子上。坦桑尼亚人通常用手抓饭吃，只有在吃米饭等饭菜时才会用到勺子和叉子这样的少量餐具，所以，吃饭的人通常在饭前会在摆放在桌子周围的大碗里用毛巾洗一下手。主食和炖菜往往放在餐桌中间的几个大的公碗里面，公碗的周围则是每个用餐者的小调料（放蔬菜或者炖菜）碗。在洗过手后，把菜放到自己的炖碗里后，吃饭的人就用右手吃饭。在用一个个盘子盛放饭菜的场合，通常要先给客人和年长男子盛放饭菜。在信教的家庭中，吃饭前要先祈祷。用餐完毕后，客人们会再洗一次手。如果主人家有条件的话，会用一碗新鲜的水果或者一碗热面糊招待客人。当中午气温比较高的时候，人们更喜欢喝杯凉水或者果汁来消化午餐。在收入较高的城市家庭里，餐后或许会有一些小点心。

在坦桑尼亚，以木柴、木炭、农场残留物形式存在的生物能源是人们烹饪用的主要燃料。这些生物能源燃料在该国家农村的烹饪能源中占 90%，剩下的 8% 来自石油能源，1% 来自电力能源，还有 1% 来自于其他能源。坦桑尼亚农村地区广泛使用三块石头垒成的灶台，燃烧率很低（其燃烧率在 12% ~ 15%）。由于室内通风条件不好，这种灶台是导致该国呼吸道疾病高发的关键原因。于是，自 20 世纪 80 年代以来，诸如非盈利组织坦桑尼亚传统能源开发和环境组织（TATEDO）等组织一直在致力于改善乃至取代这种灶台。

其中一项措施是，开发并推广了一种新型的烧木炭、木柴的燃烧率更高的炉灶，用陶瓷、金属和粘土制成。但是要广泛应用这种新型炉子，仍然充满了挑战。面临的挑战包括关于新型灶台的政策、战略、融资、市场营销及推广不够，人们对于这种灶台缺乏认识，人们较少采用这种灶台，同时这种灶台生产商缺乏足够的技术、生产、质量监控能力。然而，尽管普及缓慢，但是这种灶台正在逐渐地被坦桑尼亚居民接受。①

129 在城市地区，生物能（大部分是木炭）在烹饪能源中占

---

① E·N. 萨维：《坦桑尼亚木头燃料炉具的开发和推广——一些精选的经验》，关于非洲和亚洲农村发展中的生物能源的欧洲生物能/COMPETE 专题研讨会，2009 年 6 月 30 日，德国汉堡，http://www.compete-bioafrica.net/events/events2/hamburg/Session% 202/S2 - 5 - COMPETE-REImpact-Hamburg-Sawe-090630.pdf，2011 年 4 月 23 日访问。

70%，电力能源以及天然气占30%。富裕的家庭主要使用天然气和电力能源，木炭只作为烹饪能源的备用品。于是，新型灶台（陶瓷内衬碳炉）的使用日益增多，有可能对农村以及城市地区的环境起到积极的作用。随着电力以及冰箱的广泛使用，该国由于食物的大量浪费导致的环境代价也可能会减轻。

饮料

坦桑尼亚人消费各种各样的饮料，包括牛奶、果汁、茶、咖啡、软饮料、啤酒、果酒和烈酒。其中，牛奶、果汁以及其他非酒精类饮料最为流行，因为它们适合各个年龄、各种收入的人在各种场合饮用。成年人之间也很流行喝茶和咖啡。人们通常在白天与朋友和家人一起喝茶。在清凉的晚上，人们聚集在前门廊下聊天、休息、打牌、下棋时，通常喝咖啡，配以椰子肉以及花生卷。

实际上，每个坦桑尼亚的族群都有用他们的主食（比如香蕉、玉米、粟米）酿酒的传统。比如，在沿海地区有椰肉啤酒，乞力马扎罗山地区的查加人喝姆比戈（一种用香蕉酿 130
造的啤酒）和瓦恩组基（一种由发酵的蜂蜜和水酿造的啤酒）。维多利亚湖西岸的哈亚人喜欢喝鲁比斯、那可亚基和曼班杜尔，而其他地方的人喜欢喝木瓜汁啤酒和贡加。贡加是一种非法的蒸馏酒，由腰果制得，而由腰果酿造的酒称为尤那卡。坦桑尼亚有两个主要的酿酒厂，即坦桑尼亚酿酒公司和塞伦盖蒂酿酒公司，也生产各种各样的酒精饮料，比如啤酒（乞力马扎罗、萨法斯和赛伦盖蒂），像孔雅基那样的烈酒以及果酒。

许多产自于可口可乐公司以及百事可乐公司的世界知名的软饮料在坦桑尼亚的城市以及农村地区的购物中心都可以买得到，包括百事、芬达、可口可乐、斯通尼、卡夫、美年达、雪碧等。也有很多本地生产的果汁或者进口果汁。

在坦桑尼亚，人们的收入在很大的程度上决定了他们的饮料消费水平。高收入的人群拥有最广泛的饮料选择范围。商人和其他高收入的人常常喜欢喝加工过的啤酒、果酒和麦芽酒。和其他许多国家一样，酗酒也成为了坦桑尼亚一个日渐严重的社会问题。许多坦桑尼亚人（特别是男人）为了逃避艰难的现实生活而借酒消愁。许多当地族群的蒸馏酒中掺入了像甲醇这样的化学物质，即使不会造成危险，也会让人们越来越高度上瘾。①

美食和仪式

食物和饮料在坦桑尼亚人的社会、宗教、政治典礼中，包括结婚和葬礼在内，占据了重要的位置。在许多部族中，婚礼是充满喜庆的事，有许多食物、点心以及舞蹈。新婚夫妇和他们的家人会做好万全的准备以确保每位来宾都能够吃到各种各样的美味佳肴。既然婚礼是否成功的衡量标准常常是婚礼餐桌上食物的剩余量，举办婚礼的人家会尽全力保证餐桌上的食物

---

① 华盛顿坦桑尼亚大使馆：《坦桑尼亚：食物》；M·N. 基顿都、V·A·E·B. 奇里马利、H·B. 马尤瑞斯、G·I. 基尤拉和M·E. 卡姆瓦亚：《坦桑尼亚本土酒精饮料里的甲醇酒精与视觉损伤和死亡的关系》，载《坦桑尼亚自然和应用科学》第1卷第2期，2010年12月，第102～105页。

不被用完。

在许多坦桑尼亚的许多非洲传统宗教中（ATRs），食物是人们祭祀活动的一个重要组成部分。因为供奉给祖先和诸神的牺牲、奠酒也包括一些食物和饮料。尽管基督教徒和穆斯林在祭祀的时候不使用食物和饮料类的供品，但是，他们会把食物和饮料用作其他不同的用途。比如，基督教圣餐仪式将食物和饮料用于纪念耶稣基督的死亡和复活。在圣诞节时，教堂里挤满了礼拜者。之后，他们就四散回家享用丰盛的晚餐，享受安逸的邻里之傍晚，去沙滩散步——多亏该国有温暖宜人的热带气候。许多教堂在圣诞节的时候也会给它们的教徒提供一些小点心。

与此相类似，在穆斯林长达一个月的斋月里，人们要在白 131
天禁食。而日出之前以及日落之后人们才能够享用丰盛的食物和饮料。在标志着斋月结束的开斋节庆祝活动中，穆斯林的宴会准备了很多的食物（比如米饭、面包、鱼、鸡肉、牛肉，木薯条），各种非酒精类的饮料（比如罗望子汁）以及水果（比如芭蕉和海枣）。此外，儿童们穿上颜色鲜艳的传统节日盛装挨家挨户地寻找蛋糕、柠檬香草茶和其他美食。

在庆祝独立日等世俗的国家节日时，坦桑尼亚各行各业的人们会举行全国性的庆祝活动，往往包括众多的美食、饮料以及舞蹈。

坦桑尼亚美食的国际化

虽然坦桑尼亚拥有多种多样的本土美食，但是几个世纪以来，该国都欢迎来自阿拉伯半岛、南亚、东南亚、欧洲、美洲以及其他非洲其他地区的烹饪传统。近数十年来，得益于全球旅游业的蓬勃增长，许多国际公司和组织的发展以及坦桑尼亚侨民的增长，坦桑尼亚的美食得到了进一步的发展。坦桑尼亚美食国际化的另外一些重要促进因素包括全球饮食业的市场营销活动、超市的发展、电视的普及、收入的增加。基于上述原因，在坦桑尼亚的许多城市，特别是达累斯萨拉姆和阿鲁沙，可以吃到来自世界各地的美食。

服　饰

传统服装和装饰品

坦桑尼亚的服装随时间而演化。在前殖民时期，坦桑尼亚人的衣服主要由在当地容易获取的材料制成。这些材料主要有树皮布、家养动物以及野生动物的皮毛。因此，除了性别和民族，地区也是人们衣服类型的重要决定性因素。当时一些部族的人们穿着十分华丽，但是其他的一些部族的人几乎没有什么衣服可以穿。但整个来说，成年人穿草裙、树皮做的衣服以及至少遮住他们下半身重要部位的兽皮。女人们通常要戴珠子、手镯。孩子们在青春期开始之前几乎是什么都不穿，而女孩们常常戴着五颜六色项链和耳环。

在许多传统的坦桑尼亚社会，虽然饰品随着部族和地区的不同而发生变化，但是每个人都有佩戴饰品的习惯。常见的饰品包括纹身、体位标志、串珠、耳环、鼻饰和唇饰、手镯、油、酥油、头巾、牛粪以及各种身体彩绘。

在传统坦桑尼亚，坦桑尼亚北部的马赛族是拥有最精美个
人装饰品的部族。马赛族人的莫拉斯（战士），通常有着最华
丽的装饰，包括纹身和其他身体标识（特别是脸颊上的）；在 132
身体上擦满油（动物脂肪）后穿上红色的衣服；穿上用动物的毛皮做成的凉鞋；戴项链、耳环以及在上臂上戴上象牙带（如果家庭可能的话）、复杂的头饰和赭红色的发型；依习俗带有个人武器即矛、棍子、剑。精美的服饰除了能够增进勇士的威望之外，传统上在求婚的时候也起到了重要的作用。跟男人的装饰不同，马赛族的女人们和女孩儿们依照传统都戴着颜色鲜艳、精美的串珠项链、束发带以及耳环。自 20 世纪中叶以来，许多马赛族人逐渐穿起了西式服装，而此时其他马赛族人则使用西式服装制品（例如，红色的棉床单）来保持他们着装传统。

在许多坦桑尼亚社会里，拔掉一些牙齿（特别是他们的两颗下门牙）也是个人装饰、成年礼及传统医疗方式的一个常见的方面。人们能够通过这两颗拔掉的牙齿留下的空隙喂病人吃饭。几乎在所有的传统坦桑尼亚部族里都有一些专门服
饰，用于某些仪式，具有某些作用，比如舞蹈者、战士、萨 133
满、传统医师以及巫医穿的衣服。[①]

现代服装和配饰

自从欧洲人和阿拉伯人来到坦桑尼亚后，上述传统的非洲

① J. 姆塔伊、E. 姆尼尤、J. 哈撒里尼、P. 齐帕特和 P. 瓦扎拉：《马赛族儿童乳牙拔除的社会文化习俗》，载《国际牙医学》第 60 卷第 2 期，2010 年 4 月，第 94 ~ 98 页。

着装风格已经衰微。虽然当代坦桑尼亚服装形式多样，包括非洲、亚洲、阿拉伯以及欧洲的元素在里面，但是大部分的坦桑尼亚人都穿宽松的、男女有别、欧式的衣服。

因此，大陆地区的许多坦桑尼亚女人都穿西式的上衣、T恤、衬衫、及膝短裙、长裙和鞋子。她们很少穿裤子，因为裤子通常被认为是男人才会穿的服装。然而，在许多城市地区，越来越多的女人穿裤子、紧身衣以及暴露的衣服。女人们也会戴各种各样的配饰，包括项链、手镯、帽子、手表、耳环、戒指以及手提包。坦桑尼亚女人喜欢编或短或长的麻花辫子。接头发也很流行。

该国许多妇女会穿一些颜色鲜艳、裹住身体的衣服，称作“肯加”，常常配上头巾。肯加上通常印有或简单或复杂的图
134 案以及表示爱、劝告、警告、安慰的话，或者穿着者想要传达的其他内容。肯加上面的许多话都是很常见的斯瓦希里谚语，比如，不要打失败的战争以及弱者从来都不会赢。肯加除了作为坦桑尼亚人的服饰之外，还能够作为背孩子时将孩子包住的围裙或者披肩。

坦桑尼亚穆斯林妇女通常严格遵守伊斯兰教的着装规定，这种着装规定提倡端庄、隐私以及道德。于是，按照规定，妇女应该穿上包裹着手臂和腿（一直长到脚踝）的长而宽松的裙子和包裹着除了脸之外其他地方的头巾。在坦桑尼亚，这种从头包到脚的黑色长裙被称作布布（*bui bui*）。但是，各个坦桑尼亚穆斯林妇女遵守着装规定的程度常常也为以下因素所减轻——她们所属的伊斯兰教派别，她们的民族身份，她们的虔诚程度以及当地的着装文化。

对于坦桑尼亚的男人来说，从20世纪中叶以来，西式的裤子、T恤、帽子以及衬衫在他们中间逐步流行起来。在正规企业里面上班的男人通常穿西装，打领带。一般男人的配饰包括手表、项链以及手镯。在穆斯林地区，男人也遵从穆斯林的着装规定。根据规定，他们常常穿称作齐克吉（*kikoi*）的外套以及称作肯祖斯（*kanzus*）的白色下垂长袍，长袍上常常带有刺绣，穿长袍时或者穿夹克或者不穿。[①]

在一些正式的场合，比如婚礼、订婚、葬礼、全国性的事件、教堂活动以及有重要人士讲话的场合，坦桑尼亚人会穿上述昂贵、质量好的衣服。也有越来越多的信仰基督教的夫妇穿着西式的结婚礼服进行婚姻宣誓。从小学到高中的在校生通常穿制服。

服装时尚

坦桑尼亚人的的服饰时尚涵盖传统以及现代时尚。传统服装在坦桑尼亚较少西化的群体中很流行，比如马赛族人。然而，传统服饰的元素就是在西化极严重的部族中也很常见，比如查加人。在所有的非洲黑人部族，在正式的典礼场合也穿着某些传统服装。而传统的非洲饰品，例如，头巾，属于常见的日常穿着用品。

在该国西化程度较深的地方，西式时尚潮流很常见。举例来说，许多住在达累斯萨拉姆的城市精英喜欢在该市的一些大

---

① 哈森·O. 阿里：《肯加作品》，2004年，http：//www. glcom. com/hassan/kanga. html，2011年4月25日。

型购物中心（如购物广场和斯雷波湾购物中心）买衣服。这些购物中心出售很多很多高端的、来自美国和欧洲的服饰以及各种鞋类。诸如耐克、阿迪达斯、登路普以及锐步等品牌在坦
135 桑尼亚富有的年轻人中很流行——多亏了坦桑尼亚的自由经济、国际杂志、音乐录影带、卫星电视的影响以及全球贸易公司。甚至在一些中低收入家庭中，类似的衣服也很流行。这些来自于美国以及欧洲的衣服在坦桑尼亚的二手衣服和鞋子市场上可以买到。此外，中低收入的坦桑尼亚人穿着当红的美国以及欧洲运动队的服饰，这并非不常见。

另外一个推动坦桑尼亚西式时尚的因素是许多美国以及欧洲的旅游者来到坦桑尼亚。他们来旅游的同时也将流行的服饰时尚带入了坦桑尼亚，然后当地人就采纳了他们的着装。近几十年来，较大规模的全球坦桑尼亚侨民也成为了将世界时尚引入坦桑尼亚的一个重要因素。

尽管坦桑尼亚并不是世界时尚的重要中心，但是它拥有一个有前景的当地时尚产业。这个时尚产业正逐步获得地区乃至全球范围内的成功。虽然该国的多数服装设计师在整个国家都默默无闻，基于达累斯萨拉姆的高端时尚产业开始引人注目。该国的一些主要的女设计师包括肯哈迪加·萨达·曼娃纳姆布卡、多瑞恩·玛莎卡、维达·马西姆博、弗洛狄·马萨维、吉
136 米拉·斯娃依、罗比·莫罗、查姆妲·乔治、凯米·卡里卡瓦、艾琳达·萨瓦、艾莎·艾达若丝·凯哈姆森、克里斯汀·曼哈都、法尔哈·苏尔丹、戴安娜·马格莎、弗兰西斯卡·希瑞玛（弗朗西斯）、法尔哈·纳兹。比较著名的男服装设计师包括穆斯塔法·哈撒尼里、艾力·瑞姆图拉哈以及嘎布瑞尔·

萨凯塔·莫力尔。许多著名的服装设计师都就职于达累斯萨拉姆的坦桑尼亚时尚屋。最近凯米·卡里卡瓦建立了那莱迪时尚培训学院。该学院提供时尚与设计方面的短期课程和高级课程。于是，该学院就提供了一个地方，让坦桑尼亚年轻的服装设计师改进设计技巧，展示他们的作品，并与该国知名的服装设计师以及其他与时尚相关者接触。[①] 以下是关于肯哈迪加·萨达·曼娃纳姆布卡、弗洛狄·马萨维、穆斯塔法·哈撒尼里设计作品的简单评述。

肯哈迪加·萨达·曼娃纳姆布卡出生于1977年，是肯哈迪加时尚设计工作室的创始人。尽管她并没有接受过正式的时尚设计训练，但她仍然属于这个国家首要的时尚达人或时尚界偶像之一。她的事业起步于1994年，当时她为她自己及母亲设计衣服。后来她在当地的时尚秀上展示了自己的设计。从那以后，她在当地、地区、国际层面都展示了自己设计的作品，甚至在一些全国性和地区性的时尚活动中充当评委。她也为当地及国外的一些音乐明星设计衣服。

由于她致力于提升坦桑尼亚和非洲的服饰、服装设计及设

---

① 坦桑尼亚米汀堵舍：《设计师》，2009年，http：//www. mitindohouse. org/，2011年4月28日访问；哈斯那·姆金瓯：《凯米·卡里可维——那莱迪时装学院背后的智囊》，载《坦桑尼亚每日新闻》，2010年10月14日，http：//www. in2eastafrica. net/kemi-kalikwe-brain-behind-naledi-fashion-intutute/，2011年4月28日访问；魅力时尚集团：《维达·马希姆波》，魅力时尚集团，2009年，http：//www. vidamahimbo. com/，2011年4月28日访问；斯瓦希里时尚周，《设计师》，2010年，http：//www. swahilifashionweel. com/，2011年4月28日。

计师的光彩与魅力，她主要设计当地的肯加、巴蒂卡和肯田吉这些基本使用当地原材料的服饰。为了促进她所在的部族发展并提携当地设计师，她创办了非政府的非营利组织“坦桑尼亚米汀都时尚设计工作室”。这个时尚工作室致力于借助时尚产业为脆弱的坦桑尼亚儿童，特别是那些感染艾滋病的儿童，提供更健康、质量更高的生活。具体说来，这个组织照顾感染艾滋病的孤儿，给予他们受教育的机会，给他们提供住所、食物、医疗以及良好安全的玩耍场所。①

尽管弗洛狄·马萨维早在20世纪90年代初就开始踏足时尚圈，但是一直到2005年美国国际开发总署（USAID）为她公司的设计和营销提供技术支持后，她才打入全球市场。美国国际开发总署也帮助她参加在美国举行的一系列的贸易展，这使得她有机会与那里的服装采购商取得联系。从那以后，她的公司魅力弗洛狄有限公司已经为200名妇女创造了就业机会。这家公司主要制造出口到美国、印度和日本的手工枕头、包、地毯以及桌垫。

除了帮助马萨维，美国国际开发总署同时也支持该国的时装秀——这些时装秀旨在发掘当地的优秀设计人才，为设计师和制造商提供合作途径，以此来发展强大的非洲时尚产业。此
137 外，美国国际开发总署试图将坦桑尼亚设计师们引入美国的服饰、工艺品、家居装饰品市场，采取的措施包括向设计师们介

① 斯瓦希里时尚周：《卡哈迪加·姆瓦那姆布卡——坦桑尼亚》，斯瓦希里时尚周，2010年，http：//www. swahilifashionweek. com/，2011年4月28日访问。

绍各种美国零售渠道、品牌以及出口途径；使得他们掌握各种策略来调整他们的设计，以便更好地满足美国购买者和美国市场；给予设计师们技术性专门知识，教会他们如何进入这些市场。马萨维的经历表明，尽管坦桑尼亚拥有大量的设计人才，但是设计人才难以接触技术知识，机器落后以及市场营销做得糟糕，都限制了该国服装设计业的发展以及全球影响力。[①]

穆斯塔法·哈撒尼里或许是坦桑尼亚时尚设计师中最有成就、最抢手的设计师，他的作品通常以优雅、前卫、华丽、具有魅力著称。他的设计反映了坦桑尼亚的多元文化类型以及各种前卫的、时髦的当代风格。除了不断发展自己的作品之外， 138
他也是斯瓦希里时尚周杂志以及婚纱贸易博览会的创始人。斯瓦希里时尚周杂志以及婚礼贸易博览会都成为了坦桑尼亚及东非很多地区同类活动中的翘楚。特别是斯瓦希里时尚周已经成为来自说斯瓦里语的东非、中非以及南非国家的服饰设计师展示才能、与客户接触、营销产品的主要平台。此外，通过提升东非制造的品牌效应，时尚周为该地区的文化及经济发展做出了重要贡献。哈撒尼里创办的婚礼贸易博览会迎合了许多现代坦桑尼亚新娘的婚礼需求。

除了每年举办时尚秀，他的作品为他赢得了相当大的国际声望。他为诸如坦桑尼亚小姐这样的公司、电视时尚秀设计衣服。他的作品也在国际舞台上展出，包括 2009 印度国际时尚

---

① 美国国际开发总署——东非：《非洲企业家开发美国市场》，2011 年 4 月 20 日，http：//www. eastafrica. usaid. gov/en/Article. 1339. aspx，2011 年 4 月 26 日访问。

周以及内奥米·坎贝尔举办的2009赈灾时尚秀。他将自己的成功与自己的医学背景相结合，支持与健康相关的慈善活动。这些活动包括乳腺癌预防以及赞比亚精神医院的各项活动。他的健康时尚（Fashion 4 Health）品牌致力于为这些活动募集资金。①

用来衡量坦桑尼亚时尚及设计业发展程度的一个很好指标是当地模特产业——包括模特及诸如贾伟德·贾费尔吉这样的发起人——的发展。贾伟德·贾费尔吉是一个知名的摄影师，他也写了关于坦桑尼亚和东非其他国家的几本书。坦桑尼亚最著名的女模特包括米瑞亚姆·奥德姆巴和芙纳维纳·玛塔塔。米瑞亚姆·奥德姆巴是一位国际超模，她赢得坦桑尼亚小姐桂冠，成为非洲小姐的决赛选手。她在菲律宾举办的2008年地球小姐竞选中获得第一名，赢得2008“地球之风小姐”（Miss Earth Air）桂冠。她是第一个在地球小姐的比赛中获得前三的坦桑尼亚人，于是就为其他的坦桑尼亚女孩铺平了道路。②

玛塔塔作为坦桑尼亚代表参加了2007年在墨西哥举行的环球小姐选美大赛。她成功晋级半决赛前十佳丽，最终在来自全世界的超过77名的参赛佳丽中获得第六名。她是第一位以光头形象参赛的2007环球小姐，创造了环球小姐选美赛的历

① 奥果瓦·奥恩德高：《坦桑尼亚设计师在达累斯萨拉姆和基加利展示作品》，载《艺术》，2009年3月18日，www.artmatters.info/? p = 1233，2011年4月27日访问。

② 马尤图·奥马利：《坦桑尼亚的米瑞亚姆·奥德姆巴荣获地球小姐选美大赛桂冠》，载《埃塞俄比亚评论》，2008年11月11日，http：//www.ethiopanreview.com/content/13112，2011年4月27日访问。

史。《精华》杂志2010年将她评为该年度杰出模特。该年度晚些时候，除了参加2010年纽约时尚周秋季新品发布会，她在2010年12月份出版的《巴黎时尚潮》杂志中成为该期特写人物。2011年，在尼日尼亚的拉各斯举行的《崛起》杂志时尚周颁奖典礼上，她荣获年度最佳模特称号。

玛塔塔1987年出生于坦桑尼亚的欣延加。她年幼丧母，
就像母亲那般照看其兄弟姐妹。2007年环球小姐比赛完后，
玛塔塔在南非约翰内斯堡的冰美人模特公司作为职业模特工作 139
了一年。在该公司工作时，她参加了各种各样的时尚秀活动，最著名的活动有约翰内斯堡时尚周及开普敦时尚周。2010年2月，在尤物庄园服装时尚系列的创始人拉塞尔·西蒙的帮助下，她成为纽约未来名模经纪公司的一名模特。玛塔塔也是一个合格的电器工程师。她还创办了弗拉维阿纳·玛塔塔基金会，以纪念她去世的母亲，降低儿童怀孕率，帮助年轻妇女和儿童。①

服饰和身份

服装和装饰品属于每个人、民族乃至国家身份的核心方面。在坦桑尼亚及其他地方，服饰经常充当传达、表现、争夺

---

① 《猫步明星》，载《标准》，2011年4月27日，http：//www.standardmedia.co.ke/，2011年4月27日访问；贝拉·娜迦：《克鲁克、克瑞斯第安·噶布瑞尔·杜·托依特、黛奥拉·撒格依、芙拉维安娜·玛塔塔和蒂凡尼·安博尔荣获2011年〈崛起〉杂志时尚周奖》，贝拉·娜迦，2011年3月14日，http：//www.bellanaija.com/，2011年4月27日。

现存社会权力关系的媒介。于是，该国领导人和服装设计师试图为坦桑尼亚创造出独特的服饰，以强化坦桑尼亚的价值和文化，但是没有取得成功。

140 一般说来，无论在休闲场合还是商务场合，坦桑尼亚人都更喜欢穿着端庄或不暴露的服装。因此，坦桑尼亚人通常不穿背心、小短裤、脏破的衣服。坦桑尼亚人甚至认为，像夹克以及短裤这样的休闲服也应宽松、合身，切实平衡当地和外来的着装规范。

正式的男性和女性职业套装在商界受到重视，特别是在主要城市里。在农村地区，男人可以穿长裤（短裤）和整洁的有领衬衣，而女人喜欢穿及膝长裙、全身外套或不暴露的上衣。由于该国持续发展的全球化趋势，西式的服饰时尚已成为坦桑尼亚身份的一部分。首都达累斯萨拉姆尤为如此，西式的服饰及消费主义常常被充分地展现，特别是在年轻人中间。

但是，或许最有坦桑尼亚特色的服装是肯加。肯加是一种颜色明亮鲜艳、设计大胆的棉衣，将身体的各个部分都包起来。在 18 世纪以及 19 世纪，来自于印度和葡萄牙的棉纺织品开始在桑给巴尔奴隶市场交易时，制作肯加用的原料才被引入坦桑尼亚。葡萄牙人的印花织物——最初用于披肩，印有正方形一般的图案，以半米宽（约 1.6 英尺）的布卷的形式装船运输。这些布匹通常以一米（约 3.28 英尺）为长度单位来出售。最后，妇女开始买 6 平方米（64.54 平方英尺）的布匹，买回来后剪成两半，缝在一起做成长裙。长裙的样式跟珍珠鸡羽毛或斯瓦希里的肯加服相似。[①]

肯加在坦桑尼亚以及东非许多地区的流行在一定程度上源于其多功能性——它易于折叠，可以用作绳子，也可以用来包裹东西。尽管男人也穿颜色鲜艳的肯加衬衫，但是穿肯加的人大部分都是女性。女性穿着的肯加服往往印上标语、谚语或者其他一些教育性、消息性或者政治性的信息。妇女通常也把肯加当作背孩子的包布，煮饭或者在家里以及田间地头劳作时的围裙，又或者把它当作时髦的披肩以及穿在普通衣服外包裹全身的衣服。肯加也能用来当作桌布或者挂在墙上的装饰品。

该国及国外政客也将“肯加”作为宣传自己政见的方式。例如，2008 年美国总统乔治·布什访问坦桑尼亚的时候，坦桑尼亚人穿着肯加长裙和肯加衬衫，上面带有布什的肖像以及诸如“坦桑尼亚与美国友谊长存”等有关斯瓦希里语和英语标语，以此欢迎布什。与此相类似，坦桑尼亚以及许多东非人为了庆祝巴拉克·奥巴马当选美国总统这一历史性事件，在“肯加”长裙和衬衫上印上奥巴马的照片。

坦桑尼亚的许多设计师，包括穆斯塔法·哈撒尼里、艾力·瑞姆图拉哈、多瑞恩·玛莎卡，坚持不懈地致力于通过肯
加式设计来提升肯加服饰在国际上的印象。[②] 在坦桑尼亚，男 141
人和妇女也常常穿着蜡染印花样式的服装。然而，自从前南非

① 布哈茹娜·帕恩德雅·巴拉特：《骄傲的坦桑尼亚人：肯加故事》，载《这就是布哈茹娜》（博客），2009 年 1 月 14 日星期三，http：//www.blogger.com/feeds/19494422/posts/default，2011 年 4 月 29 日。

② 米初兹：《肯加风格》，载米初兹博客，2008 年 6 月 12 日。

总统尼尔森·曼德拉穿着蜡染印花服装后，这种服装在男人中就变得尤为流行了。[①]

一些诸如马赛人这样的部族传统上本就有着富有特色的服装，他们一般仍然穿着传统服装。在其他的部族中，比如狩猎—采集者“布希曼族”，他们生活在埃亚西湖附近森林中的洞穴中。他们喜欢什么都不穿，因此，他们以这种特殊的“服装”而闻名。其他的坦桑尼亚部族也有具有鲜明特色的服饰风格，强化着他们的独特身份，在殖民时代以前更是如此。在殖民时代以及殖民时代之后，随着坦桑尼亚为了确立统一的国家认同而废除了各个传统的政治权力中心，这些独特的服饰以及部族身份开始崩塌。

确立国家认同的尝试在20世纪60年代达到顶峰。那时，坦桑尼亚推出了旨在保护非洲传统道德的衣着指南政策。这项政策试图强制该国每一个人都穿着能够遮盖手臂、脖子以及腿的衣服。与此同时，该项政策也开始禁止一些不受欢迎的西式时尚，包括迷你裙、紧身裤、紧身裙、假发、亮肤霜、小短

① 维勒恩汀兹·玛瑞克·恩卡维姆：《坦桑尼亚的曼德拉衬衣引起肯尼亚新闻工作者的兴趣》，载《我的非洲》，2006年10月28日，http：//myafrica. wordpress. com/2006/10/28/tanzania-mandela-shirts-intrigue-kenyan-journalists/，2011年5月11日访问；蒂娜·艾丝梅尔：《蜡染印花服装流行起来》，载《运动女士》，2010年9月17日，http：//dinaismail. blogspot. com/2010/09/maonyesho-ya-twende-yamalizika-kwa. html，2012年7月17日访问。

裤、无袖上衣以及男人留的长发。① 作为反对裸露运动的一部分，政府立即取缔传统的马赛族人的服饰，认为该种服饰过于暴露、落后以及不利于该部族现代化的发展。但是，最终衣着指南政策失败了，因为该政策被证明是不可能执行的；这项政策要求穿着的服装不适合坦桑尼亚炎热的热带气候；这项政策暗示城市女性在事业上取得的成功是通过对他人的引诱而非女性自身的努力和教育条件，严重地激怒了城市女性；城市的年轻人用这项政策去羞辱政府，他们指出政府寻求的现代化恰恰是关于“不受欢迎”服饰的政策的原因；马赛族人坚持他们的文化传统，拒绝改变自己的服饰类型。②

尽管坦桑尼亚不再从法律上强制人们必须着装端庄，在该

① E·G. 吉尔利斯帕：《坦桑尼亚边境管制》，2008～2012 年，http：//www. fascinating-travel-destinations. com/tanzania-border. html，accessed，2011 年 4 月 25 日访问；凯瑟琳·A. 罗恩格：“《对多萝西·L. 霍奇森的评论——曾经的勇敢战士：马赛族发展中的性别、族群和文化政治》，布卢明顿：印第安纳大学出版社，2001 年”，载于《你好，非洲》，2003 年 4 月，http：//www. h-net. org/reviews/showerv. php？id = 7433，2011 年 5 月 11 日访问。

② 利安德尔·施耐德：《马赛人的新服饰：发展主义的现代性及其拒斥》，载《今日非洲》第 53 卷第 1 期，2006 年秋，第 101 页；安德茹·M. 艾瓦斯卡：《“反迷你激进分子”遇上现代小姐：20 世纪 60 年代坦桑尼亚达累斯萨拉姆的城市风格、性别和“民族文化”政策》，载《性别和历史》第 14 卷第 3 期，2002 年 10 月，第 584～607 页；朱利叶斯·K. 尼雷尔：《乌贾马——非洲社会主义的基础》，载《泛非研究期刊》第 1 卷第 1 期，1987 年，第 4～11 页；《坦桑尼亚：为马赛人穿衣》，载《时代》，1967 年 11 月 24 日，http：//www. time. com/time/magazine/article/0. 9171，844158，00. html，2011 年 5 月 3 日。

国大部分地区，特别是农村地区，社会习俗仍要求人们这么做。但是，对社会接受的服装样式的追求仍激烈地发生着——在年轻人和老年人之间，农村居民和城市居民之间，宗教信徒和俗世之人之间，当地人和旅游者之间以及秉承传统的人和现代化的人之间。因此，在该国很多地区，老一辈的人为年轻一辈穿着暴露而深感悲痛，而年轻一辈人则鄙视老一辈人沉闷过时的服装。

在主要信仰伊斯兰教的坦桑尼亚沿海地区及桑给巴尔——桑给巴尔在该国旅游经济中也具有中心地位，穆斯林头巾、超短裙及比基尼之间的竞争一直以来都是引起争议的话题。偶尔有报道称，衣着暴露的女性遭到一些虔诚的穆斯林信徒的攻
142 击。具有讽刺意味的是，现在一些“午夜女郎”会利用面纱佩戴者所谓的贞洁去为自己的服务索取额外的奖赏。与此相类似，一些虔诚的基督教徒也谴责一些衣着暴露的游客甚至他们自己的某些成员。如同非洲的其他国家一样，坦桑尼亚全球卫星电视的引进也给当地人带来了时尚秀和商业广告。这些时尚秀和商业广告破坏了当地提倡端庄服饰的努力，因为它们越来越多地使用微妙的性信息，以便在该国出售商品。[①]

与此同时，坦桑尼亚也在持续寻求自己的民族服装。近来对民族服装设计理念包括，为女人设计的颜色鲜艳的肯加长袍

---

① 埃里克·N. 沙提力：《坦桑尼亚电视广告中的妇女形象：她是一块肥皂，一座房子还是一块金子?》，载《非洲和亚洲》第5卷，2005年，第108~141页；罗莎贝拉·博斯维尔：《说出你的爱好：桑给巴尔的衣服、身份和遗产》，载《国际遗产研究期刊》第12卷第5期，2006年，第440页。

及搭配的头巾以及为男人设计的无领周恩来套装——类似于在中国很常见的那种服装。女性的服装由艾格尼丝·加布瑞尔设计，男性服装由若斯·沃伦缇尼设计。这两种设计都试图通过在衣服的胸口处绣上国旗来凸显坦桑尼亚人的民族身份。然而，这两种服装设计都没有流行开来，因为有些人认为它们没能体现该国的民族多样性，同时国家领导人多喜欢穿西式商务套装，也很少穿这两种服装。此外，人们也批评为女性设计的服装试图将肯加强加给每一位女性，而为男性设计的服装属于舶来品。人们也批评这两种服装设计没有基于对于何者会在国民中流行而做的研究。根据前面所提到的这些错误，坦桑尼亚政府在 2012 年任命了一个委员会，收集公众对于该国民族服装样式的想法和观点。①

① 《坦桑尼亚巩固统一的时代》，载《卫报》，2011 年 4 月 23 日；《国家服装委员会还需一个月才能完成工作》，载《坦桑尼亚每日新闻》，达累斯萨拉姆，2012 年 3 月 2 日，http：//allafrica. com/stories/201203020063. html，2012 年 7 月 17 日访问。

第六章　婚姻、家庭、世系和性别角色

145 与其他国家一样，婚姻、家庭、世系以及性别角色是坦桑尼亚社会的核心内容。性别指对男性和女性社会成员规定的社会和文化属性、角色和规则。性别除了影响社会成员个人角色之外，对个人身份、自我价值、福利、职业和个人获得社会资源以及诸如土地这样的生产资源有着极为重要的影响。

基于上述原因，了解性别是理解坦桑尼亚社会组织和公民社会地位的关键。性别赋予男女独特的角色，有助于社会正常运转和最终形成具有特色的坦桑尼亚文化。由于坦桑尼亚主要是父系社会或者说男权社会，社会赋予了男性更多的社会优势。因此，男性掌握了该国大部分的社会经济资源和特权。

在坦桑尼亚农村的劳动力性别分工中——指社会将工作、角色和责任分配给男人和女人，女人和女孩们通常要负责各种家务劳动，比如取水、生火、准备食物、照顾小孩和家畜，也要做很多农活，特别是种植粮食作物。与女人相反，男人主要负责对田地的休整、喂养大型家畜、推销农产品以及为家庭作
146 出重要的经济和政治决定。在坦桑尼亚大部分的农村地区，这些性别角色随着女性受教育程度的提高、艾滋病的影响、酗酒和功利主义的增长而发生改变。此外，为了寻求更好的工作机

会，男性农村—城市迁移增加了，这为许多农村妇女创造了空间去履行传统意义上为男性保留的角色。在城市地区，传统劳动力性别分工则界定得没有那么清楚。

婚姻和家庭是社会延续和稳定的关键，因为它们保证了孩子的出生、抚育、训练，使孩子成为负责任的个人和社会成员。因为婚姻和家庭有助于将社会习俗、传统、等级、道德、习惯、行为模式和社会偏好传递给下一代，所以，它们在坦桑尼亚的文化和社会再生产中扮演了重要角色。如此一来，社会以及它所代表着的很多东西，就从生物、文化、社会、经济以及政治上得以保留。因此，坦桑尼亚人高度重视婚姻和家庭。

世　系

世系指一个人的家族或者宗谱，它是个人、家庭以及宗族身份的核心。尽管世系可以是父系制（通过父亲这一边计算血统）、母系制（通过母亲这一边计算血统）或者双系制（通过父母两边计算血统），该国绝大部分族群采用父系制。在过去，该国沿海地区有大量的母系族群，但是，自 19 世纪以来这些母系族群就衰落了。[①] 坦桑尼亚西南一带的马库阿人、姚人、卢古鲁人、马孔德人、姆维拉人是该国的一些母系族群，

① 菲利普·塞泰尔、伊莱尤赫尔·姆瓦格尼、纳姆斯福·姆恩德米、尤素弗·赫梅德、贝尔蒂纳·奥皮尤—奥摩罗：《坦桑尼亚：坦桑尼亚联合共和国》，http：//www2. hu-berlin. de/sexology/IES/tanzania. html，2011 年 8 月 17 日访问。

而扎拉莫人、恩古卢人可以依情境而同时采取母系制和双系制。比如，扎拉莫人在生物遗传上是母系族群，但精神上却是父系族群。[1] 坦桑尼亚实际上并不存在父母双系制族群。

除了有助于确定一个人的个人身份之外，世系在坦桑尼亚许多族群的社会结构、性别关系、土地和其他财产继承习俗以及许多本土族群采纳的氏族外婚制风俗（近亲之间不允许结婚）中也起到了至关重要的作用。世系始于个人，再拓展到家庭、氏族，最后以族群终结。由于该国大部分族群是父系族群，血统通常由男性这一脉溯源，即从儿子开始，再到父亲、祖父，等等，一直到这个氏族真正的或者传说中的最早祖先为止——世系是一个大型的扩大家庭单位。在某些情况下，可以把血统追溯至部落的最早祖先，而部落是由共同语言维系在一起的几个氏族。

147 无论氏族有多大，氏族成员都将彼此视为近亲。族内婚姻是禁忌，被严令禁止，因为它被看成乱伦行为。这种氏族外婚制的文化，即促进与特定氏族之外的人结婚的文化，具有良好的生物学基础，因为近亲通婚更可能生下具有严重遗传性疾病的孩子。

坦桑尼亚许多族群高度重视个人在家庭和氏族内的良好社会地位，因为在这些公社型的社会里，集体权利常常凌驾于个

---

① 坂本久美子：《坦桑尼亚西南部姆维拉人的母系和父系宗族世系》，载《宇都宫大学国际研究学院文集》，2008 年第 26 期，第 1 ~ 20 页，http：//uuair. lib. utsunomiya-u. ac. jp/dspace/bitstream/10241/6358/1/kokusai26 - 002. pdf，2011 年 8 月 17 日访问。

人权利之上，个人罪行可以轻易伤害整个家族的声誉。所以，在坦桑尼亚许多族群里，一个人被自己的家庭和氏族抛弃或许是最为严厉的社会惩罚。

在前殖民时期，家庭和氏族的历史经由一代又一代人口头传颂而得以保存。但是，自殖民主义到来并发生了相关社会经济变迁后，保持这种传统知识体系变得越来越困难。举例来说，现代学校和经济制度，乃至于城市化，已经使许多坦桑尼亚人脱离了他们的氏族和族群，削弱了这些群体保存自身传统文化的能力。此外，城市不仅促进跨族群接触、交流，而且使个人能够跨族群通婚，从而进一步破坏了传统文化的稳定性。另外，在独立后的前 20 年里，坦桑尼亚前总统尼雷尔积极工作而创造出一种民族文化，削弱了人们对家族以及族群的忠诚，特别是在年轻一代人中。在这种民族文化缔造过程中，坦桑尼亚许多本土文化失去了生命力。

婚　姻

婚姻一直是坦桑尼亚最重要的社会制度之一。除了有助于稳定社会之外，婚姻赋予男女双方较高的社会地位以及担任重要领导角色的资格。坦桑尼亚人在选择婚姻伴侣时考虑的因素包括民族、宗教、职业、父母认同和社会阶层。随着城市化和现代化速度的加快、采用西式求婚和结婚习俗的增加以及民族融合，诸如民族这样的因素的重要性正在逐步淡化，因此，跨族群通婚率不断上升。

既然婚姻是联结家庭和氏族的一种业已确立的方式，从历

史上看，家庭和氏族这两种实体对婚姻的开启和延续起到了重要的作用。由于孩子（特别是男性）是许多坦桑尼亚父母的
148 社会和经济保障，老年群体中尤为如此，不育以及没有孩子的情况被视为个人的重大悲剧，因此，许多族群允许不孕夫妇从邻居或者亲戚中“借”孩子来挽回脸面。不孕妇女甚至可以“娶”其他妇女为自己“生孩子”。但是，在采用这些方法之前，不孕不育夫妇往往会尽最大的努力去治疗不孕不育症。与非洲其他许多父系社会一样，坦桑尼亚人常常将没有孩子归咎于妻子，而一些妇女由于丈夫性无能，处于事实上的离婚状态。幸运的是，现代医疗技术正在帮助一些不孕不育的女人。

坦桑尼亚上个世纪经历的激烈社会经济和文化变迁已经明显地影响了婚姻，减少了一夫多妻制婚姻，导致了高离婚率（特别是在城市地区）、同居行为和单亲妈妈。[①] 导致离婚的传统因素包括，不孕不育和性无能、没生儿子、不忠贞、家庭暴力以及夫妻间冷落。除此之外，性别角色发生了变化，女性变得更为独立、敢作敢为，离婚耻辱感降低，传统婚姻支持系统崩塌，也都导致了离婚增多。

在坦桑尼亚，最普遍的婚姻形式是一夫一妻制或者多配偶

---

① 坦桑尼亚法律改革委员会：《1971 年婚姻法调查和报告》，达累斯萨拉姆：坦桑尼亚联合共和国，1986 年 7 月 4 日；马克 · J. 卡拉古阿斯、克瑞斯提那 · M. 德罗斯特、爱德华 · R. 弗路埃特：《法律多元化和妇女权利：在后殖民时期坦桑尼亚的研究》，载《哥伦比亚性别与法期刊》，2007 年夏；《非洲单身母亲在增加》，泛非通讯社网站，2003 年 10 月 16 日， http：//www. panapress. com/Single-motherhood-on-increase-in-Africa—12 －493095 ~25-lang2-index. html，2011 年 8 月 26 日访问。

制（一夫多妻制）。一妻多夫制，即一个女人同时拥有多个丈夫，在坦桑尼亚并不存在。一夫多妻制或者说一个男人同时拥有多个妻子，是该国多配偶制婚姻中的最常见形式，尽管与过去相比一夫多妻制有所减少。一夫多妻制在该国长期存在的原因有很多，包括社会、现实、宗教和物质上的原因。

物质性原因。一夫多妻制往往广泛存在于有着大量农业用地、牧场以及婚姻和生活成本较低的地区。尽管一夫多妻制更多地表现为一种农村现象，它在该国农村地区分布差异性很大。目前，一夫多妻制在马赛人居住区很可能有着最高的发生率，将近50%的已婚男性采取一夫多妻婚姻。[1]

社会性原因。许多坦桑尼亚家庭重视孩子，因为孩子能延续家庭和氏族的血脉。由于该国婴儿死亡率高，人均寿命短，许多男人将一夫多妻制视为获取更多孩子的一种方式，以确保家族传承，年老的时候照顾他们。后一个因素也是该国许多妇女生育率高的常见原因。一夫多妻制广泛存在，也因为许多坦桑尼亚族群不允许妇女继承财产（特别是土地）。结果，强烈的经济压力迫使单身、离异、丧夫的妇女结婚，甚至嫁给一夫多妻婚姻中的男人，而她们只是为了获取诸如土地和家畜这些维持生计的资产。 149

现实性原因。在坦桑尼亚的许多族群里，正常的人口中通常女性多于男性，于是一夫多妻制就提供了一种应对性别比失

---

① 艾恩尼斯提那·卡斯特：《马赛族婚姻：对肯尼亚和坦桑尼亚的一项比较研究》，载《家庭比较研究期刊》37卷第3期，2006年，第399～420页。

衡的办法。在坦桑尼亚那些不许妇女拥有土地和其他财产的族群中，一夫一妻制会导致许多妇女不婚或陷入赤贫。一夫多妻制长期以来也是为了生育很多孩子，这些孩子能够保护家人抵御外人入侵，并从事农业劳动。尽管一夫多妻制常常被看作男性特权，但是农村妇女往往也鼓励丈夫迎娶其他妻子，以帮助她们处理各种枯燥的农活以及家务劳动。当这种情况发生时，原配往往参与选择其他的妻子，她对她们拥有与丈夫同等的权威。坦桑尼亚的婚姻法保护“原配如丈夫”的观念，允许经原配或各位妻子的同意而实行一夫多妻婚姻。此外，婚姻伴侣当着法官或地方治安官的面，声明出于自由意志，一夫一妻制婚姻就可以转变成一夫多妻制，反之亦然。①

再者，在现代避孕方法——由于经济、文化以及物流上的原因，现代避孕方法在坦桑尼亚仍然没有被广泛使用——出现之前，一夫多妻婚姻能将丈夫的精力分散到各个妻子中去，于是就能让某位处于哺乳期的母亲复原，并避免意外怀孕风险，这样一来，就促进了家庭计划以及妇女健康。因此，尽管一夫多妻的家庭往往拥有许多孩子，但是平均每个妻子拥有孩子的数量却比一夫一妻制婚姻中要少。②

在坦桑尼亚，基于宗教原因的一夫多妻婚姻也很常见。特

① 登记、破产和托管机构：《坦桑尼亚法律：婚姻法 2002 年版第 29 章》，http://www.rita.go.tz/，2011 年 8 月 26 日获取。

② 因诺森特·恩加林达：《坦桑尼亚人口的初孕年龄、初育年龄和避孕法》，柏林洪堡大学哲学第三学院人口学系博士论文，1998 年，http://edoc.hu-berlin.de/dissertationen/phil/ngalinda-innocent/PDF/Ngalinda.pdf，2011 年 9 月 1 日访问。

别是伊斯兰教允许男人迎娶多达四位妻子，只要他能赡养并平等对待她们。所以，该国有许多娶了多个妻子的穆斯林男性。[①]

总的来说，由于一些实际性、物质性、社会性、文化性原因以及宗教基础的持续削弱，一夫多妻婚姻可能会继续减少。此外，在如今个人主义以及功利主义日益严重的社会里，一夫多妻婚姻很难维持家庭和谐。与一夫一妻婚姻相比，在一夫多妻婚姻中，有一人感染艾滋病毒就可能影响更多人，因此，一夫多妻婚姻对于该国艾滋病感染率高也有一定促进作用，于是一夫多妻婚姻也因此而在衰微之中。

婚姻类型

从法律上来说，坦桑尼亚的婚姻类型能够划分为传统型、宗教型（例如，基督教婚姻或者伊斯兰教婚姻）或者民事型。坦桑尼亚法律也允许传统以及伊斯兰教婚姻中出现一夫多妻或 150
者潜在一夫多妻制婚姻。传统婚姻基于该国本土族群的传统习俗，宗教婚姻基于宗教团体的教义，而民事婚姻基于该国的民事法。

尽管现代化在迅速发展，传统婚姻在坦桑尼亚农村地区仍然很常见。与此相反，宗教婚姻在整个国家都存在，而民事婚

---

① 因诺森特·恩加林达：《坦桑尼亚人口的初孕年龄、初育年龄和避孕法》，柏林洪堡大学哲学第三学院人口学系博士论文，1998 年，http://edoc.hu-berlin.de/dissertationen/phil/ngalinda-innocent/PDF/Ngalinda.pdf，2011 年 9 月 1 日访问。

姻在城市地区更为普遍。可以讲，该国宗教婚姻和民事婚姻往往是调和型的，因为它们通常都包括某些传统仪式，比如给付聘礼，而大部分的宗教婚姻也使用政府民事部门的结婚证书。坦桑尼亚的法律也要求所有婚姻，不管它们如何开始，须向国家登记，尽管不这样做也不会使婚姻无效。反之，如最初未登记，最终登记时往往要缴纳少量的罚款。

传统婚姻

如同该国拥有很多族群那样，坦桑尼亚也有着很多种传统婚姻习俗。然而，该国传统婚姻习俗常常在这个国家的三大主要族群中表现出明显的相似性，包括班图族（例如，查加人和哈亚人）、尼罗族（如洛人）和库希特族（如马赛人）。这三种情况下的婚姻都是先求婚和给付聘礼。在过去，婚姻由他们的父母、媒人、亲近的家庭或氏族成员来安排，这些婚姻常
151 常包括非洲传统宗教仪式。但是现在，男人往往寻找自己的新娘，然后才征求父母同意。此外，同居婚一般事先也不需要聘礼，近几十年来同居婚增多了。[①]

尽管坦桑尼亚拥有多种多样的求婚习俗，但是通常由男性或媒人去接触女性，除此之外没有别的方式。接触男人的女人会冒着被看作不检点女人的风险，因为传统上“好”女孩是对男性给予回应的一方，而不是自己主动与异性之间产生亲密的感情。在城市地区，主动追求男性的女性一直以来都被当作妓女，而这种看法随着女性地位的提升以及西式求婚习俗的到

① 弗兰斯·维杰森、拉尔夫·坦纳：《我只是个苏库马人：坦桑尼亚西北部的全球化和身份构建》，纽约：罗德匹出版社，2002 年，第 53 页。

来而有所改变。

在坦桑尼亚许多传统族群中，求婚和结婚通常发生在成年礼（通常行割礼）举行之后。成年礼将儿童引导到成年，向新成年者教授社会期望、与特定性别相符的品质及技能。此外，成年仪式为教导年轻人为人父母事宜和成年人的权利、责任及特权提供了场地。尽管在该国历史上，结婚通常发生在成年礼后不久，但是现在却很罕见，因为现在接受成年礼的人一般更年轻且尚在学校学习。①

在过去的许多传统社会里，求婚由家庭以及社会严厉监管，以确保当事人都能为对方家庭接受，防止婚前性行为和未婚先孕。传统马孔德、费帕、戈戈、扎拉莫以及查加族群高度重视童贞，人们会向纯洁的女孩赠送许多礼物。在扎拉莫人中，婚前就失去童贞的女孩要为新婚之夜双方离异负责任，此外，还使父母和家庭蒙羞而遭人耻笑。其他族群，特别是马赛族，在较小程度上也包括苏库马人，允许年轻人在成年礼之前有性行为。然而，使女孩怀孕的男孩会受到处罚，也会被迫娶那个女孩。在成年礼和结婚后，苏库马人和马赛族人要求女人忠于丈夫（以及马赛族情况下她们的同龄伴侣），而一般鼓励男性娶多位妻子，只要他能够养活她们。在现代宽容的社会里，处女越来越罕见，而许多族群仍然高度重视童贞。相似地，未婚母亲并不蒙受严重的社会污名，但该国未婚母亲的婚姻前景并不好，单身母亲的贫困率也普遍偏高。

① 丹尼尔·姆布恩达：《坦桑尼亚的传统性教育：对12个族群的研究》（纽约：纽约市玛格丽特·桑格家庭计划中心，1991年）。

坦桑尼亚人的求婚方式随时间演变，但是有些内容却保持不变。比如，在求婚期间，参与求婚的各方及其家庭都会小心翼翼，以确保双方般配。于是，坦桑尼亚人尽量避免与一些秉
152 性不好的家庭结亲，比如懒惰、行巫、贪吃、酗酒以及不孕不育。该国家庭传统上珍重勤劳和负责任的夫妇，因为爱往往被定义为男人或者女人履行社会定义的性别角色的能力。

该国许多部族历来视近亲结婚为禁忌，以防止乱伦以及在近亲婚姻后代中常见的先天性或者遗传性疾病。现代坦桑尼亚婚姻法支持这种族外婚习俗，禁止近亲之间——例如，舅伯叔父与侄女、外甥女，乃至于同父异母或同母异父的兄弟姐妹，配偶的直系血亲，甚至一个人收养的孩子——结婚。[①]

宗教婚姻

宗教婚姻指依据该国多样的宗教教义和习俗而缔结的婚姻。该国多数宗教婚姻属于基督教和伊斯兰教婚姻。

基督教婚姻在教堂中由神父和牧师主持，使用国家颁发的结婚证。教堂仪式通常在传统婚姻要求得到满足后才举行，比如说聘礼，它是传统非洲文化成分之一且已融入当地基督教婚姻中。根据法律和教义，基督教婚姻实行一夫一妻制，它在受基督教各教派影响最大的地区中流行。基督教由欧洲人传入坦桑尼亚，因此该国基督教婚姻通常包含欧式或者西式的婚礼成分，包括结婚戒指、新娘的白色礼服、女相宾、男相宾、伴娘、伴郎、花童。基督教婚庆典礼上往往也有本地或者西式的美食、舞蹈和基督教音乐。基督教婚礼通常先要举行婚前辅

---

① 坦桑尼亚，《婚姻法》第 29 章，第二部分第 14 节，1971 年。

导，于新婚之夜结束，通常还包括度蜜月，富有的城市居民尤为如此。基督教婚姻本来是要维持一生一世的，于是往往在夫妻双方中有人去世或者有别的什么正当理由时解体。

穆斯林婚姻通常由父母安排以确保双方般配。但在结婚之前，合适与否也必须征得准夫妻的同意，此时男孩和女孩交换订婚戒指，新郎给新娘聘礼（mabr）——这些礼物会变成妻子的财产，甚至离婚后也不用退回。然后举行结婚典礼，这通
常是一件简单的事情，不要求新娘到场，只要见证人——通常 153
是新娘的父亲和别的什么人——出席就可以了。在婚礼期间，新娘一般穿樱桃红的婚礼长袍，手和脚饰以海娜（henna，从木犀树的汁液中提取的头发、皮肤和指甲染料），打扮得非常漂亮。尽管伊斯兰法律禁止穆斯林妇女与教外人士结婚和一妻多夫婚姻，穆斯林男人却能够与非穆斯林妇女结婚，且拥有多达四位的妻子。

结婚典礼通常在餐后举行，一般是晚餐。人们会邀请伊玛目（伊斯兰神父）或者别的什么司仪来诵读《古兰经》的相关章节，监督双方签订婚约、交换结婚誓言，宣布他们结为合法夫妻。夫妻双方交换非黄金材质的结婚戒指，然后会有丰盛的美食、音乐以及歌曲。穆斯林婚礼和基督教婚礼一样，也包
含某些当地文化元素。只要男人能够养活和平等地对待妻子 154
们，《古兰经》允许男人娶多达四位妻子，因此该国穆斯林婚姻可以合法地变成一夫多妻制。但是，由于穆斯林男人想要一夫多妻就必须征得原配的同意，且必须平等对待和赡养妻子们，实际上一夫多妻婚姻一般是富有穆斯林男人才有的。在夫妻双方中有一个人去世，丈夫休妻（talaq），夫妻双方同意，

妻子休夫（faskh），或者由法院判决他们离婚（tatliq）时，伊斯兰婚姻就会解体。[①]

民事婚姻

坦桑尼亚人的民事婚姻是由政府官员（例如，地方治安官）为那些无宗教信仰、财力不足、不愿意实行传统或者宗教婚姻的人主持的婚姻。坦桑尼亚婚姻法规定，结婚最低年龄分别是男性 18 岁，女性 15 岁。要结婚的人必须出于自愿，女孩未满 18 岁必须征得她父亲的同意，双方也不能是近亲。

与传统和宗教婚姻不同，民事婚姻不需要给付聘礼。一旦相应政府官员收到拟结婚通知，他或她就必须在举行婚礼或者颁发结婚证之前至少三个星期内广为告知。基督教婚礼中也存在民事婚姻的内容，因为它们也要包括为期三个星期的公告，结婚证也由政府颁发。

同居

同居是男女双方长期一起过两性生活的行为，就像他们已经结婚了。尽管同居在该国许多传统族群中闻所未闻，但现在却很普遍，特别是城市地区，同居是结婚的前奏。20 世纪 90 年代中期，在达累斯萨拉姆所做的一个调查显示，40% 的被调查者正在或者曾经有同居关系。由于同居率不断增长，该国 1971 年的婚姻法包括一种婚姻推定，即男人和女人同居两年

---

① 爱德华·R. 弗路埃特、马克·J. 卡拉古阿斯、克瑞斯提那·M. 德罗斯特：《法律多元化和妇女权利：在后殖民时期坦桑尼亚的研究》，伯克利电子出版社法律系列，2006 年，第 168 号文章，http：//law. bepress. com/expresso/eps/1683，2011 年 9 月 2 日访问。

或者两年以上就存在事实婚姻。这个法律推定是少数法律保护和途径之一，它保证同居妇女及其孩子在同居关系结束后，能从同居的伴侣和孩子的生父那里取得物质上的补偿。①

坦桑尼亚的同居率不断上升的原因有很多，包括支持婚姻而反对同居的社会和宗教习俗之崩溃，贫困水平高使得许多适婚人口无法承担婚姻预付成本（比如聘礼、结婚典礼以及婚宴），也打消了有些人在把自己托付给对方之前而试婚的想法。②

聘礼 155

在坦桑尼亚，聘礼是传统和宗教婚姻的一部分，比如在戈戈人、纳雅科尤撒人、恩雅图如人、苏库马人以及一些桑给巴尔族群那里。除了缔结婚姻之外，聘礼也是男方对女孩的家庭失去了劳动力的象征性补偿，把新娘和新郎家庭联结起来，也确立了丈夫对于妻子的绝对权威（比如在桑给巴尔的非洲人中）以及父亲对于子女的权利（比如在苏库马人中）。聘礼一般包括家畜（特别是牛、山羊、绵羊）、啤酒、布、肉和钱。③

从传统来说，给付聘礼的多少由许多因素决定，比如民族

---

① 《坦桑尼亚婚姻法》，第 29 章，第二部分第 160 节，1971 年。

② 阿卜杜拉罕姆 · O · J. 卡尼吉：《妾的权利是什么?》，载《公民》，2010 年 5 月 15 日，http：//www. thecitizen. co. tz/，2011 年 9 月 5 日访问。

③ 丹尼尔 · 姆布恩达：《坦桑尼亚的传统性教育》，第 29 章；弗兰斯 · 维杰森、拉尔夫 · 坦纳：《我只是个苏库马人》，第 53 页；马尔格瑞塔 · 多伯特：《物理和社会环境》，欧文 · 卡普兰编；《坦桑尼亚国家研究》，华盛顿：美国大学出版社，1978；埃德瓦梅格：《尼亚姆韦齐人和苏库马人的婚姻和家庭》，2011 年，http：//www. everyculture. com/Africa-Middle-east/Nyamwezi-and-Sukuma-Marriage-and-Family. html，2011 年 9 月 5 日。

或者氏族、女孩是否是处女、是否离异过或者是否是未婚妈妈以及新郎和其家庭的社会经济地位。无论在哪种情况下，要求男方给付的聘礼总是高于女方家庭所期望的数量，也高于男方家庭可以或想要支付的数量。由于聘礼从不全额支付，只要给付了合理的聘礼，就可以结婚。未付的聘礼实质上使得男方家庭有义务在女方家庭困难的时候帮助他们，它也给了女孩家庭必要的砝码，以确保女孩在婆家能够被很好地对待。

在许多传统族群中，离婚时女方要将聘礼归还给男方。因此，妻子们总是想办法保证婚姻能够长久，以免娘家因退还聘礼而背上沉重的债务。因此，人们往往指责聘礼使妻子们陷入必输的境地。可以讲，该国持续不断的社会经济变化给聘礼习俗带来了重大影响。

第一，决定聘礼的许多传统因素，比如童贞，已经被妇女的社会地位和受教育水平或者在现代经济中的潜在收入所代替。第二，由于给付或者接受家畜这样的聘礼对于城市家庭来说并不现实，所以现金成了常见的代替品，而聘礼总额仍然取决于新娘和新郎的社会经济地位。在许多农村地区，以现金形式给付聘礼也在增多，而一些族群，比如马赛族，仍然偏好家畜。第三，在该国许多农村地区，由于草场面积减退导致了家畜饲养量的降低，作为聘礼而给付的家畜数量也在减少。第四，由于聘礼的商品化，许多家庭所要求的聘礼，特别为受过良好教育的女性而要求的聘礼，随着时间的推移在迅速增多。于是，随着越来越多的年轻人发觉他们无法负担过高的聘礼，同居现象不断增加。最后，该国婚姻法不允许聘礼成为结婚的条件之一。但是，婚姻法承认往往包含聘礼的传统和宗教婚姻，因此，聘礼习俗能继续下去。

程序和典礼 156

坦桑尼亚婚姻一般在求婚和给付聘礼后举行，以同居开始的婚姻例外，可以婚后给付聘礼。该国每个族群都有着独特的结婚方式，比上面简单介绍的一般婚姻模式更为丰富多彩，而一些族群的婚姻比其他族群更为复杂。另外，结婚典礼规模和精致程度取决于夫妻双方的社会经济地位，富裕的夫妇会在婚礼上花费更多的钱。

此外，除了求婚、聘礼和结婚仪式的一般模式，在该国有宗教信仰的族群中乃至于班图族、尼罗族、库希特族中，婚姻习俗存在着明显的区别。以下介绍苏库马族和马赛族的结婚程序和结婚典礼，分别是班图族和库希特族习俗的示例。

班图族结婚程序和仪式：以苏库马人为例

现代的传统苏库马族婚姻可以以聘礼始，也可没有聘礼。给付聘礼的婚姻在富裕地区以及丰收季节较为常见，聘礼数量取决于女孩的身份、名声、工作品质、受教育水平以及是否结过婚。一旦给付了聘礼，男人就拥有某些权利（包括向出轨的老婆索要赔偿），也获得了对于他亲生子女的权利——这些子女继承他的财产，甚至得到了接受女儿聘礼的权利和为儿子准备聘礼的责任。

在婚前没有聘礼的婚姻中，丈夫对妻子和孩子的权利有限。所以，他在妻子出轨后不能向妻子索赔，孩子也属于妻子的家庭，直到将他们“赎”回来为止。对于女儿，他要支付更高的“赎金”，因为女儿能带来聘礼；而儿子的“赎金”就少一点，因为要给别人聘礼。随着聘礼花费的上升，许多苏库马族男性越来越难以承受聘礼婚姻。不管采取什么婚姻类型，力量的砝码偏向男性一边——男人“娶妻”而女人“嫁人”。

结婚之后，新婚夫妇通常从夫居，也就是说跟丈夫的父母一起或者在其附近居住，而过去存在着从妻居的情况，即跟妻子的父母一起或者在其附近居住。苏库马婚姻近来发生了一些变化，包括一夫多妻婚姻减少，离婚率上升，子女选择婚姻伴侣时父母较少参与。[①]

157 库希特婚姻程序和典礼：马赛族个案

马赛族婚姻典礼是相当丰富多彩和精巧的。其始于一个马赛族男子（已履行割礼，服完兵役，通常在 18～30 岁）找到一个合适的女人，送给她一条欧尔批斯艾（olpisiai，即项链）向她表明爱意。[②] 在确保女孩父母同意他们结合后，男方会启动以下的程序：

- 订婚（esirit enkoshoke）。由与男子年龄相仿的妇女把酒作为礼物送给女孩的母亲，订婚就完成了。

---

① 丹尼尔·姆布恩达：《坦桑尼亚的传统性教育》，第 29 章；弗兰斯·维杰森、拉尔夫·坦纳：《我只是个苏库马人》，第 53 页；马尔格瑞塔·多伯特：《物理和社会环境》，欧文·卡普兰编；《坦桑尼亚国家研究》，华盛顿：美国大学出版社，1978；埃德瓦梅格：《尼亚姆韦齐人和苏库马人的婚姻和家庭》，2011 年，http://www.everyculture.com/Africa-Middle-east/Nyamwezi-and-Sukuma-Marriage-and-Family.html，2011 年 9 月 5 日。

② 泰皮利特·奥利·撒托蒂：《马赛族结婚典礼》，2006 年，http://www.maasaieducation.org/maasai-cuture/maasai-wedding-ceremony.htm，2011 年 9 月 5 日访问。

● 识别仪式。先是把酒作为礼物送给女孩的父亲。他与其弟兄、朋友喝了这些酒后，接着就要求小伙子去认出那个他想迎娶的女人。在此阶段，“认亲”变得颇为幽默，害相思病的年轻男人会被无情戏弄和贬低。

● 正式订婚。始于女方接受小伙子的结婚请求，直至婚礼。在此期间，新郎会向女孩家人展示礼物，以表明他非常关心他们。一旦女孩的家人满意后，这些礼物就算作男方送给女方的聘礼，聘礼实质上使婚姻合法化。此时，这个女孩子就不能再和其他男人结婚。在马赛族文化中，聘礼一般是婚姻的见证，而不是新娘家人为了赚钱所做的生意。

● 结婚典礼。整个过程要持续两天。在第一天时，新郎会带来三头黑牛（两头母牛和一头公牛）、一只母绵羊、一只公绵羊作为正式聘礼。当日稍后，人们会杀掉公羊，把羊的脂肪和油抹到结婚礼服上，剩下的部分会由新娘带回到她丈夫家里。新郎接着会把母羊送给他的未来岳母，从而确立他们的“女婿—岳母”关系。从今以后，岳母就称他为帕克尔（Paker）意即“给我羊的人”。然后，新郎会把一头小牛送给他的未来岳父，自此他们就开始称呼彼此为帕基腾（Pakiteng）或恩塔沃（Entawuo）。第二天，新娘要剃光头，在头上抹上一些小羊羔脂肪。接着，新娘就带上漂亮的串珠，穿上由母亲和其他妇女仿照族群服饰制作的结婚礼服。接着，一群老人用酒和牛奶为新人送上祝福。之后新娘会随着新郎从娘家到婆家去。到了后，她被带到婆婆家里并在那里呆上两天。在这两天期间，新郎不可在他母亲的房子（新娘呆的地方）里吃东

> 西，夫妻之间也不许有亲密行为。两天结束后，新娘的婆婆会剃光新娘的头，从而结束整个婚礼。这个时候，新郎和新娘才成为正式的夫妻，开始了建立家庭并通过积累财富、养儿育女而确立社会安全的新生活。

158 传统马赛婚姻会维系一生，除非男方没有给女方足够的聘礼，或者夫妻中有一人不是马赛族。马赛族人除了对婚前性行为采取放任态度之外，也把妻子看作同年龄组已婚男人的共同财产。马赛族共妻习俗的基本理由在于，这种方式有助于使生育生平最大化，防止不育，从而延绵族群。此外，如果一对夫妇患有某些先天疾病，那么共妻习俗可以保证他们能够拥有一些健康的孩子。

与其他许多坦桑尼亚族群一样，马赛族的传统生活方式也正在日益受到该国社会经济的不断变化威胁。举例来说，在艾滋病面前，共妻这一古老习俗正摇摇欲坠。其二，随着越来越多马赛族年轻人接受教育，他们正在抛弃族群的文化连同其婚姻传统和风俗。①

性别角色

性别指由社会创造并且认可的男性和女性的观念。在坦桑

① 阿德里安·布鲁姆菲尔德：《艾滋病威胁着贫穷的马赛人》，载《每日电讯》，2004 年 12 月 1 日，http：//www. telegraph. co. uk/news/worldnews/africaandindianocean/kenya/1477968/Aids-threatens-impoverished-Masai. html，2011 年 9 月 6 日访问。

尼亚，这些观念通常由家庭、族群和学校传授。根据传统，这种教导按性别进行，因为男孩和女孩在年幼的时候就要被分开，由父母分别非正式地教导这些观念。

坦桑尼亚长期以来就存在分明的性别角色，女人主要负责诸如清洁、准备食物以及煮饭、照顾小型家畜和挑水砍柴这样的家务劳动以及照顾病人和养儿育女。就是在商业方面，女人通常也从事一些与家务劳动相关的小生意，包括食物贩卖。另一方面，尽管男人是家庭的顶梁柱，他们却很少承担家庭内角色。他们通常也拥有该国大部分的生产性财产（例如，土地、家畜和生产工具），在家庭中做出大部分重要的社会经济决定，通过饲养动物、打猎以及捕鱼来为保证家人的食物供应。而甚至在这些方面，也存在着性别劳动分工，挤牛奶、烹饪鱼以及买卖鱼多由妇女来干。①

在农业生产中，男人通常负责清理、平整、犁耕农场和农田。而农业生产主要是妇女来干的，她们提供了超过 80% 的农业劳动，生产了该国 60% 的食物。于是，妇女在农作物的

① 艾迪·亚当·姆瓦蒂马·马孔姆比：《坦桑尼亚女性企业家的发展和赋权：以坦桑尼亚小产业发展组织和联合国工业发展组织扶持的食品加工行业内的女性小企业家为例》，南非比勒陀利亚南非大学发展研究系博士论文，2006 年；坦桑尼亚政府：《性别》，http：//www. tanzania. go. tz/gender. html，2011 年 9 月 8 日访问。伊丽莎白·卡尔：《坦桑尼亚乞力马扎罗地区查加女性社区及土地依附》，美国犹他州普罗沃杨百翰大学地理学系理学硕士论文，2004 年；阿金纳特哈·如塔扎哈：《坦桑尼亚女性及其法律途径》，北卡罗来纳州达拉谟杜克大学特利—桑福德公共政策研究所，2005 年，http：//sanford. duke. edu/centers/civil/papers/rutazaa. pdf，2011 年 9 月 8 日访问。

播种、除草、施肥、除虫、收割和粮食储存、粮食运输以及出
159 售方面起到了至关重要的作用。在经济作物方面，女性也做了大部分的生产活动，而现有的社会条件不允许她们支配经济作物的产出。如同坦桑尼亚前总统朱利叶斯·尼雷尔曾经讲过的那样，坦桑尼亚等地的非洲妇女“在不属于她们的土地上辛苦劳作，生产着她们无法支配的东西，由于离婚或死亡而婚姻结束时她们又会两手空空地被打发走。”①

自前殖民时代——那时男女劳动分工更为平等——以来，坦桑尼亚女人的核心责任发生了少许变化，而由于殖民主义在该国引起了经济转型，男性的角色发生了显著的变化。特别是，雇佣劳动的引入日益使得男人成为基于城市的现代部门雇员。由于这些工作并不适合一般受教育较少的女人，于是该国妇女逐渐控制了一些利润少、劳动密集型的农村农业生产部门，而男人则过多从业于城市高薪部门。妇女教育水平低下也导致了她们很难进入该国决策层和政府部门，这进一步削弱了女性社会经济成就。由于以上原因以及无数其他的社会经济劣势，在赤贫阶层中女人多于男人。

坦桑尼亚妇女也面临着许多文化方面的挑战。在该国许多父系社会里，妇女大多间接通过丈夫和儿子使用土地。她们通常也不从父亲那里继承土地，因为她们的父亲通常将女人视为

---

① 莫林·卡姆巴拉米：《女性、性行为和文化：津巴布韦的父权制和女性从属地位》，非洲地区性资源中心与南非医疗系统信托组织及南非福特—海尔大学合作，2006 年，http：//www. arsrc. org/download/uhsss/kmabarami. pdf，2011 年 9 月 12 日访问。

其丈夫家庭的一员。结果，未婚妇女——现在占该国人口的较大部分——很少能碰到土地，这就在这个以农业为主的社会里严重损害了她们的食物和经济安全。在一些部族中，比如查加族，没结婚就去世的女人通常葬在家族墓地之外，因为根据习俗，妇女的土地继承权取决于丈夫。这就导致了该国许多赤贫妇女都是难以使用土地的单身或未婚妈妈。

事实上，甚至已婚妇女一般也只有次等的土地权利，结果，她们不能在必要时处置土地或者租借土地。因此，丈夫的去世会使寡妇遭到驱逐，除非她有保护者，特别是成年的儿子。即使在妇女能够继承土地的族群里，如果丈夫去世了但她没有儿子，那么这个妇女会遭到驱逐。而就算妇女有儿子，只有在没有男性氏族成员要求获得这块土地时，她才对土地拥有完全的权利。此外，人们往往鼓励这些妇女为了后代保留土地，而非处置掉土地。

坦桑尼亚男人比女人拥有更多的闲暇时间。对很多女人来 160
说，闲暇常常就是做不那么辛苦的工作，如家居清洁。妇女闲暇时间少，也由于缺少洗碗机、洗衣机这样的省力设备。基于上述原因，家务劳动耗费了妇女很多时间，从而减少了她们的闲暇时间以及限制了个人发展。简而言之，妇女在家里家外终日忙于干活。

另外一个对女人不利的文化传统是终其一生她们很少接受教育。女孩一般被看作外人或者暂住者，过不久就要加入丈夫家，因此比起男孩，她们自己的家庭给她们的受教育机会较少。结果，该国女性所占比例随教育水平上升而下降，在受过小学教育的人口中占50%，在受过大学教育的人口中占17%。

由于受教育不足，在家庭之外成为高薪酬正规劳动力的妇女很少。所以，她们大部分的工作是在家庭领域，主要承担她们历史上就有的文化上的家庭角色。

社会化和社会变迁

社会化指一种习得社会规范、习俗和思想体系，并将它们传递给下一代的过程。坦桑尼亚社会在传统上试图通过教育孩子们遵守纪律、尊敬长辈、道德、诚实和努力工作的核心价值，将他们社会化为成功的社会成员。他们受到教导，避免参与反社会活动，比如偷窃和妖术，该国复杂的奖惩体系也不鼓励这些活动。[①]

社会化同时也是性别化的过程，它主要由父母、同龄人以及更大的社区进行。男孩子的父亲和祖父通过日常活动和晚间的炉边谈话将男孩们训练成合格的父亲、家庭生计维持者和自身家庭的守护者。与此相类似，女孩通常由她们的母亲和祖母教导成为成功的母亲、妻子以及护理者。因此，父亲往往因行为失当的儿子而受人指责，母亲则因女儿的行为失当而受人指责。

儿童的社会化会持续整个儿童期，而在举行某些成年礼（例如，割礼）——这标志着从儿童期向成年期的过渡——

---

① 丹尼尔·姆布恩达：《传统性教育》；约瑟夫·姆辛加：《坦桑尼亚性别角色的变化》，载《性卫生通讯 2002 ~ 2004》，http://www.kit.nl/exchange/html/2002-4-changing-gender-roles-i.asp，2011 年 9 月 12 日访问。

时，会特别教授年轻人关于成年人以及为人父母的责任。于是，许多族群男孩的成年礼（jando，男人）课程包括礼仪、勇敢、隐私、婚姻、父道、性、死亡、男人的责任以及当地习俗和禁忌。与男孩不同，女孩子的成年礼（unyago，女人）课程主要关注性、怀孕、生孩子、为妻之道、母性以及当地的习俗和禁忌。

尽管许多现代坦桑尼亚社会里仍然保留了传统社会化课程 161
的许多内容，但是社会经济的迅速变化使得这些课程中的一些内容变得不切实际，而其他内容被现代学校教育所取代。总的来说，这些社会变迁导致整个社会不和谐，这就强烈要求传统文化复兴。

按照传统，也会根据性别向孩子们传授一些职业技能。于是，男孩子在学徒期学习的技能包括冶铁、雕刻、制陶、祈雨、占卜以及治病。与此相反，女孩子在学徒期要学习接生、编织以及使用各种草药。在许多族群中，这些职业技能往往从父辈传承下来。

长久以来，祖父母在儿童社会化的过程中扮演了重要的角色。在一些族群中，像性这样的话题，无论在现在还是过去总是由祖父母来专门讲授，因为他们往往被看作孙子、孙女的“同龄人”。此外，祖父母能把这种作用发挥得尤为成功，因为他们能够用自己的长期个人经验阐述这些内容。然而，这种确保几乎每个社会成员都取得成功的传统跨代社会化制度正在崩塌，人们就把该国不断增多的青少年社会不适、吸毒以及无所事事问题部分归咎于此。

虽说传统社会设置的崩塌始于殖民时期，自那时起，它就加速了，并严重破坏了许多传统社会的应对能力。举例来说，少年儿童离开父母和祖父母时间增多了，使得他们在成长岁月得不到关键指导。此外，现代货币经济往往迫使父亲们很多时间不能和家人在一起，这又尤为削弱了该国男孩们的适当社会化。

在城市长大的孩子日益很少与生活在农村的祖父母共享宝贵时光，因此，被剥夺了这种宝贵的资源。另外，许多祖父母碰到城市孙辈的社会化问题时，也显得无能为力，因为许多坦桑尼亚城市青少年不能熟练使用他们的民族语言。

通过日益占主导地位的现代学校系统进行的社会化也有缺陷，因为学校往往教授一些与当地需要无关的技能和行为（导致失业），且依靠少数成人角色模范，尤其是教师。结果，学校系统就创造了一种学生们彼此之间用一种对社会不一定有益的方式进行交往的环境。学校系统里也充斥着年龄较大的男孩子以及男性教师对女孩子的性骚扰。[①] 此外，许多坦桑尼亚
162 学生越来越多地接触到全球的媒介和互联网，这也使得他们的社会化问题变得复杂化，因为科技使他们未经父母和教师——许多父母和老师自身对这些科技也不了解——有效引导就接触到异文化的价值观。该国学校系统面临的挑战在许多方面都表明，坦桑尼亚社会变化得过于急剧了。

---

① 扎伊达·马加拉、迪克·斯查皮尼克、J. 泰斯·布尔玛：《保护学校女孩免遭性侵犯：坦桑尼亚姆万扎的保护项目》，载《生殖健康问题》第 6 卷第 12 期，1998 年 11 月，第 19 ~ 30 页。

第七章　社会习俗与生活方式

坦桑尼亚丰富的文化环境由许多地方性、地区性和全国性 164
的习俗和生活方式组成，这些习俗和生活方式因民族、宗教、职业、收入以及教育水平的不同而不同。这种多样性是内（地方和国家）外（全球性）习俗、传统和生活方式动态交互作用的产物，它们的交互作用导致了本土文化特征的衰退和消亡、对异文化的修正、基于新信息和社会经济条件而产生的新文化形式。

坦桑尼亚的社会生活围绕族群和各族群成员展开，因此，它具有一种群体性特征。人们高度重视诸如婚礼这样的集体活动，参加婚礼不仅令人愉悦和充实，而且对于维持一个人的社会地位有着重要作用。尽管自殖民时期以来，坦桑尼亚社会更强调个人主义，但是社群取向依然很明显。

尽管现代化通讯和交通工具的应用越来越广泛，但是坦桑尼亚人仍然重视面对面的交流方式，因为它是该国口承文化的一个重要方面。与电话相比，面对面的交流方式内容更加丰富，更容易令人愉悦。而且，不管怎么说，相对于面对面的口头交流，该国国民文化水平低，大大地限制了人们书面交流的可能性和效果。如同其他口述社会一样，坦桑尼亚人常常使用谚语、成语、谜语以及故事来丰富其口语交际。对于这些修辞手法的熟练运用也表明一个人对语言的掌握能力。

165 社会关系

坦桑尼亚人的社会关系受某些基于年龄和性别的规则支配。在坦桑尼亚，同期参加成年礼的人会经历共同的人生后期阶段（例如，结婚和成为长老）。尽管许多传统成年礼制度正在弱化，正在被诸如学校教育这样的东西所替代，但是，基于年龄的社会组织和互动体系仍然很重要。与同龄、同性之人交往时，一个人拥有最大限度的自由。对于父母的同龄人也要给予与自己父母等同的尊敬，人们把最崇高的敬意献给年长者、宗教领袖、政府官员以及处于权威位置的人和富人。

坦桑尼亚人用许多方式来表达对他人的尊敬，包括使用正式头衔称呼他人，用双手向老人致敬，各种场合尊重老人。对于年长者和宗教领袖的尊敬通常基于一种普遍的信念，他们拥有赐福于敬者和诅咒不敬者的力量。

许多坦桑尼亚族群实行父系制，年长男性，特别是家庭背景好或者富有的男性能够获得更多的尊敬，之后就是具有相似地位的年长女性。坦桑尼亚人认为，所有事情都是平等的，随着年龄、社会地位和物质财富的增长，一个人受人尊敬的程度也会逐步提高。许多坦桑尼亚族群都具有群体性取向，高度重视互助、慷慨、友善、诚信和好客等品质。

当坦桑尼亚人因事或应酬见面时，他们通常会花时间相互问候和致敬。虽然这些礼节在全国各地不大一样，致敬方式通常都包括询问彼此健康和幸福以及双方家人的情况。不过，口头问候形式取决于交谈双方所属的族群、时间、场合、社会环境、致意双方的年龄；最随意的问候方式存在于亲密的同性朋友和同龄人之间。

坦桑尼亚人的问候方式通常是握手，但是这在有些场合并不适用，比如无亲属关系的穆斯林男女之间。与亲朋好友打招呼时可以拥抱对方，同性之间拥抱则更为常见。在有些情况下，开玩笑性质的打斗也是一种问候方式，比如祖孙之间。以下是一种典型的斯瓦希里语的问候方式：

人物 1：Shikamov（你好或者嗨）

人物 2：Marahaba，Habari（我很好，你呢?）

人物 3：Njiema or Nzuritu（我也很好或者挺好的）

坦桑尼亚社会有管理男女关系及其交流互动的规则。其中 166
最重要的一种是明显区分男女的性别分工和互动方式，在很大部分社会和工作生活中把男性和女性分隔开来，农村地区尤为如此。甚至当男女共同进行田间劳作时，也存在这种性别劳动分工，因为男人负责清理农场，而女人负责犁地、种植以及收获农作物。这种男女有别的社会体系常常限制了个人可能拥有的亲密异性朋友的数量。在许多社会公共聚会中，男女通常也要分开坐，而在城市地区，这种限制正在逐步瓦解。

综观坦桑尼亚，向领导人、年长者以及其他重要人士致敬时人们普遍使用职业和政治头衔或者其他敬语。年轻人不允许直呼与父母年龄相仿的人或者长辈、重要人物的姓名。年轻人直呼老人或者别的什么重要人物的名字尤为粗鲁，因为这相当于视他们为同侪或者同龄人。正确的方式是在长辈的姓氏前面冠以职业、政治或者婚姻头衔，比如先生、博士、尊敬的XX、小姐，或者其他尊称，比如 Mzee（斯瓦希里语指“年长者”）、Bi（斯瓦希里语指“小姐”）、叔叔或者阿姨。大多数情况下，也可以称呼别人的父母为 XX 的 Mama 或者 XX 的 Baba（XX 的爸爸或妈妈）。但对于自己的父母，叫爸爸或妈妈就行了。一般不可直呼自己父母的姓名，除非是在将他们介绍给外人的时候。

浪漫的举动通常只限于同龄人之间，而一旦结婚人们一般就得妥善处理与异性的关系。人们一般不得在公开场合展现浪漫（比如与无亲属关系的异性亲吻或者手拉手走路），也不可谈论性或者其他亲密话题。然而，该国近年来持续增长的西化趋势一定程度上削弱了这种限制。于是，暴露的衣服，比如迷你裙、紧身牛仔裤，在许多城市年轻人中日益流行。此外，应对该国较高的艾滋病感染率的需要使得人们必须利用一些较直白的公共健康服务。

在坦桑尼亚的父系社会里，男人占据了该国大部分公共和私人领导位置，他们也在家庭中做出大部分重要决定。社会一般期望女人顺从男人，要求她们担负起各种传统角色，包括生育和养育下一代、从附近的小溪中汲水、准备食物、洗衣服。在一些农村地区，男人不和女人同桌吃饭。也就是说，男人和男孩儿一起吃饭，女人和女孩儿以及年幼的子女一起吃饭。而在文化环境相对宽松的城市地区，小型核心家庭变得越来越多，家庭成员通常都在一起吃饭。

坦桑尼亚的许多农村地区普遍存在着社群纽带。人们往往 167
在一种较宽泛的意义上理解家庭。因此，相互扶持以及互惠互利的准则一般也包括核心家庭以外的许多人。例如，某些地方性语言不区分兄弟和堂/表兄弟。

坦桑尼亚社会对于时间的认知和定位很复杂，因为该国文化横跨传统与现代。与西方人相比，坦桑尼亚人的时间观缺少一些紧迫性，而这种情况各地有着广泛的差别。于是，在传统族群里，比起时间，人们更加重视彼此关系的存续和完成手头上的工作。于是为了节约时间而打断正在发生的事情、工作或活动被视作粗鲁无礼的行为。农村地区盛行这种具有灵活性和周期性的时间观。许多农村人都没有手表，而就算有人们也不会完全根据手表上的时间来安排生活。不管有没有手表，许多坦桑尼亚人都像他们的祖先那样——他们通过辨别太阳和月亮在天空中的位置以及每年的旱季和雨季来判定时间。他们给孩子取名的传统也被用来当做计时工具，因为孩子通常以出生时当天的时间、季节、年度的当地名称来取名。这些孩子传统上被当作他们家庭和族群在他们出生时度过的好坏日子的活的纪念。在城市地区，人们无论怎样都更重视遵守时间。但是，即便在城市地区，许多坦桑尼亚人也只是遵守“非洲标准时间”，与西方世界比起来，这显得远为更为拖拉。除了宽松的时间态度之外，该国落后的基础设施也使得人们不可能完全守时。比如与快速、时刻精准以及高效率的东京旅客列车系统相比，坦桑尼亚整个运输系统的不完善往往就损害了许多坦桑尼亚人守时的能力，甚至在他们想遵守时间的时候也是如此，比如医疗急救的时候。

典　礼

坦桑尼亚有各种各样的典礼，纪念个人、家庭、群体以及国家的重要事件，包括一些重要的历史和宗教事件以及人生的各个阶段：出生、成年、结婚以及死亡。许多典礼都会包含美食、音乐、舞蹈甚至戏剧。和坦桑尼亚文化的几乎所有方面一样，许多典礼里的仪式也随着时间推移发生了重大变化。

168

结婚典礼

在各种典礼里，婚姻往往最具有社会包容性，也最喜庆。坦桑尼亚人长期以来就喜欢举行好的婚礼，在殖民主义造成社会和文化分裂时以及该国现代化和西化速度加快时也是如此。该国结婚典礼分成三种类型：传统型、民事型和宗教型。也有许多同居婚，不举行特定民事婚礼或者宗教婚礼。民事婚礼通常由政府官员主持，而基督教和伊斯兰婚礼根据宗教教义举行。

坦桑尼亚传统结婚典礼千差万别。比如，在前殖民时期坦桑尼亚北部的查加人中，婚姻由“准夫妇”的父母商定。婚礼在新娘和新郎都举行传统割礼后举行，而现在割礼大部分只限于男性。在新郎的家人同意婚事后，新郎的家人就要向新娘的家人给付聘礼，象征性地对女孩的家庭失去劳动力作出补偿。虽然给付聘礼实际上就确定了婚姻，查加人接着仍会举行一系列仪式，这些仪式合起来就成为传统婚礼。其中有些仪式现在仍在实行，也被借用到查加人的基督教婚礼中。第六章详细介绍了坦桑尼亚人的婚姻类型。

入会典礼

一直以来，入会典礼都是坦桑尼亚社会的一个核心部分。典礼随着族群的不同而不同，它们在引导年轻人向不同生命阶段过渡时具有重要作用，比如从儿童期过渡到成年期。它们也标志着人们进入了特定的社会和宗教群体，充作个人、年龄群和民族身份标识。在马赛族、库里亚族和其他族群中，他们用诸如割礼这样的入会典礼来纪念儿童期到成年期的转变，入会典礼也是结婚和参加许多社会和文化庆典的先决条件。无论哪种方式的入会典礼，它一般都包含对参与者有关新社会身份的权利和责任的训练。[①]

坦桑尼亚的殖民化、快速的现代化和全球化对传统的入会典礼产生了重大的影响。例如，近些年来（1998 年），各种国际组织的游说促使该国政府禁止女性举行割礼。但是这项禁令
同时没有保留传统上伴随这些仪式的有用的社会和文化训练， 169
因此，有些人暗中举行割礼，据估计，全国范围内暗中举行割礼的比例为 18%。为了应对这种情况，一些非政府组织尝试举行替代性的入会典礼，包括举行与古老的割礼俗相似的培训、舞蹈、吟唱，包括交换礼物，也包括为不想举行割礼的女孩和妇女建造安全的居所。然而，在它们成为有效替代物之前还有很长的路要走。正式的学校教育或许也在加强女孩技能学习方面具有重要作用，而这些技能原本是从传统割礼中学习的内容。

---

① 丹尼尔·姆布恩达：《塔桑尼亚的传统性教育：对 12 个族群的研究》，纽约：纽约市玛格丽特·桑格家庭计划中心，1991 年。

与上述情况相反，认为男性割礼有助于降低艾滋病传播的意识为传统实践注入新的活力。结果，基于公众健康理由的男性割礼逐渐遍及全国，同时也扩散到一些传统上不举行割礼的族群中。因此，这种发展趋势将割礼习俗一直保留下去。

坦桑尼亚举行割礼的族群中，可以说马赛族最重视割礼，因为他们将割礼视为他们最重要的通过仪式。因此，我们在这里稍微强调一下马赛族男性割礼和其他入会典礼。根据传统，马赛族男孩和女孩都要接受割礼，但是迫于政府和其他外在的
170 社会压力，女性举行割礼的情况变得越来越少。相反，马赛族男性割礼仍然很流行。

马赛族男孩通常在 14 ~ 17 岁左右时就举行割礼，有不少年纪大一些的男孩也举行割礼。男孩举行割礼前，他必须证明自己已经成年，比如使用重矛或者放牧一大群家畜。年龄群是马赛族社会组织的核心特征，割礼的目的在于使男孩们过渡到成年期以及培养能够保护族群的战士。于是，马赛族长老通常要等族群中拥有足够多的年轻男性人口来组成高效、充足和老练的战士或兵力时才为年轻人举行割礼。基于这个原因，一个年龄群中男孩所处年龄段可窄可宽，取决于盛行的出生率。①

一旦族群中有足够多的男孩时，族人就开始为割礼做准备。这个过程的第一步是男孩们参加行前典礼——恩奇帕塔，它宣布一个新年龄群的形成，表明前一个年龄群转变为高级战

---

① 特普利特·奥利·撒托蒂：《马赛勇士的世界》，伯克利：加利福尼亚大学出版社，1988 年，马赛协会：《马赛族典礼和仪式》，http：//www.maasai-association. org/ceremonies. html，2011 年 11 月 3 日访问。

士，可以结婚了。恩奇帕塔通常由新年龄群男孩的父亲们带头。作为恩奇帕塔的一部分，一个指定的长老团和即将成年的男孩们在当地巡回四个月，宣布新年龄群的形成。之后，马赛族的先知会选择一处放养牛的地方当做举行特定规定性行前仪式的场所，它能容纳 30～40 个房子为参加割礼的候选人提供住宿。在这个阶段之前，一些有特殊情况的男孩会提早举行割礼，比如因父亲去世必须马上继承财产的男孩。这些男孩通常被看作任何新年龄群的先行者。

在恩奇帕塔典礼期间，人们会选出男孩们的首领。由于首领要对年龄群成员的各种行为负责，因此没有人想要这个职位。在恩奇帕塔典礼的前一天，男孩们要在森林中度过一晚。第二天早上，他们身着宽松的衣服举行一场模仿性的偷袭事件，接着跳一整天的舞来表明进入了新年龄群。跳完舞后，他们各自散开，回到家中等待割礼。

在举行割礼的大约前 7 天中，割礼候选人要连续 7 天放牧自家的牛群。到第八天，举行手术之前，他要在寒冷中度过一晚。第二天清晨手术前，男孩会冲个冷水澡来清洗、麻木身体。这么做能将割礼手术的疼痛感降到最低，因为通常手术中
并不使用止痛药。在日出之前，越来越接近手术场地的时候， 171
他的朋友、同龄伙伴以及男性家庭成员会给他加油打气。但是与此同时，他们也会威胁男孩，如果在手术过程中哭泣、退缩、踢掉手术刀、表现出胆小和怯懦，让他们失望，就会面临可怕后果。

他们讲的这些可怕后果常常包括：威胁男孩会受到社会孤立、其家族牛群会逃散、其父母受到嘲弄养育了一个懦夫。这

些严重威胁一般可以让男孩们长时间镇定下来，使手术顺利进行。这种难度高的手术由族群中有经验的男性外科医生主刀。然而，也会发生事故和术后感染，这对于接受割礼手术的人来说是灾难性的后果。再者，一些人在手术时也会畏缩，旁观者只得把他们压在地上，直到手术结束。这些“懦夫”仍然需要用其他有益的方式服务社会来证明他们的勇敢和斗志。

割礼结束后，这些新晋的男人或者说勇士会因勇敢而受到众人的称赞，他的家庭和亲朋好友会送他家畜作礼物。他们会在接下来 3 到 8 个月的治愈期内穿着传统的黑衣，得到家人的悉心照顾。此后，他们就要剃光头。根据传统，剃头要在公屋举行，人们称其为鸟之家。这种房子现在变得越来越少。

伤口完全愈合后，他们就会建造往往包括 20～40 个房子的战士营地，称作伊曼亚塔。之后，他们会选择在营地里面与他们一起居住并为他们做饭的妈妈们。这个过程往往充满争议，因为战士和他们的父亲会就挑选妇女争论不休，而这些妈妈可能是父亲特别喜欢的妻子。由于担心妻子在营地被人占便宜，父亲们往往也不愿意妻子去那里。

在伊曼亚塔中，新战士会学习马赛族年龄结群制的行为准则、演讲和放牧以及使他们完成 10 年兵役的格斗技巧。伊曼亚塔建造之初，战士们会在兵营的中间位置竖起一面白蓝相间的旗子。在这 10 年当中，这面旗子会一直竖立在军营中，同时战士会选择两位负责人来领导、引导和代表他们。

10 年的义务结束后，战士会参加恩诺托典礼。在这个典礼上，他们从初级战士转变为高级战士，允许结婚和组建家庭。恩诺托典礼在远离曼亚塔的兵营中举行。恩诺托兵营由

49 座房子组成，其中一座房子是占卜者或者说先知的房子。作为战斗任务结束的标志，毕业者在参加典礼时不允许携带诸如矛和刀这样的武器。典礼上还要向长老分派八头牛，通过占卜选择三位重要的领导者，其中一位称作奥鲁托诺，要对其所
属的年龄群成员的各种失当行为负责，因此没有谁愿意成为奥 172
鲁托诺；禁止战士在毕业之前单独或者在伊曼亚塔外吃东西，这条禁令是为了教会战士们自立。

恩诺托典礼过去几个月后，战士们要参加牛奶典礼。在这个典礼中，战士的母亲都要剃掉他们染成赭色的长发。很少有战士会喜欢这个典礼，因为剃掉引以为豪的头发会给他们带来明显的情感压力和自尊的丧失。很多人一直到头发长回来之前在女性面前总是很害羞。

高级战士结婚之后，新晋毕业生们就参加肉礼。该典礼的存在有许多的原因，其中包括，它保证了战士遵从某些年龄群禁忌和规定，例如，遵从社会认可的性习俗。肉礼过完后举行的是初级长老入会典礼，该仪式标着高级战士在大约 35 岁的时候向初级长老的转变。在这个典礼中，每一个参加者都会获得长老椅。人们会一直保留这把椅子，直到它坏了或者自己去世了，这把椅子由他的长子继承。在举行入会仪式当天的早些时候，参加者坐在典礼用椅上，由妻子或原配（如果他有几个妻子的话）帮他剃头发。仪式完成后，参加者就成为真正的长老，对家庭负完全责任。此时，初级长老就获得了离开父亲家并建造属于自己的家的权利，但是在需要的时候他们仍然能够借助于父亲的睿智指导。

如同现代坦桑尼亚的其他许多族群那样，传统的马赛社会

也处于危机之中，现代化迅速摧毁了其传统文化体系（包括入会典礼）。但是，现代化却没有设法去弥补已经摧毁的东西。比如，传统入会典礼正在消失，但是新的体系却尚未形成。此外，许多族群的年轻人正在误入歧途，因为他们并没有经历适当的社会化而成为有贡献的社会成员。为了挽救年轻人，马赛族和其他族群不得不使现存仪式现代化去适应现代环境。为了达到这个目的，他们或许只得创造出把传统与现代通过仪式的精华结合在一起的混合性成年礼。

孩子取名仪式

坦桑尼亚孩子取名典礼会因民族、文化、宗教、地区、教育水平以及孩子父母世界观的不同而不同。就是在前殖民时期的坦桑尼亚，孩子取名传统差异也很大：有些族群在孩子刚出生的时候就低调地为孩子取名字，而有些族群取名字时会举行复杂的典礼，常常包含某些宗教仪式。此外，新生儿的性别也影响其取名仪式。

现代国家的新生儿登记制度在许多方面简化和统一了该国
173 许多族群多样化的新生儿取名传统。该国政府要求每个新生儿都要取名、登记和领取出生证明，其目的在于为国家计划服务、拓展医疗健康和教育服务以及保障儿童权益，但是实际上该国新生儿登记率在全球范围属最低之列。[①]

---

① K. 曼吉：《坦桑尼亚新生儿健康状况分析：新生儿健康现状、现有计划和下一步策略性措施》，达累萨拉姆：卫生和社会福利部及拯救儿童组织，2009 年。

但坦桑尼亚儿童名字信息量十分丰富。第一，它们表明儿童的性别和家庭宗教信仰，比如，姓名中的玛利亚姆（Mariamu）表示女孩，姓名中的亚哈那（Yohana）或约翰（John）表示男孩；默罕默德和亚哈那分别是伊斯兰教和基督教男孩的名字）。第二，人们往往用在世或者去世的亲人的名字给孩子取名字，特别喜欢用（外）祖父母以及（外）曾祖父母的名字取名，这么做是为了把孩子和其祖先传承联系起来。在有些情况下，人们相信，当地的祖灵迫使人们以祖先的名字给孩子命名。比如在苏库马地区，身患重疾的孩子的父母会用当地巫医推荐的祖先名字给孩子取名，使孩子的病痊愈。第三，坦桑尼亚人也用孩子的名字纪念孩子的特征、出生时的环境、孩子出生或取名时父母的情况以及孩子出生时的季节。于是，许多斯瓦希里语名字常常代表一些理想的品质，比如阿哈迪（Ahadi，女名，表“希望”）、阿基里（Akili，男名、女名均可，表“智慧”、“才智”）、苏比利亚（Subiria，女名，表“耐心”）；有些代表日期、时间，比如艾尔哈米斯（Alhamisi，男名、女名均可，表“星期四”）、阿拉丝依（Alasiri，男名、女名均可，表“下午”）、阿尔法基里（Alfajiri，男名、女名均可，表“黎明”）；有些则代表动物，比如辛巴（Simba，男名，表“狮子”）。坦桑尼亚是一个文化多样性的社会，孩子的名字有时也会出现跨文化组合方式，比如沙巴安·罗伯特（Shabaan Robert），这就是一个伊斯兰—基督教混合名字。

此外，有些族群，例如，苏库马人和尼亚姆韦齐人，会用自然现象给孩子取名。比如，玛力米（Malimi，男名，表“许多太阳”)、玛布拉（Mabula，男名，表“大雨”)、莉莉米(Llimi，女，表“许多太阳”)；有些孩子的名字代表令人欣赏的品质，比如塔姆（Tamu，女名，表“甜美”)、达史那(Dashina，男名，表“智者”)、玛萨恩甲（Masanja，男名，表“把人或者事物汇在一起”)；有些名字甚至表示令人害怕的品质，比如卢帕恩达吉拉（Lupandagila，男名，表“践踏他物的人”)、玛萨甘亚（Masaganya，男名，表“挑动他人或者刺探问题的人”)。

丧葬典礼

如同其他许多非洲人那样，坦桑尼亚人将生命视为一个连续过程。他们认为死亡意味着另一扇通往更加丰富多彩生命大门的开启，死后就成为靠近上帝的祖灵。因此，坦桑尼亚人的葬礼往往同时包括对逝者的哀痛以及新生的庆贺。在他们看来，适宜的葬礼能保证死者走得安详，生者继续平安生活。①

174 许多坦桑尼亚人相信一个人的来世取决于他生前的作为。因此，受人尊敬的人死后会成为能够与上帝交谈的祖灵。基于这个原因，许多信仰非洲传统宗教的坦桑尼亚人都崇敬祖先，祈求祖先赐福。比如经常祈祷“望祖先保佑我们”和献祭。与此相反，生前没有好好生活，做了坏事儿的人，比如男巫、

① T. 诺克斯：《坦桑尼亚的丧葬传统》，Mysendoff. com，2011 年 8 月 16 日，http：//www. mysendoff. com/2011/08/tanzania-funeral-tradition/，2012 年 7 月 18 日访问；R · E · S. 坦纳：《坦噶尼喀苏库马地区的祖先安抚典礼》，载《非洲：国际非洲研究所期刊》第 28 卷第 3 期，1958 年 7 月，第 225 页。

杀人犯、贼，或者自杀者以及非正常死亡者，死后都会变成幽灵。根据当地的信仰，人们认为幽灵会伤害生者，必须通过特定仪式来安抚它们。

丧葬习俗通常由多种因素决定，比如死者是男性还是女性，已婚还是未婚，年轻还是年老，基督教徒还是穆斯林教徒，或者是有钱人还是穷人。以前的一些族群，比如马赛族，会把去世的人置于森林中让野兽吃掉尸体。但是现在由于政府和基督教这样的宗教的干预，马赛族已放弃了这一丧葬习俗。许多亚裔坦桑尼亚人，特别是信仰南亚印度教的那些人，会火化死者。穆斯林会尽可能让死者在去世后几个小时内入土为安。

对于许多非穆斯林坦桑尼亚人来说，死者会在当地医院的太平间里接受尸检。之后，尸体准备下葬。举行葬礼前尸体放多少天，所用棺材的质量，葬礼的隆重程度，由死者或者其家人的社会经济地位决定。在查加人或其他社会经济较为发达的族群中，葬礼往往讲究排场且花费巨大。

下面考察苏库马、基塔、卡拉维以及新扎族群的已婚男性丧葬习俗，[①] 他们的这些习俗相互之间相差不大，但也不能代表坦桑尼亚所有族群的丧葬习俗。这些族群中，葬礼在死者逝世的当天举行，由葬礼负责人主持，他通常是死者长兄。葬礼开始时，葬礼负责人首先用一个短柄锄头在墓地划出两条平行线，然后挖出第一抔土或者沙子，接着让其他人用常用的锄头

---

① 丹·布朗：《非洲葬礼：阻碍或救赎?》，载《国际前沿使命》第2卷第3期，http://ijfm.org/archives.html#Volume23，2011年11月12日访问。

挖出整个墓穴，最后的两抔沙土由葬礼负责人挖出。接着，死者的男性亲属会杀死一头母牛，把这头牛的皮剥至腿关节处，腿骨留在骨关节下面的皮内。人们把这块生牛皮切成两片：一片垫在死者的身下，一块盖在死者的身上。之后，人们会把死者放进墓穴的右边（当地男性喜欢的睡觉位置）面朝太阳，在当地神话中太阳代表着生命之源。做完这些后，用土或者沙子将墓穴填埋起来。

一切结束后，葬礼负责人把在葬礼中使用的短柄锄头扔进森林或者扔到蚁丘下面。接着，他去到河边洗澡，参加葬礼的男性、寡妇（她只能清洗腰部以下的地方）和其他女人也跟
175 着一起去。在接下来 5～8 天的哀悼期内，这些人只能在一起洗澡。

一起洗澡的这些人回到死者的家里后，死者的家具、个人物品以及食物都要由寡妇这一边的妇女从死者家里拿出来，扔到河水中。夜幕降临时，人们从偏远部落找来一名巫师和寡妇一起过夜，由此来象征性地净化受死者污染的寡妇和家人，以确保他们能够生活平安。此外，这种习俗的目的也在于打破寡妇与前夫的性结合，象征性地给予寡妇自由，使她重新开始自己的生活。

死者下葬后，为期 5～8 天的正式哀悼期就开始了。在此期间，哀悼者会小声说话或者玩当地的一种跳棋游戏来打发时间。第一天早上，巫师离开死者房子时掐住喉咙，仿佛他窒息了；而寡妇留在房子里面，垂头而坐，眼睛盯着地上。她不跟任何人说话，除了陪伴她的其他寡妇。第 5 天结束的时候，巫师重新回来，剃光寡妇和她儿子们的头发，且再一次和寡妇睡

在一起。第二天早上离开时，巫师指导寡妇在河水中清洗全身，洗干净身上沾染的丈夫的汗水。

洗完澡之后，寡妇回到房子中再次垂首，因为巫师宣称这个房子已经被幽灵降服。接着把寡妇的床降低到地板上来表明她的巨大损失。第六天，所有的哀悼者都会到河中洗澡。人们在房子的入口处杀掉一只白色的公鸡，把鸡血撒到房子里，把鸡毛撒在当地两条路的交汇处。这一天，随着悲痛心情的结束，寡妇会抬头出现在众人面前。巫师也重新回来，第三次也是最后一次和寡妇在附近的灌木丛中度过一晚。然后，人们举行一个简短的仪式；该寡妇由死者的弟兄继承；或者为了保证她的福祉，她由自己的一个儿子继承。哀悼期结束后，哀悼者离开死者家回到自己的家里去。

与其他文化实践一样，上述丧葬仪式并不是一成不变的，而是随着社会经济环境的变化而不断变化。比如，在面对诸如艾滋病这样的致命疾病威胁的情况下，寡妇的继承和净化仪式逐渐难以继续。因此，它们正在被被其他象征性的替代仪式所取代。

求雨仪式

几个世纪以来，坦桑尼亚族群都以农业为生。因此，及时
又充沛的雨量对于该国国民、动物和农作物的用水需求至关重
要。简单来说，雨就是生命，没有雨，人、农作物以及动物都
会饱受煎熬而死亡。因此，几千年以来，每年的降雨模式塑造 176
着该国居民的生活方式就不足为奇了。于是，同样在这数千年
里，坦桑尼亚人一直试图通过求雨和停雨仪式来控制天气，确

保在适当的时候获得充沛的雨量。①

坦桑尼亚有传统和现代两种求雨方式。现代降雨方式是一种科学尝试，它通过使用人工降雨的方法来诱导云层降水。这个技术指向云层中发射碘化银颗粒诱导空气中的水汽凝结，然后形成降水。使用这种方法时，用两架飞机向不同海拔高度的暖云和冷云发射碘化银。据说这种方法特别有效，因为它能较为精确地对能形成降水的目标云层作业。通过与泰国等国家签订科学合作协议，坦桑尼亚能够实施人工降雨技术。②

相比之下，传统降雨方法使用纷繁复杂的宗教仪式去安抚祖先和诸神，期望他们带来降雨。这些仪式根植于传统信仰，即干旱是一种非自然的现象，因为人类犯下了一项或多项罪过，祖先、诸神或者上帝生气而引起了干旱。因此，为了终结干旱，人们不得不向受到冒犯的祖先和诸神献祭以平息他们的怒火。前殖民时期的坦桑尼亚，降雨仪式分布广泛，而诸如该国北部的艾翰卒人等族群现在还是因求雨仪式而闻名。③

---

① 泰耶·奥斯提加德：《转变中的传统：坦桑尼亚变化世界中的人工降雨》，2011 年 ECAS，即 2011 年 6 月 15 ~ 18 日在瑞典乌普萨拉举行的第四次关于非洲研究的欧洲会议，http：//www. nai. uu. se/ecas-4/，2011 年 11 月 12 日访问。

② 《坦桑尼亚寻求人工降雨帮助》，载《英国广播公司新闻网》，2007 年 2 月 16 日，http：//news. bbc. uk/2/hi/africa/6368371. stm，2011 年 11 月 15 日访问。

③ 托德·桑德斯：《两种方式的反思：性别、性和人工降雨》，载《非洲图卢兹手册》第 166 卷第 42 期第 2 版，2002 年，第 285 ~ 313 页。

节　日

坦桑尼亚有许多节日。国家性的节日大部分注重于贸易和艺术；地方性、区域性的节日通常庆祝诸如农业丰收这样的事情。以下是对坦桑尼亚主要的国家性节日的简单介绍。

桑给巴尔帆船国家国际电影节

桑给巴尔国际电影节不仅是坦桑尼亚最大的文化性节日，而且是撒哈拉以南非洲的八大电影节之一，还是东非最大的电影、音乐和艺术节。它在每年七月的前两个星期举行，吸引着来自中东、非洲和亚洲“帆船国家”的超过 100 部电影作品前来参展。这些地区的各个国家曾经靠横行整个印度洋的风动力木质帆船相互联系，直到使用现代引擎驱动的船只。除了电影，桑给巴尔电影节也推进、讨论、探讨来自帆船国家及其他国家的艺术家、音乐家、文化团体和摄影师的艺术作品，为这些作品颁发奖项。2010 年，桑给巴尔电影节吸引了 15 万观众，包括来自 52 个国家的 45 000 名外国游客。2011 年，举行了该电影节的 14 周年庆典。

桑给巴尔文化节

177

桑给巴尔文化节在每年七月桑给巴尔电影节结束后不久举行，整个桑给巴尔群岛都举行庆祝活动。该文化节主要展现该群岛的各种斯瓦希里传统、习俗、艺术、手艺以及塔阿拉伯音乐和舞蹈，也吸引着其他许多非洲国家的表演艺术家。桑给巴尔通过举办文化工作坊、活动和表演来庆祝该节日。在历史性的世界文化遗产桑给巴尔石头城中举行的文化节活动，以街头狂欢节、商品交易会和独木舟比赛而著称。在桑给巴尔群岛的奔巴岛上的艺术节活动，则以举行由 14 世纪末～17 世纪葡萄牙探险者引入的斗牛活动而著称。

智慧之声音乐节

智慧之声音乐节每年二月的第二个星期在桑给巴尔举行。该音乐节以非洲天空下的非洲音乐盛会为人熟知，往往吸引着
178 坦桑尼亚和附近非洲国家大约 400 位音乐人和大约 40 个音乐团体参与。为期三天的音乐节通常主要举办音乐会，这些音乐会涵盖范围广阔，包括了非洲、阿拉伯、亚洲乃至于世界其他地区的传统、现代及传统和现代相结合的音乐传统。

卡里布旅游与贸易展销会

卡里布旅游与贸易展销会是坦桑尼亚和很多东非国家一年一度最重要的旅游业节日。该展销会每年五月在乞力马扎罗山地区的阿鲁沙举行。最初举办贸易展销会是为了展示东非的旅游公司和景点，此后，贸易展销会成了国际性的展销会，吸引着世界各地的参展商。许多贸易展销会的参展商通常利用附近的旅游胜地参展，比如马尼亚拉湖、塔兰吉雷、恩戈罗戈罗火山口以及塞伦盖蒂。通过举办贸易展销会，坦桑尼亚及其周边国家希望借助该地区多样的旅游观光景点来吸引更多游客到东非旅游。

姆瓦卡—孔格瓦节

姆瓦卡—孔格瓦节是设拉子即波斯的传统新年节日，通常每年 7 月 23 日或 24 日在桑给巴尔举行。尽管该节日起源于索罗亚斯德教，桑给巴尔大体上属于穆斯林社会，也庆祝这个节日。姆瓦卡—孔格瓦节节日的庆祝中心在马昆杜奇村（位于桑给巴尔的南安古迦岛），该村举行该节日的主要节日仪式，成千上万的人聚在一起参加庆祝活动。除了唱歌、跳舞、宴会和击鼓之外，姆瓦卡—孔格瓦节以举行新年好运仪式为特征。节日开始时，村里的所有男人会手持香蕉树枝（代替历史上使用真正的武器）进行模拟的战斗来发泄过去一年的失意。与此同时，女人们穿上她们最好的衣服，穿过村庄和田间地头唱着关于家人、爱情和欢乐的传统歌曲。之后，传统巫医会点燃一座用于仪式的棚屋，根据烟雾飘离的方向，为村民来年的繁荣作出预言。当地人和客人一起举行宴会、唱歌、打鼓、跳舞，一直持续到夜间。[①]

除了上述节日，坦桑尼亚也有其他方面的节日，比如运动会。坦桑尼亚出版商协会也主办国家图书周，旨在向全国推广图书和阅读文化。

---

① 坦桑尼亚旅游局：《节日》，http：//www. tanzaniatouristboard. com/whats-on/festival/，2011 年 11 月 22 日访问。

国家性节日和宗教性节日

坦桑尼亚有十四个主要的国家和宗教节日。非宗教性节日包括新年（1 月 1 日）、桑给巴尔革命日（1 月 12 日）、谢
179 赫·阿贝德·阿马尼·卡鲁姆节（4 月 7 日）、桑给巴尔革命纪念日（4 月 26 日）、国际五一劳动节（5 月 1 日）、七七展览会日（7 月 7 日）、农夫节（8 月 8 日）、导师朱利叶斯·尼雷尔日（10 月 14 日）以及独立日（12 月 9 日）。

在这些节日中，独立日是最重要的节日，因为它纪念英国对坦桑尼亚坦噶尼喀（一直到 1961 年 12 月 9 日）和桑给巴尔（一直到 1963 年 12 月 19 日）地区殖民统治的结束。在独立日，人们听总统和其他高级政府官员的爱国演讲，观看阅兵仪式和空军表演，享受各种舞蹈团的音乐表演。世界各地的要人通常都会出席该庆祝活动。2011 年 12 月 9 日，坦桑尼亚举行了独立 50 周年的庆典活动，它是此类最盛大庆祝活动之一。

坦桑尼亚主要的宗教节日与该国国民宗教信仰基督教和伊斯兰教有关。基督教的主要节日有耶稣受难日*（3 月/4 月）、复活节*（3 月/4 月）、圣诞节（12 月 25 日）和节礼日；伊斯兰教的主要节日有圣纪节*（1 月/2 月）、开斋节*（7 ~ 11 月）、古尔邦节*（10 月/11 月）。带星号的节日都是依据阴历日期，而格里高利历（公历）日期每年都发生变化，尽管这些节日每年都在同个季节出现。在大多数情况下，庆祝活动在节日的前一天就开始了。

基督教和伊斯兰教节日主要由其宗教信徒庆祝，但是由于坦桑尼亚拥有大量信仰基督教和伊斯兰教的人口，因此，它们大部分都成了主要的公共节日。以下是对该国主要宗教节日的简要介绍。

为了庆祝耶稣诞辰的圣诞节是坦桑尼亚和世界上其他国家主要的基督教节日。每年的12月25日，坦桑尼亚信奉基督教的大陆地区会隆重庆祝圣诞节。圣诞节时各种热闹的教堂活动常常会吸引极少踏足教堂的人前去参加活动。之后，礼拜者回家享受家庭宴会、交换礼物、拜访亲朋好友。对于一些坦桑尼亚人来说，圣诞节也是尽情饮宴和开派对的日子。一些富裕家庭也开始将圣诞节当作家庭在国内或国外度假的日子。如同西方世界一样，该国圣诞节日益变得商业化，这让许多虔诚的基督教徒感到恼火。

复活节是为了纪念耶稣的死亡和重生的节日。它由耶稣受难日和星期天复活节组成。由于复活节的日期在一定程度上按
阴历计算，因此复活节介于3月22日到4月25日之间。复活 180
节是基督教历中第二重要的节日。但是与圣诞节不同，复活节更少商业化。与圣诞节一样，复活节主要由该国大陆地区庆祝。

圣纪节是一个伊斯兰教节日，庆祝伊斯兰教创始人先知穆罕默德的生日。在这个节日中，穆斯林追忆默罕默德辉煌的一生。尽管伊斯兰教的主要分支逊尼派和什叶派庆祝这个节日，但是，瓦哈比教派和其他信奉原教旨主义的穆斯林却不庆祝这个节日。

开斋节是庆祝斋月结束的穆斯林节日——在斋月里，穆斯

林在长达一个月的白天时间斋戒，通常在伊斯兰历九月斋戒。穆斯林民众的主要居住区，比如桑给巴尔，会特别隆重地庆祝该节日。开斋节一般持续四天，在清晨的祈祷后举行宴会、交换礼物、献上供品、穿上新衣、表演塔拉比音乐、唱歌、跳舞。

古尔邦节（也称作牲宰节、忠孝节）是伊斯兰教为期三天的节日，纪念易卜拉欣（即基督教传统里的亚伯拉罕）在真主安拉的命令下自愿向神献祭了儿子伊斯玛仪（基督教传统中为以撒）。每年穆斯林到麦加——伊斯兰教的发祥地——朝圣之后，古尔邦节就开始了。穆斯林除了纪念先知易卜拉欣，也将古尔邦节看作献祭和信仰的节日。于是，穆斯林宰杀牛、羊羔、山羊、骆驼行祭，将1/3的肉施于穷人，1/3馈赠亲友，剩下的1/3留作自用。古尔邦节期间，穆斯林会做礼拜，去附近的清真寺参加布道活动，享用大餐，穿上崭新的衣服，交换礼物，拜访亲朋好友以及欣赏现场表演的斯瓦希里塔阿拉伯（Taarab）音乐和舞蹈。接着他们会相当喜庆地欢迎那年成功到麦加朝圣的人回到家乡。和其他穆斯林节日一样，古尔邦节在拥有大量穆斯林人口的坦桑尼亚沿海地区和岛屿受到最为隆重的庆祝。

娱乐和运动

坦桑尼亚人有着多种多样的娱乐活动和运动方式。这些休闲活动也是重要的社交活动，包括运动、电影、选美、喜剧、话剧、舞蹈以及各种传统游戏；也包括饮用各种饮料，比如啤酒、咖啡和茶。以下是对其中有些活动的简要介绍。第八章将会介绍音乐、戏剧和舞蹈。

运动

坦桑尼亚是个热爱运动的国度，国民最热衷于足球和田径
运动。但是，由于该国文化很具多样性，也有其他许多运动， 181
包括拳击、篮球、游泳、板球、高尔夫、骑摩托车、橄榄球、网球、飞镖、排球、羽毛球以及户外露营。大部分的运动都有自己的全国性体育协会。

坦桑尼亚强大的运动文化很大程度上应该归因于其建国总统朱利叶斯·尼雷尔将运动（特别是足球和堡［Bao］——当地人玩的一种棋，由国际象棋演变而来）和文化作为使国家团结起来的纽带。特别值得一提的是，他发起的学校运动发展项目借力于坦桑尼亚小学运动联盟和中学运动协会而取得了巨大的成功。学校中流行的运动包括足球、无挡板篮球、排球、田径运动、篮球、乒乓球和手球。朱利叶斯·尼雷尔也支持职业运动，因而坦桑尼亚得以参加 1980 年在尼日利亚举行的非洲国家杯足球比赛；飞尔博特·巴依在 1974 年新西兰克莱斯特彻奇举行的英联邦运动会上获得 1 500 米长跑金牌并且创造了新的世界纪录；1980 年莫斯科奥林匹克运动会上，巴依和

苏雷曼·那亚姆布衣分别获得了银牌和铜牌。[①]

坦桑尼亚足球主要由坦桑尼亚足球联盟管理，该联盟创立于1930年，1964年以来一直是国际足球联合会会员。坦桑尼亚足球联盟管理着该国主要的国家足球队，包括泰发明星队（即国家明星队）和国家青年队（球员年龄低于23岁），即恩戈罗恩戈罗英雄队。泰发明星队由坦桑尼亚足球超级联赛俱乐
182 部中最好的球员组成，尽管它是地区性足球强队，但在非洲足球联合会（CAF）举办的大洲级赛事中表现欠佳，也未曾入围国际足联举办的世界杯。但是，泰发明星队在地区性国际足联锦标赛中多次获胜。2011年，国际足联把坦桑尼亚足球队排在非洲第37名，世界足球排名第136名。2010年国际足联世界杯在南非举行，泰发明星队获特许和巴西国家队——桑巴男孩进行了一场热身赛，坦桑尼亚队以1:5失利。[②]

---

① 那桑格尔亚·齐伊恩格：《尼雷尔为坦桑尼亚体育的成功打下了基础》，载《坦桑尼亚每日新闻》，达累萨拉姆，2011年10月13日，http://allafrica.com/stories/201110140785.html，2011年11月24日访问；内丽·姆特玛：《中学联赛万事俱备》，载《坦桑尼亚每日新闻》，2011年6月13日，http://in2eastafrica.net/umiseta-set-for-kicks-off/，2011年11月24日访问；伊曼纽尔·克利夫：《阿鲁沙选择了一个地区性的中学联赛女队》，载《阿鲁沙时报》，2011年6月18日，http://allafrica.com/stories/201106220162.html，2011年11月24日访问。

② 伊曼纽尔·穆加：《巴西与坦桑尼亚进行友好的世界杯热身赛》，载英国广播公司运动网站，达累萨拉姆，2011年5月27日，http://news.bbc.co.uk/sport，2011年11月24日访问；斯特拉·恩耶姆恩诺希：《明星平庸的表现激怒体育部长》，载《坦桑尼亚每日新闻》，2011年10月13日，http://allafrica.com/stories/201110140112.html，2011年11月24日访问。

坦桑尼亚主要的足球赛事是坦桑尼亚足球联盟举办的足球超级联赛。长久以来，该赛事由两大足球俱乐部统治：青年非洲人俱乐部和桑巴俱乐部。两个俱乐部都位于达累斯萨拉姆。1965～2011年，青年非洲人俱乐部18次赢得超级联赛奖杯，辛巴俱乐部赢得16次。合在一起，它们在1965～2011年共46年的时间中获胜34次。在2011～2012年赛事中，超级联赛的其他参赛队伍及其所在城市为：非洲狮（达累斯萨拉姆）、阿扎姆足球俱乐部（达累斯萨拉姆）、海岸联盟（坦噶）、奥尔觉罗俱乐部（阿鲁沙）、鲁伏之星（多多马）、卡格拉制糖（布科巴）、莫罗联盟（莫罗戈罗）、姆蒂布瓦制糖（图里亚尼）、多多马警察（多多马）、鲁伏射手（海岸）、托托非洲人（姆万扎）以及维拉队（达累斯萨拉姆）。除了全国性的职业足球俱乐部，全国各地也有其他许多地方球队和地区球队。

在桑给巴尔，足球由桑给巴尔足球协会管理。近些年来，桑给巴尔足球超级联赛一直为米姆本尼俱乐部、马幅尼兹俱乐部和曼杜俱乐部统治。尽管桑给巴尔没有自己的国家队，但是俱乐部能代表桑给巴尔出战由非洲足球联盟组织的锦标赛。

多年以来，坦桑尼亚培育出了许多具有传奇色彩的足球运动员，包括亚辛·那皮里、艾德·帕斯、詹姆斯·克萨卡、穆罕默德·马克维彻和劳伦斯·姆瓦路撒卡。但是，由于该国国民收入低，足球商业化程度低，他们中很少有人能够从已经获得的声誉中得到很多利益。然而，仍然有九大球员以职业球员身份效力于别的国家，包括姆万扎的尼扎尔·卡哈弗尔效力于美国费城联盟；桑给巴尔的亚当·那地提效力于英超切尔西球队，为其训练青年足球运动员。

目前，坦桑尼亚的足球主要是男性运动。然而，坦桑尼亚足球联盟和坦桑尼亚女子足球协会正致力于推出全国性女子足球联赛。

许多坦桑尼亚人在现场观看坦桑尼亚足球联盟的足球超级联赛，或者通过广播收听和电视观看赛事。但是，近些年来，卫星电视到来了，再加上该国足球水平较低，于是许多坦桑尼
183 亚人就成为英国超级联赛以及德国足球甲级联赛的狂热球迷。因而，诸如阿森纳、切尔西、利物浦、曼彻斯特联盟等英国超级联赛球队和德国的拜仁慕尼黑以及多特蒙德在坦桑尼亚具有众多球迷。因此，在付费收看节目的娱乐大厅里观看欧洲足球联赛已经成为男性的一种流行消遣活动。[①] 除非坦桑尼亚的足球能够实质性地得到改善，否则其足球直播节目与无法来自欧洲的足球节目竞争。因此，坦桑尼亚足球联盟近些年来试图通过创立坦桑尼亚足球研究院来提高足球水平。[②]

除了足球和田径运动之外，坦桑尼亚在篮球方面也取得了一些成功，也有一名球员，即哈舍姆·撒比特，效力于美国国家篮球协会（NBA）。

---

① 《坦桑尼亚和肯尼亚球迷陶醉于冠军奖杯巡回展》，载《欧洲足联冠军联赛》，2012 年 4 月 3 日，2012 年 7 月 18 日访问。

② 詹姆斯·摩曼伊：《坦桑尼亚大陆和桑给巴尔双方球员平分秋色》，Goal. com，2009 年 7 月 17 日，http：//www. goal. com/en/news/89/africa/2009/07/17/1387728/tanzania-mainland-face-zanzibar-in-tie-of-legends， 2011 年 11 月 24 日访问。

游戏

坦桑尼亚人玩许多传统和现代游戏，比如堡（Bao，国际象棋的变种）和纸牌。该国传统游戏现在由坦桑尼亚国家传统运动协会管理。

电影

在坦桑尼亚，电影是一种高级娱乐方式，主要集中在达累斯萨拉姆和阿鲁沙这样的中心城市。除了阿鲁沙的电影院之外，该国主要的电影院包括位于达累斯萨拉姆的姆利马尼购物中心内的世纪影院，主要放映西方电影；达累斯萨拉姆的新世界电影院，主要放映印度电影，顾客主要是该国大量的印度裔人口。坦桑尼亚也有一些移动影院设备，由全国各地的宣传和发展组织使用。

电影院稀少反映了这一事实，即由于很多因素电影在坦桑尼亚从未成为大众化商品。第一，坦桑尼亚的乌贾马社会主义实验（1960 年代 ~ 1985 年）反对电影，认为它是西方价值观的载体且对本土文化有害；第二，在电影业繁荣时，因为贫穷很多人无法负担电影娱乐；第三，直到最近，适合当地观众的电影产量都一直很低；第四，20 世纪 80 年代中期该国经济自由化之前，电视的普及率很低。结果，很少有人会选择电影作为娱乐方式。

但是，自经济自由化以来，国产电影业得到迅速发展，原因包括：政府和产业机构监管下的一种更具支持力度的监管框架的创建——这些机构包括坦桑尼亚国家艺术理事会、坦桑尼

184 亚电影联盟、坦桑尼亚电影局、坦桑尼亚版权协会和坦桑尼亚电影审查委员会；更容易获得电影制作专业知识和技术；20个世纪90年代末开始的坦桑尼亚国际电影节为电影展播以及电影制作人之间交流思想提供了平台。

电影业有两种明显趋势。一种是专业制片人制作的故事片。由于电影分销做得不好、电影院设施缺乏、成本和制作标准等原因，故事片更适合于西方观众，因此它并没有在该国流行起来，没能赢得很多市场。其次是新出现的电视片行业。电视片由业余制片人制作，它克服了上述种种不足且针对坦桑尼亚人关注的问题。该国电视片由从尼日利亚诺莱坞进口故事片而起步，坦桑尼亚人开始仿制这种电影，最早的故事片是乔治·奥蒂诺制作的《女朋友》（2002年出品）。自那以来，坦桑尼亚人已创建了非洲大陆上产量最大的电视片产业。据估计，2010年每月出产一百部影片。电视片可以在短短一天之内完成所有拍摄，然后马上就制作成DVD或者CD，在该国大街小巷廉价出售，供家庭使用。其中有些电视片在YouTube等互联网站、汽车影院和付费收看的实惠的乡村影厅都能观看。第三章也讲到了该国电影业。①

---

① 罗莎琳·史密斯：《坦桑尼亚的故事片》，载《非洲事务》第88卷第352期，1989年7月，第389页；莫娜·恩古希克拉·姆瓦卡林加：《坦桑尼亚电影业的政治经济：从社会主义到开放的市场经济——1961～2010年》，堪萨斯州曼哈顿堪萨斯大学电影与媒体研究系博士论文；桑给巴尔国际电影节：《关于桑给巴尔国际电影节》，2011年，http://www.ziff.or.tz/about/ziff，2011年11月24日访问。

选美

选美是坦桑尼亚大众文化的一个重要部分。现在，该国有两大主要的选美比赛：坦桑尼亚小姐和坦桑尼亚环球小姐。前者是世界小姐大赛的一个附属赛事，后者和环球小姐大赛有关。每年这两大赛事的冠军可以代表坦桑尼亚继续参加地球小姐和国际小姐选美大赛。

坦桑尼亚选美比赛开始于 19 世纪 60 年代，由乞力马扎罗酒店赞助。那个时候，大部分参赛佳丽都来自达累斯萨拉姆，由于该比赛与任何全球选美比赛都没有关联，因此比赛的优胜者不能跨出国门继续参赛。1968 年，坦桑尼亚启动乌贾马政策时，该赛事被视为与坦桑尼亚的非洲文化相背离，因此政府明令禁止该项比赛。此外，当时一些民众、宗教团体以及其他压力集团指责选美比赛提倡不道德行为。该禁令一直持续到 1994 年，此时政府在其经济私有化行动中将选美合法化。

不久之后，1994 年里诺国际主办了破天荒第一次坦桑尼 185
亚小姐选美大赛。这届冠军得主是艾娜・琳达・玛埃达，她代表坦桑尼亚参加了世界小姐选美大赛。和 19 世纪 60 年代一样，19 世纪 90 年代时，选美这种艺术形式的再次引进引发了广泛争议，有人认为该比赛会降低国民的道德水平。但是，选美大赛的主办方此后就与政府合作，确保选美比赛与本国文化相符。得到社会广泛认可后，2007 年，坦桑尼亚举办了环球小姐坦桑尼亚大赛，冠军为芙拉维安娜・玛塔塔，此后她成了世界舞台上的超级模特。

喜剧

喜剧根植于坦桑尼亚的口语社会。然而，专业的喜剧表演
对坦桑尼亚来说是一种全新的艺术，它能够追溯到该国肇始于
186 1980 年代中期的媒体和经济自由化。从那以后，对喜剧的需
求显著增加，这反过来也导致喜剧逐步商业化，为该国喜剧娱
乐创造了全新路径。

随着坦桑尼亚喜剧日益专业化和商业化，它会更好地服务于该国不断变化、涌现出来的需要，比如用喜剧处理诸如政府腐败这样的敏感话题。坦桑尼亚著名的喜剧演员有埃文斯·布库库、巴布·阿尤布、多戈·佩佩和法利依·马浦帕。布库库也是呼呼塞拉娱乐公司的总经理，该公司已经开始把该国脱口秀人才组织起来，并使之商业化。尽管如此，和其他艺人一样，许多坦桑尼亚喜剧演员还是辛辛苦苦依靠其技艺谋生。①

---

① 奥顿·齐什维孔:《脱口秀在达累斯萨拉姆发展起来》，载《坦桑尼亚每日新闻》达累斯萨拉姆，2011 年 3 月 2 日，http：//www. allafrica. com/stories/201103030194. html，2011 年 11 月 24 日访问；《世界著名喜剧演员布斯曼假日来到达累斯萨拉姆》，载《坦桑尼亚每日新闻》，达累萨拉姆，2011 年 9 月 14 日，http：//wwwallafrica. com/stories/201109150768. html，2011 年 11 月 24 日访问。

新旧社会习俗和生活方式

传统—现代生活方式的连续体

当代坦桑尼亚的社会习俗和生活方式位于一个连续体上，左边是保守主义者，中间是折衷主义者，右边是现代主义者。从广义上讲，保守主义者指认同该国各部族传统价值观的坦桑尼亚人，他们出于自愿或由于所处地区而成为保守主义者。大多数保守主义者都生活在农村，他们很少与外界接触。但即便在农村，较确切地讲，坦桑尼亚许多农村居民也有着不同层次的传统主义倾向，有些人收入较高，拥有许多现代物质财产，比如电视和汽车，甚至可以说是现代主义者。

相反，坦桑尼亚现代主义者指拥有现代世界观的人，深受欧洲或者西方价值观——比如个人主义和物质主义的影响，这些价值观与传统生活方式的特征即社群价值背道而驰。许多现代主义者都生活在城市，与国内外现代主义者有着持续的接触。他们往往有着高收入，能够接触到本地和外国媒体，受过正规教育。然而并非所有的城市居民都是现代主义者，有些城市居民近来才从农村迁来，相当程度上还持有传统世界观，也很少享受到现代城市生活的便利，比如自来水和电。基于上述原因，坦桑尼亚城市可以同时具有现代主义和传统主义的矛盾场景。

许多坦桑尼亚人介于保守主义者和现代主义者之间，他们充分利用该国传统和现代社会经济部门，有选择地汲取二者最好的方面。以下是对该国大体上属于传统主义的农村生活方式和较具现代主义色彩的城市生活方式的一个简要介绍。

187 基于农村的传统社会习俗和生活方式

坦桑尼亚农村地区主要居住着保持传统生活方式的人。其中最主要的是狩猎—采集者、牧民、农民和渔民。

狩猎和采集当前主要为坦桑尼亚中北部的哈德扎人所从事。他们曾经在环绕埃亚西湖一个 4 000 平方公里的地方过着可持续的游荡生活，由于周边族群——诸如达托噶人、苏库马人和依兰巴人——人口、农田和家畜饲养量的增长，这块地方差不多消失了。因此，哈德扎人的狩猎和采集生活方式正在消亡。[①]

畜牧指主要依靠牛羊这样的牲畜谋生的实践。当前，坦桑尼亚中北部稀树草原和半干旱地区的马赛族主要实行这种生活方式。马赛族以前是游牧民族，由于他们曾占据的广袤牧场越来越少，而今他们被迫改变传统生活方式，转向牧场经营和定居畜牧业生产。现在许多马赛族人也转而种植农作物，也仍然定期出售家畜换钱从当地市场中购买食物。马赛族传统上历来珍重大群家畜，然而物质和文化条件的改变迫使许多马赛族人重新审视该传统。于是有些马赛族人就去上学，成为了现代坦桑尼亚经济的组成部分。

---

① 迈克尔·芬克尔：《哈德扎人》，载《国家地理杂志》，2009 年 12 月，http：//ngm. nationalgeographic. com/print/2009/12/hadzaa/finkel-text， 2011 年 12 月 1 日访问。

农业是坦桑尼亚农村占支配地位的生活方式。许多坦桑尼亚农民从事基本生存资料生产，一些人则是现代商品农作物和家畜生产者。许多农民为了规避风险，既种植农作物也饲养家畜。一般说来，每个坦桑尼亚农民都拥有一小块土地，使用传统的生产方式，极少使用机械以及现代商品肥料和种子。有些农民也按照所处地理位置，通过在当地从事野生动物渔猎来补充食物。该国部分地区也存在灌溉农业。

渔业常见于主要沿海地区和内陆渔场，比如印度洋和坦噶尼喀湖。然而，很少有人会完全依靠捕鱼为生。

大部分上述农村生活方式都扎根于各个村庄，这些村庄与农村市镇、集市混杂在一起，而市镇、集市与学校、健康中心和传教站点一道，构成了现代化的节点。现在许多坦桑尼亚农村人普遍能用上手机和以干电池供能的收音机。许多农村居民越来越多地用上太阳能和电力，于是就能看上电视，这日益推动着他们的现代化。

基于城市的新社会习俗和生活方式 188

和世界上大部分城市地区一样，坦桑尼亚城市主要居住着具有现代价值观念（重视职业发展、个人主义、创新、物质主义）和生活方式（比如医生、律师）的人。许多中高层收入者是公共、私营以及非盈利部门的中高层管理人员。这些人收入高，学历高，经常接触全球媒体，使他们在该国不断发展的全球化、大众消费和高品质生活文化中处于前沿。低收入人群多数就职于私营、非盈利部门的低层职位。然而绝大多数的坦桑尼亚城市居民都在非正规部门谋生。

该国城市居民也倾向于购买而非种植很多食物。他们也更可能和其他族群成员频繁交往。因此，坦桑尼亚大部分的跨民族婚姻都出现在城市地区。农村的身份象征包括家畜这样的东西，而城市居民则追求诸如小汽车这样的私有财产。

第八章　音乐、舞蹈和戏剧

音乐、舞蹈和戏剧是坦桑尼亚的文化的主要方面，也几乎 190
总出现在社会集会中，如婚礼、毕业典礼、政治集会和礼拜仪式。这三种艺术形式的使用程度在该国各地都不一样，这取决于场合、地点以及相关族群自己独特的价值观、文化和音乐/舞蹈/戏剧的历史。由于坦桑尼亚拥有 120 多个族群，因此，该国音乐相当多元化，尽管它表达、反映和赞美的是同样的一般性人类生活经历。

尽管坦桑尼亚人具有一定的读写能力，但由于该国很多文化通过口头传播，所以，在坦桑尼亚，音乐、舞蹈和戏剧特别重要。同该国文化许多其他内容一样，它的音乐、舞蹈、戏剧不断发生变化。

由于 YouTube（互联网视频共享网站）、互联网和其他廉价的录音录像技术，坦桑尼亚音乐和舞蹈在东非中部广泛传播并且流行起来。该国大部分地区性流行音乐用东非最普及的斯瓦希里语演唱。虽然英语是坦桑尼亚另一官方语言，但坦桑尼亚很少有音乐家英语说得或唱得很好。此外，由于推广不善以及来自美国、英国和其他国家以英语为母语的歌手的激烈竞争，对于坦桑尼亚英文歌手来说，打入国际市场很困难。坦桑尼亚戏剧由于同样这些原因，也由于扎根于当地文化，也没有在国际上获得成功。

191 坦桑尼亚一些主要的女性音乐家（群体）有雷·C、达塔兹、朱迪斯·万布拉（即杰伊迪女士）、K—林恩、塞伊达·卡罗莉、比·基都德、罗斯·姆汉多、西提·宾蒂·萨阿德和纳卡雅·苏马里。男性音乐家有朱玛·卡西姆·艾利（朱玛·纳切尔）、约瑟夫·姆比利尼（即二世先生）、已故的詹姆斯·玛吉利萨·丹杜（即酷詹姆斯）、阿卜杜勒·赛克斯（达尔利·赛克斯）、约瑟夫·豪勒（杰伊教授）、胡克威·雨彼·扎沃索和已故的雷米·欧加拉。

坦桑尼亚的音乐、舞蹈和戏剧的发展可分为三个不同时期：前殖民时期、殖民时期和后殖民时期。在前殖民时期，尽管坦桑尼亚各族群共享很多文化特征，但它们之间很少有有组织的文化交流，因此，各族群基本上只认同自己的音乐、舞蹈和戏剧。

随着殖民主义的到来，就产生了全国性的政府、经济以及内部运输与流通体系，于是也就迅速提高了不同族群间的互动与交流的水平，在音乐、舞蹈和戏剧方面更是如此。此外，该国在殖民时期引进了音乐录音技术。这种音乐录音技术很快催生了商业音乐产业，对该国音乐在各族群内部及之间的传播有极大帮助。与此同时，音乐播放器（如收音机和留声机）及新的音乐种类、乐器和作曲手法的引进也极大地帮助了该国音乐的发展与扩散。

自该国独立以来，殖民时期兴起的音乐、舞蹈和戏剧潮流迅猛成长。此外，该国日益增长的现代化、全球化、收入、人口流动与循环，以及现代舞蹈风格、音乐录制和传播技术（如 YouTube、互联网和廉价的数字音乐和视频录像机）的应用，导致坦桑尼亚人所享有的音乐、舞蹈和戏剧在数量、质量和种类上的爆发。

音　乐

坦桑尼亚音乐可以根据历史基础（传统基础、现代基础
或传统与现代混合基础）、地理来源（本地或外来）、类型 192
（声乐、器乐或两者兼有）、表演方式（组/合唱或独唱/个人演唱）、结构、曲目或功能用途进行细分。我们主要按地理和历史上的起源和功能来组织论述。

当代坦桑尼亚音乐大致可分为传统音乐、现代音乐或混合音乐。传统音乐是本土音乐且拥有更长的历史，而现代音乐起源时间较近且一般掺杂了许多外来影响。介于传统与现代音乐之间是一种混合音乐形式，混合音乐既连接了传统音乐与现代音乐，也含有这两种音乐各自独特的地方。此外，这种混合的音乐流派在工具和语言上的使用上采取了折衷的做法。

传统音乐比现代音乐流传更加广泛，因为传统音乐是本土音乐，人们也更容易使用当地语言来演唱它，也因为它是一代接一代口口相传下来的。传统音乐是大众音乐，它面向群众，它是为该国大多数居住在农村的族群所教授、表演、喜欢的音乐，甚至文盲也很容易理解这种音乐。

本土音乐存在于当地几乎所有社会文化和政治集会、节日和仪式中。具体来说，它用来安慰丧失亲人的人，赞美和纪念

生者与死者，发起、辅助和同步工作，也用来计时（即发起如教堂礼拜这样的的社会集会）。本土音乐也能使处于逆境中的人们振作精神，从而有助于治愈创伤。它还可以通过赞美良好行为与嘲讽不良行为来规范社会行为，就性别角色等事教育社会，还具有娱乐作用。①

坦桑尼亚许多族群的传统音乐有很多相同的特点，包括歌曲主题、歌唱与舞蹈风格、服装以及对五音调和七音调音阶的依赖。总之，相对于分别生活在该国国境两端的族群，相邻的族群更容易共享音乐的各个方面。

胡克威·雨彼·扎沃索直到 2003 年去世都是坦桑尼亚传统音乐的主要倡导者之一。塞伊达·卡罗莉——或许是该国最重要的传统音乐家——演唱大多来自坦桑尼亚西北部哈亚族群的歌曲的时候，扎沃索主要歌唱他所在戈戈族群的传统音乐。戈戈（瓦戈戈）族群生活在坦桑尼亚中部的多多马地区。

当代坦桑尼亚人享受来自不同地域的音乐。除了本土音乐，他们可以广泛接触到文化和语言上相似的邻国的音乐，这些国家有肯尼亚、乌干达、卢旺达、布隆迪、莫桑比克、赞比亚、马拉维和刚果民主共和国。美国音乐（说唱、嘻哈、流行音乐和福音音乐）、欧洲音乐（流行音乐）、加勒比音乐（雷鬼音乐）和印度音乐也在许多坦桑尼亚人中受到欢迎。大部分外国音乐通过商业渠道和网络来到坦桑尼亚。

---

① 格雷戈里·巴尔兹：《东非音乐：体验音乐，表达文化》，纽约和英国牛津：牛津大学出版社，2004 年，第 76 页。

传统音乐类型

坦桑尼亚有很多传统音乐类型，这些音乐类型牢牢地扎根于该国前殖民时期的文化，包括恩戈麦鼓（传统舞蹈、鼓乐、歌曲）和塔阿拉伯（演唱的斯瓦希里语诗歌）。这些音乐类型 193
使用种种传统乐器，如恩戈麦（鼓）、恩古噶（脚镯或称踝铃）、马林巴（一种木琴）、椰子壳小提琴、菲力姆比（木制或骨制的笛子和哨子）以及各种由象牙和一些动物角制成的传统小号。[①]

坦桑尼亚（非洲）传统音乐的基本特征包括它的参与性表演（即表演者和观众都参与进来），存在于社会几乎所有方面，同舞蹈或戏剧间的广泛联系，与语言的密切关系，带有击打乐的性质并使用击掌，单调的或者说固定不变的节拍，很少使用转调，即兴旋律的普遍使用，旋律和乐器几乎总是同时并存。[②]

和世界许多地方一样，在现代坦桑尼亚，传统音乐的未来是一个有持续争议的话题。不像在 20 世纪 60 年代后期到 80

---

① 亚历克斯·佩鲁洛：《在达累斯萨拉姆生活：流行音乐和坦桑尼亚音乐经济》，布卢明顿和印第安纳波利斯：印第安纳大学出版社，2011 年；坦桑尼亚驻华盛顿大使馆：《坦桑尼亚：民众和文化》，http：//www.tanzaniaembassy-us. org/? page-id = 136，2012 年 9 月 29 日访问。

② 亚历山大·阿克尔里·阿戈登：《传统和当代非洲音乐》，纽约：新星科学出版社，2005 年；罗尼·格雷姆：《斯坦恩当代非洲音乐指南》，载《非洲音乐的世界》（第二卷），伦敦：冥王星出版社，1992 年，第 159 ~ 162 页。

年代中期，当时坦桑尼亚积极寻求保护其传统音乐，这是当时自给自足的社会主义政策的一部分，现在该国是一个开放的经济体，其现代化和全球化迅速发展。因此，许多人担心坦桑尼亚将无法在很长时间内坚守住其传统音乐。的确，近几十年来，外国音乐大量涌入坦桑尼亚，似乎也证明了这些担忧，此时年轻人对坦桑尼亚传统音乐和舞蹈的热情似乎已在下滑。即使是“Muziki wa dansi（舞曲）——一种独特的、融合爵士、伦巴和传统音乐的斯瓦希里音乐，诞生于20世纪60年代刚刚独立的坦桑尼亚，当时出现民族自豪感的浪潮”——似乎也在衰退，在电视广播频道里被西方前40名轻音乐所取代。[①]

然而，尽管快速现代化仍是坦桑尼亚传统音乐的威胁，但一系列因素使传统音乐得以继续存在。首先，对全球化的不满促使该国出现重大的文化复兴，有助于坦桑尼亚保护传统音乐。例如，坦桑尼亚遗产项目正通过该国最古老的广播电台，即坦桑尼亚广播公司，努力保护该国丰富的Muziki wa dansi、部落舞蹈和其他经典作品，采取的措施就是把这些作品数字化，让公众能再次欣赏它们。此外，该国一些教育机构（如巴加莫约艺术学院）以及该国的国家艺术理事会也在努力保护其传统音乐。[②]

第二个因素是，虽然坦桑尼亚前总统朱利叶斯·尼雷尔利

① 希拉里·休尔：《坦桑尼亚传统音乐在衰退并要求保护》，载《基督教科学箴言报》，2012年3月23日，http://www.csmonitor.com/，2012年3月29日访问。

② 罗尼·格雷姆：《非洲音乐的世界》，第159页。

用该国音乐、舞蹈和戏剧来达到他的政治目的，但他同时让该国形成一种强大的音乐传统，现在人们正在用这种传统复苏和
保护该国传统音乐。第三，讽刺的是，从20世纪80年代中期 194
起，该国电视广播的自由化为坦桑尼亚传统音乐创造了市场。因此，该国现有很多受欢迎的传统音乐家，包括桑给巴尔有名的塔阿拉伯歌手法图玛·宾蒂·巴拉卡（艺名是毕·基都德）——已将近100岁的她仍在进行表演；基昆比·姆万扎·姆潘戈（就是一般所说的基基王［King Kiki］）；塞伊达·卡萝莱。塞伊达·卡萝莱极力推广她所属的哈亚族群的传统音乐。第四，新科技，如数码音乐和视频录制机、播放机以及互联网和YouTube，创造了一种简易的方式来记录和保护世俗的音乐文化，其中包括坦桑尼亚传统音乐文化。另外，这些科技也让全球的坦桑尼亚传统音乐迷可以轻易接触到坦桑尼亚传统音乐，从而帮助保护它。

现在该国传统音乐领头人是基昆比·姆万扎·姆潘戈（基基王）、法图玛·宾蒂·巴拉卡（毕·基都德，桑给巴尔的小格兰尼），还有塞伊达·卡萝莱。基昆比·姆万扎·姆潘戈从刚果民主共和国加入坦桑尼亚国籍。他组建了首都管弦乐团。20世纪70年代，他来到坦桑尼亚，并在1997年成为坦桑尼亚公民。他因作品《珍珠鸡的审判》和《白手帕》而闻名。在2012年4月举行的坦桑尼亚乞力马扎罗音乐奖颁奖仪

195 式上，基基王进入该奖项的名人堂。[①] 法图玛·宾蒂·巴拉卡20世纪初诞生于殖民地桑给巴尔姆发基马兰戈村的一个卖椰子的家庭。她现在年过百岁，是鼓乐文化专家、桑给巴尔古典塔阿拉伯（斯瓦希里海岸的音乐，融合了非洲和阿拉伯传统和乐具）专家和坦桑尼亚现代舞蹈爵士乐专家。她也因在安亚格仪式（斯瓦希里青年妇女婚前的成年礼）上的传统文化工作、海娜纹身艺术（穆斯林妇女手臂和腿上精致的婚礼装饰）、生产万佳（用于海娜纹身装饰的颜料）和传统治疗术而闻名。2007年，毕·基都德成为从桑给巴尔国际电影节获得终身成就奖的第一位艺术家。[②] 以下是对坦桑尼亚传统音乐的简要介绍。

宫廷音乐

宫廷音乐（参阅原书第70~71页对歌手哈比卜·塞勒摩尼的介绍）一直在该国的传统酋邦和王国宫廷里演奏，直到20世纪60年代这些酋邦和王国被废除为止。这些酋邦和王国包括卡盖拉地区的卡拉圭、西乌桑巴拉山脉一带的尚贝和桑给

---

① 保罗·奥维尔：《雷米和基基王获奖》，载《公民》，2012年4月16日，http：//www. thecitizen. co. tz/entertainment/21507-remmy-king-kiki-honoured. html，2012年7月1日访问；穆罕默德·卡津贡贝：《基基王和他的音乐历程，从1962年到2012年》，载《商业时报》，2012年6月8日，http：//www. businesstimes. co. tz/，2012年7月1日访问。

② 桑给巴尔国际电影节：《桑给巴尔国际电影节2007》，http：//www. youtube. com/watch？v = FchHjxJkUQw，2012年6月27日访问。

巴尔苏丹国（1856~1964年）。[①]

该国废除了酋邦和王国之后，宫廷音乐差不多消失了，尽管自那以后该国也出现了为政治要人如总统提供娱乐的某种“宫廷音乐”。该国有一些音乐和舞蹈团队都是为这个目的存在。巴加莫约艺术学院是该国传统音乐和其他音乐流派的主要创作者和保护者。[②]

颂乐

这种音乐用来赞颂个人（在世或去世）、家庭、部族、地区、物体或民族的优秀品质和成就。尽管很多颂乐都不乏对颂扬对象的赞颂，但真正优秀的作品出自经验老道的颂乐作者之手，他们对颂扬对象有着细致而真诚的研究。颂歌通常运用在诞辰、婚礼、退休典礼或者政治集会上。

休闲娱乐音乐

在传统和现代的坦桑尼亚社会的闲暇生活中，音乐一直都扮演着重要的角色。在很多情况下这种音乐具有高度的参与性，通常在工作日结束的晚上演奏。除了用于娱乐，坦桑尼亚传统休闲音乐还用作教导社会成员的工具，以促进值得称道的社会价值和品质。很多坦桑尼亚族群的传统音乐依然充满

① 阿德瓦么格：《尚贝》，http://www.everyculture.com/wc/Tajikistan-to-Zimbabwe/Shambaa.html，2012年3月27日访问；非洲艺术和生活在线：《卡拉圭资讯》，1998年11月3日，http://www.uiowa.edu/~africart/toc/people/Karagwe.html，2012年5月27日访问；卡盖拉坦桑尼亚工农商会：《卡里布卡盖拉—布科巴—坦桑尼亚》，http://www.kagera.org/index.htm，2012年3月27日访问。

② 罗尼·格雷姆：《非洲音乐的世界》，第159页。

活力。

196 劳动号子

在该国很多地方，一起劳动的一批人在工作日用歌曲来同步、协调他们的工作，做艰苦、乏味工作时也用歌曲保持工作积极性。劳动号子常常随族群、年纪、性别和职业的不同而有着广泛的差别。比如，该国渔民、牧民和农民的劳动号子用于实用目的，跟别的劳动号子不一样。

礼拜音乐

坦桑尼亚很多礼拜仪式、咒语仪式和先祖祭祀都伴随着特别的音乐、舞蹈和戏剧类型。比如，苏库马很多传统宗教仪式以独特的音乐、舞蹈、鼓乐甚至耍蛇术为特征。该国的基督教社区就基于这一传统，拥有流行于整个东非的充满活力的斯瓦希里礼拜音乐。

仪式和节日音乐

繁多的社会仪式，比如婚礼、成人礼（比如洗礼）以及其他通过仪式（rites of passage），都有自己独特的音乐。像婚礼音乐除了告诉新郎新娘如何走向成功的婚姻，通常也对新郎和新娘大加赞誉。同样，很多成年礼音乐赞美新成年者，并教导他们其新角色的责任和权利。

葬礼挽歌

赞颂逝者、祖先和神明的安魂曲是坦桑尼亚葬礼的一个组成部分。传统葬礼上，挽歌哀悼逝者，鼓励生者，恳求逝者平静地离去并带给生者宁静。尽管坦桑尼亚葬礼通常是悲伤的场合，但如果死者活到了耄耋之年，葬礼也会相当喜庆。许多基督教派强烈信仰来世，于是也就产生了庆祝性葬礼，因为他们相信死者在天堂上一个更好的地方。

现代音乐流派

坦桑尼亚现代音乐根据来源、地理情况、形式和功能分为很多种。作为一个沿海国家，该国长期有外国人出入，因此，坦桑尼亚受到周边非洲国家（比如肯尼亚、乌干达、刚果、卢旺达、布隆迪、莫桑比克、马拉维）以及阿拉伯半岛、印度、美国、加勒比等遥远地区音乐的混杂的影响。

这里的现代音乐可以追溯到20世纪，其起源、形式、风 197
格往往大相径庭。这种音乐以录音的形式，通过音乐会、CD、大众媒体（如广播和电视）、互联网（网上乐手和商店）和音像店而出售和推向市场。

坦桑尼亚现代音乐时代始于20世纪初，当时欧洲传教士、商人、殖民地官员带来了现代录音机、播放机和新的音乐类型。与此同时，殖民政体建立了现代交通和通讯方式，这让坦桑尼亚人在哪儿都能接触到现代音乐，因此，有利于该国音乐的现代化发展。

坦桑尼亚人首先接触到的是欧洲音乐风格和乐器，这些是由向外传播基督教的传教士引入的。基督教传教士在传教的过程中，也建立起该国第一批西式学校并且教授音乐。最初这些学校向学生传授基督教音乐，而不久之后关于谱曲、读谱和音乐录音的基本知识就开始传播到大众市场。

因为坦噶尼喀（坦桑尼亚大陆地区）是德国殖民地，德国人类学家卡尔·曼霍夫1902年在德属东非旅行时，成为第一个录制坦桑尼亚本土音乐的人。不幸的是，他做的这些录音没留下备份。到1902年，主人之声留声机公司的雇员J. 缪尔注意到录制音乐当时在坦桑尼亚和东非很多地方有潜在市场，可以满足那些新出现的欧裔和印裔族群——他们开始使用留声机——的需求。这些录制音乐由印度供应。同时，伦敦大学亚非学院教师艾丽斯·维尔纳录制了沿海地区的一些斯瓦希里塔阿拉伯音乐作品，现在这些样品在伦敦保存。[①]

到20世纪20年代，进口的阿拉伯、印度和欧洲商业音乐唱片（每分钟78转）在非洲东海岸已经可以买到。当时可以买到的欧式音乐唱片来自美国、英国、法国、德国、意大利和葡萄牙，与此同时，东非一带西式乐器，比如吉他，日渐增多。于是，欧式音乐的传入就开始对东非折衷型现代音乐的形成发挥了重要作用。整个20世纪20年代，主人之声等留声机公司在东非推广留声机和音乐唱片这个进程中扮演着重要角色，而直到1928年3月，主人之声的印度分公司才派来一个录音师到蒙巴萨（位于今天的肯尼亚），为当时斯瓦希里海岸顶尖的音乐家——非常受欢迎的桑给巴尔女歌手沙赫尔·西提·宾蒂·萨阿德以及和她同时期的男歌手马利姆·沙班和苏
198 贝提·安巴尔——录音。[②] 这三名音乐家录制了62首歌，其中有56首是1928年8月用每分钟78转的唱片录制的。

主人之声公司的商业成功导致1929年8月该公司制作了

---

① 拉斯·弗雷德里克松：《东方盛宴：保罗·弗农的世界音乐录制史系列作品探讨在东非》，1997年4月17日，http://bolingo.org/audio/texts/fr145eastafrica.html，2012年4月3日访问。

② 该名录音师去了蒙巴萨，因为在那时，今天肯尼亚沿海地区为桑给巴尔苏丹所统治。它回归到肯尼亚是在1963年独立时期。

更多取得了商业成功的唱片。到了1930年，这吸引了更多唱片公司参与到竞争中来，特别是奥迪恩唱片公司和哥伦比亚唱片公司。其中，奥迪恩唱片公司取得了巨大的商业成功，这特别是由于该公司签约了西提·宾蒂·萨阿德，也雄心勃勃地在邻近的莫桑比克和马达加斯加制作了新唱片。与此同时，奥迪恩公司在当时相邻的乌干达录制了第一批非洲化的基督教音乐样片，虽然在商业上并不是很成功。最终，奥迪恩、主人之声和哥伦比亚三家公司相互之间的竞争削弱了彼此实力，于是三家公司就只得合并为百代唱片公司，位于英国米德尔塞克斯郡的海斯。百代唱片通过其在内罗毕的东非音乐商店代理分销唱片。该公司借助于在内罗毕的代理机构，使得唱片产业在坦桑尼亚以及整个东非各地广泛成长，而到了20世纪40年代，因为坦桑尼亚和东非邻国的英国殖民者对唱片内容中的颠覆政权内容的审查，坦桑尼亚和东非很多地区的唱片销量开始下降。

虽然第一次、第二次世界大战以及争取自由的斗争阻滞了东非商业音乐的发展，但是在1946年，另一项技术拯救了这一情况：无线广播日益受到欢迎，个人收音机便宜，乃至于音乐唱片和音乐表演直播能让更广泛的听众欣赏音乐。到了20世纪50年代，百代唱片面临来自本地和全球众多音乐品牌的激烈竞争，不得不在蒙巴萨、内罗毕和达累斯萨拉姆建立录音室。这一举措意义重大，因为坦桑尼亚艺术家再也不用跑到现代肯尼亚录制唱片了。同时随着电力的使用日益广泛，录音和扩音技术的创新遍地开花。很快英国广播公司也加入进来，它的英语和非洲本地语言播音节目大大地增加了对本地音乐的需求。

在坦桑尼亚大陆地区，本地电台广播开始于一个叫达累斯萨拉姆之声的小型电台的建立——1951 年 7 月创建于达累斯萨拉姆。1955 年下半年，英国殖民政府通过装置功率更强大的发射机，将该电台服务扩展到各省，并将电台更名为坦噶尼喀广播服务，一年后又更名为坦噶尼喀广播公司。这个电台以坦噶尼喀广播公司的名义运营，直到独立之后，政府于 1965 年 3 月将其更名为坦桑尼亚达累斯萨拉姆广播电台，2002 年又变回 TBS（坦桑尼亚广播服务公司）。[①]

199 20 世纪 60 年代初，坦桑尼亚独立的时候，另一影响深远的事件是大量刚果音乐家为逃离国家内战和其他困难而涌入坦桑尼亚，塑造了该国的音乐。这些音乐家包括已故的雷米·欧加拉和基昆比·姆万扎·姆潘戈。他们不仅将刚果音乐引入坦桑尼亚，而且成为主要音乐家，并最终帮助坦桑尼亚创造了现在主流的折衷型音乐风格，把纯粹的吉他表演与刚果音乐融合起来。[②] 刚果音乐家涌入引起了一阵子争议，同时，他们常受到驱逐出境的威胁，但最终得以融入这个国家。

目前，坦桑尼亚有很多现代音乐类型，包括福音音乐、合唱乐、舞乐、邦戈弗拉瓦或称嘻哈（说唱、拉格和 R&B）、雷鬼、姆奇里库（电子恩哥麦，即传统舞蹈、鼓乐和歌曲），祖卡和恩多姆波洛（即起源于刚果共和国和刚果民主共和国的一种快节奏舞曲）。下面简要介绍其中一些较为流行的音乐

① 坦桑尼亚广播公司：《历史背景》，2012 年，http：//www. tbc. go. tz/ ~ tbcgo/tbc1/historical-background. html，2012 年 4 月 3 日访问。

② 拉斯·弗雷德里克松：《东方盛宴》。

类型。

福音音乐

福音音乐或基督教音乐在坦桑尼亚相当流行，因为该国有大量的基督教徒。福音音乐有不同的形式，包括唱诗班乐、丹西舞乐、雷鬼和祖卡，前两种音乐形式最受欢迎，并成功商业化了。福音音乐的成功有很多方面的因素，包括受到很多坦桑尼亚人欢迎，尤其受青年人——占该国人口大多数——的喜爱；它轻快活泼并大量使用现代乐器，如电吉他、电子键盘和电子鼓；流行于该国舞厅、露天福音传道会以及受欢迎电台和电视台中；并且它幸运地拥有很多明星表演者（大多数是女性）表演——表演过程中通常还伴有充满活力的舞者。此外，近年该国大众媒体的自由化、越来越多地用上廉价的视频唱片以及共享技术（如 YouTube）都大力推广了福音音乐，也让全球观众可了解到福音音乐。坦桑尼亚主要福音音乐艺术家有女性表演家罗斯·姆汉多、巴哈蒂·布科科、克莉丝汀娜·苏索；男性表演家有所罗门·马库巴瓦与博尼·姆维特格。[①]

合唱乐/唱诗班乐

这种音乐是由宗教的和世俗的合唱团演奏的。尽管穆斯林唱诗班，如基利马尼穆斯林学校唱诗班，很稀少，但有成千上万的基督福音唱诗班和少量的世俗唱诗班。因此，我们将简洁

① 亚历克斯·佩鲁洛：《在达累斯萨拉姆生活》，第 356 ~ 366 页；基云杜·瓦韦罗：《姆汉多曾经是一名穆斯林，患了怪病后皈依基督教》，载《标准》，2010 年 9 月 18 日，http：//standardia. co. ke/? articleID = 2000018597&story-title = Once-a-Muslim，-mysterious-disease-drove-muhando-to-Christianity，2012 年 5 月 30 日访问。

地重点介绍后面这两种唱诗班。

200 基督合唱团在坦桑尼亚福音音乐中发挥着很重要的作用，并且往往分为三类：主要唱诗班、青年唱诗班和福音派唱诗班。它们起源于基督教的各个传教教堂和学校——从 19 世纪 60 年代起，这些教堂和学校力图把该国基督教化。在前殖民和殖民时期的无文字记录的坦桑尼亚社会，唱诗班利用当地人对音乐的热爱，成为传教的有效工具。尽管大多数唱诗班最初依赖于翻译或改编欧洲歌曲，但随着时间的推移，很多唱诗班发展出了一种强大的本地音乐作曲传统。①

坦桑尼亚主要福音合唱乐作曲家包括基甸·穆德格拉，他也是达累斯萨拉姆基督教音乐协会的导演，该协会主办了一些该城市重大的合唱乐比赛。基甸·穆德格拉也是坦桑尼亚一个主要的路德会唱诗班——爱的唱诗班——的音乐导演和指挥。穆德格拉的作品经常借用他所属的赫赫族群以及更广阔的非洲和欧洲传统。

现代福音唱诗班通常在一周的中间为他们周末的教堂表演进行训练；有风琴、钢琴、合成乐器以及传统或现代的套鼓；偶尔为当地广播电台和电视台录制音乐；常同其他唱诗班一起参加比赛；有着统一的服装；经常受到乐队的支持。坦桑尼亚福音唱诗班的一个重要的独特特征在于他们的演唱风格经常强烈地反映了它们教会的神学和礼拜仪式。因此，尽管基督复临安息日会唱诗班和罗马天主教唱诗班常较少使用舞蹈和乐器而

---

① 亚历克斯·佩鲁洛：《在达累斯萨拉姆生活》，第 356 ~ 366 页；格雷戈里·巴尔兹：《东非音乐》，第 64 ~ 65 页。

更加强调歌词，但路德会唱诗班、圣公会唱诗班和非洲内陆教会唱诗班（不论是青少年唱诗班还是成年人唱诗班）倾向更多使用乐器、舞蹈和戏剧，并融合了更多非洲传统舞蹈和歌唱元素。

该国一些主要的福音唱诗班有，坦桑尼亚福音路德教会的青少年唱诗班 KKKT—姆洛沃和主要唱诗班 KKKT—沃尤莱，非洲内陆教会的姆瓦都—辛岩加唱诗班和马孔格罗唱诗班，罗马天主教会的塞西利娅—阿鲁沙唱诗班、维卡尤圣公会唱诗班和基督复临安息日会唱诗班。除了这些主流宗派唱诗班外，也有由一些非宗派宗教团体（主要是福音会团体）团体，包括位于达累斯萨拉姆的新生十字唱诗班和基隆多尼复活唱诗班。该国所有重要唱诗班的音乐样本现都可以在 YouTube 上找到。

世俗合唱音乐

尽管唱诗班音乐起源于基督教会，但到 20 世纪中期，它发展到世俗社会里，并在该国的自由斗争中起到了重要作用。
独立后，政府利用世俗合唱团以及喜剧和戏剧团来促进其政 201
治、社会和发展的议程。许多学校和文化团体仍还保有合唱团、喜剧团和戏剧团，这些团体曾经并将继续发挥教育等社会功能，比如款待地方和国家领导人。虽然从 20 世纪 80 年代中期坦桑尼亚的社会主义终结以来，全国各地的这些唱诗班已经衰微，但是，它们同行福音唱诗班仍继续蓬勃发展。

邦戈—弗拉瓦（邦戈—弗雷瓦）

这是一个折衷型音乐流派，涵盖了节奏布鲁斯、说唱、拉格和祖卡等流派。邦戈（意为“头脑”）弗拉瓦（意为“风格”）这个名字的意思是来自达累斯萨拉姆的音乐，因为生活在达累斯萨拉姆街头需要很多街头智慧。还有人认为，该流派的名字是对该国首要城市和主要社会、文化、经济、政治中心达累斯萨拉姆的致敬。邦戈弗拉瓦艺术家常用音乐展现日常生活中的许多问题，而主宰这一流派的年轻艺术家的演唱主题大多关于爱、关系和性。接下来我们简要介绍这一流派的分支：节奏布鲁斯和嘻哈。

节奏布鲁斯起源于美国黑人音乐流派，自 20 世纪 40 年代开始引入坦桑尼亚。像后来出现的并与其有密切关系的说唱或嘻哈一样，R&B 起源于旧城区非裔美国人社区，并从 20 世纪 40 年代到 60 年代流行于美国音乐榜单。它包含布鲁斯、福音音乐和灵魂音乐的要素，并专注于爱情及其他主题。坦桑尼亚 R&B 的一个主要创新在于，它是用当地斯瓦希里语演唱的。当地最佳 R&B 歌手是朱迪思·戴恩斯·万布拉·姆比伯，俗称杰伊迪女士。她赢得了无数的奖项，包括 2004 年的坦桑尼亚音乐奖的最佳 R&B 唱片奖（唱片名为《女儿》），2006 年和 2008 年非洲珍珠音乐奖的最佳女艺术家奖（坦桑尼亚）和 2008 年基西马音乐奖的坦桑尼亚年度歌曲奖（与玛托尼娅一起合作的《安妮塔》）。2012 年，最佳 R&B 歌曲是本·波尔的《我的头号粉丝》。

嘻哈或说唱这种音乐类型发展于 20 世纪 70 年代的美国旧城区非裔社区。尽管它试图传达在美国旧城区环境中，人们每天生活中的挑战，但现在这种音乐类型已流传到世界其他许多地区，包括坦桑尼亚城市地区。无论流传到哪里，它总是带有一些地方特色。

坦桑尼亚说唱出现于 20 世纪 90 年代初，当时当地青年人开始模仿美国黑人青年的说唱方式，即运用有节奏、有韵律的讲话或诗歌。此后，当地的说唱艺术家革新了该流派，使之本土化，并创造了一种独特的说唱形式——包括当地非洲击打风 202
格和奇异的旋律；含有舞厅、塔阿拉伯和印度电影的节奏；含有斯瓦希里语和当地其他语言的歌词。有时候，歌词混合了英语和斯瓦希里语。① 坦桑尼亚嘻哈音乐可以是世俗音乐也可以是宗教音乐。

尽管说嘻哈源自美国的下等阶层，但在坦桑尼亚，它首先是由中上层青年人通过西方媒体引入的。从那时起，它在该国城市青年中开始广为流行。下层年轻人用它来发泄自己对于城市生活的不满，而中产阶级的年轻人主要用它来娱乐生活。由于最初人们认为，该流派与诸如暴力、黑帮和滥交这样的非女性特质具有负面联系，坦桑尼亚说唱主要是男性的音乐。因此，该国只有极少数女性说唱歌手，包括佛罗伦萨·卡塞拉（艺名为达塔兹）。

约瑟夫·姆比利尼（艺名为二世先生、苏古（Sugu）或自豪的二先生）是坦桑尼亚创始和领导嘻哈的艺术家之一。由于他的嘻哈非常流行，2010 年他当选为坦桑尼亚议员，代表姆贝亚镇选区。保罗·马特西是该国嘻哈主要制作商之一。

丹西舞乐

Dansi 丹西起源于“舞蹈”（dance）一词。这种音乐受到

---

① 皮特·简·哈斯、托马斯·杰斯赫伊曾：《在邦戈内部：斯瓦希里说唱使其成真》，载《竞争！东非的竞争性音乐争表演》，福兰克·刚德森，乔治·F. 巴尔兹编，达累斯萨拉姆：福矛出版社，2000 年，第 295 ~ 296 页。

刚果、坦桑尼亚、古巴、欧洲以及世界其他地区的影响。各个丹西音乐团体在规模、乐器（吉他、鼓、键盘、喇叭、小号）和音乐传统上具有广泛的差异，可表演动作量较少的舞蹈，也可表演动作量较多的舞蹈。丹西歌曲往往包含缓慢抒情的一段。抒情之后是一个适合跳舞的部分，这一部分通常节奏较快。当地众多舞蹈乐队通常配上女性舞者。女性舞者表演的抒情部分一般揭示了从平凡的问题到严峻的社会、经济和政治问题等各种事情。有些丹西乐队唱片中往往包括颂扬性的演唱和曲目，为了赞美那些乐队赞助者、国家和地方英雄以及政治家，这些人经常聆听丹西乐队激励自我。[①]

从20世纪40年代到80年代中期，该国丹西乐坛由刚果（前身是扎伊尔，现在是刚果民主共和国）乐队或那些模仿刚果乐队的乐队主导。因此，这种音乐常有林加拉语歌词和刚果
203 伦巴舞蹈风格。此外，著名的刚果音乐大师，如弗兰科·卢安波·玛吉阿迪和塔布·莱，给坦桑尼亚当代坦桑尼亚丹西音乐表演者留下了持久的影响。

从20世纪40年代起，该国许多流行的丹西乐队成了各种“爵士”乐队，如此命名的原因是这些乐队含有许多爵士乐元素，如萨克斯管、小号和缓慢的舞蹈风格。其中一些著名的乐队有DDC姆利马尼公园、达累斯萨拉姆爵士乐队和维亚娜爵士以及近几十年出现的玛苏佳—穆西卡乐队。虽然在20世纪

① 沃纳·格雷布纳：《Ngoma ya Ukae：坦桑尼亚舞蹈乐曲中的竞争社会结构》，载《竞争！东非的竞争性音乐争表演》，福兰克·刚德森，乔治·F. 巴尔兹编，达累斯萨拉姆：福矛出版社，2000年，第295～318页。

50 年代坦桑尼亚拥有了自己的民族音乐唱片业，但许多乐队更喜欢在邻国肯尼亚内罗毕的更为现代化的工作室录制他们的音乐，直到 20 世纪 80 年代尚是如此。在过去几十年中，该国最著名的丹西音乐家名单中有已故的姆巴拉卡·姆温舒赫和已故的雷米·欧加拉博士（原名拉马扎尼·姆托罗·欧加拉·瓦蒙干贝）。目前，该国舞蹈界由基昆比·姆万扎·姆潘戈（基基王）和奎因·达林等人独揽大局。他们的歌曲《玛尼诺玛尼诺》在 2012 年的坦桑尼亚乞力马扎罗音乐奖上获得了最佳舞厅歌曲奖。

雷鬼

尽管雷鬼对该国来说不算新东西，但直到 20 世纪 80 年代，该流派主要表演者耶·金布特于 1981 年回国，它才真正在该国扎根。金布特——其音乐风格含有爵士、灵歌和坦桑尼亚当地影响的因素——在欧洲大学校园里接触到雷鬼。回国后不久，他于 1983 年成立了根和文化乐队，并按照法律规定在国家艺术理事会注册该乐队。除了坦桑尼亚，金布特还在特立尼达、津巴布韦、赞比亚、博兹瓦纳、海地、欧洲和斯堪的纳维亚半岛进行过演出。

坦桑尼亚雷鬼发展有限，部分原因在于它的制作费用高昂——因为它的录制需要乐队现场演出，也在于雷鬼节目的无线播放较少。此外，该国强有力的产权保护机制的缺乏阻碍了雷鬼和其他音乐流派在该国的发展。进入全球音乐市场对于该国很多雷鬼音乐家来说也是一个挑战。该国其他雷鬼表演者有尹诺森特·恩加尼洋瓦、艾莉克斯·卡朱穆洛，和出生于牙买加的埃弗顿·金—贝利——别名为占兹·B。2012 年，该国最佳雷鬼歌曲是阿鲁沙黄金乐队的“来自东方的战士”。①

姆奇里库

这种音乐风格类似于嘻哈，早于嘻哈出现。20 世纪 70 年代初期，该音乐风格在该国达累斯萨拉姆、滨海区（海岸）和莫罗戈罗地区的贫困地区出现并流行起来。它起源于传统扎拉莫舞蹈或称恩戈麦——扎拉莫人是达拉斯萨姆地区主要族群。此音乐类型以快节奏的、反复的、充满活力的歌词和韵律为特征。演奏时，使用小型手持卡西欧键盘、鼓和口哨以及用当地各种材料拼凑起来的乐器（如用棍子击打旧罐子）。

因为其下流的歌词和色情的舞蹈，政府曾两次（20 世纪
204 70 年代和 90 年代中期）禁止姆奇里库，尽管禁令几乎不可能得到执行。除了爱情主题，姆奇里库音乐也因其对青少年问题——如吸毒酗酒、失业和为生活挣扎——刺骨的社会批评而闻名，它也因为为如何在达拉斯萨拉姆恶劣的城市迷宫中生存下去提供经验而闻名。这也部分地解释了该国广播排斥该音乐以及达累斯萨拉姆中上层阶级对这种音乐不满的原因。

传统上以及现在一定程度上，婚礼和男孩成年仪式上会使

---

① 亚历克斯·佩鲁洛：《在达累斯萨拉姆生活》，第 365 ~ 366 页；斯万斯科特·维萨尔科夫——瑞典民间音乐和爵士乐中心：《研究达累斯萨拉姆的说唱、雷鬼：根和文化乐队——杰克·金布特》，2012 年，http://www.visarkiv.se/en/mmm/media/africa/r&c.html，2012 年 6 月 6 日访问；斯佩基罗扎·约瑟夫：《占兹·B：坦桑尼亚雷鬼需要一些微调》，载《商业时代周刊》，2010 年 11 月 19 日；坦桑尼亚乞力马扎罗音乐奖：《2011 ~ 2012 年基西音乐奖获奖者》，2012 年，http://www,kilitime.co.tz/awards/2009/winners/index.html，2012 年 6 月 7 日访问。

用类似姆奇里库的音乐。它庸俗的歌词和舞蹈教授年轻人生育的过程。家庭聚会时，人们过去和现在都常常在房子的前廊演奏姆奇里库，而在城市地区，人们主要在街道上或楼房间空旷区域表演它。随着时间的推移，尤其在达累斯萨拉姆，主要通过盒式磁带销售的姆奇里库已承担起更加前卫和隐秘的娱乐作用。

尽管一些姆奇里库乐队，如亚戈瓦音乐乐队，于20世纪90年代出现在达累斯萨拉姆，但由于邦戈弗拉瓦和嘻哈的日益流行，姆奇里库近年来处于衰退之中。目前，该音乐流派主要艺术家有阿布达拉·格拉和阿卜杜勒·乔洛乔——亚戈瓦音乐乐队两位领导人。尽管该流派明显衰退，但近来经过亚戈瓦音乐等乐队的创新，该流派似乎正在复兴和成为主流。2011年亚戈瓦音乐乐队在享有盛名的罗斯基勒音乐节——最大的北欧文化和音乐节——上的表演可以证明这一点。2012年，亚戈瓦音乐乐队在布鲁塞尔的克拉姆唱片公司发布了首张CD专辑《邦戈苦思》[①]。这张专辑之后，亚戈瓦音乐乐队似乎正在很好地将姆奇里库主流化，这让人联想到嘻哈从边缘到流行的过程。[②]

---

① 邦戈（Bango）也是当地居民对达累斯萨拉姆的俗称。专辑名的寓意是：要想在达累斯萨拉姆生存下去，就要多动脑筋。——译者

② 亚历克斯·佩鲁洛：《在达累斯萨拉姆生活》，第364~365页；罗斯基勒节：《贾戈瓦音乐》，2012年，http://roskilde-festival.dk/uk/band/singleband/jagwa-music/，2012年6月6日访问；克兰迪斯蒂诺研究所：《贾戈瓦音乐》，2012年，http://clandestineofestival.org/2012/en/jagwa-music/，2012年6月6日访问。

塔阿拉伯

塔阿拉伯主要演唱阿拉伯语和斯瓦希里语诗歌，这种音乐主要流行于该国沿海和城市地区。塔阿拉伯作为苏丹赛义德·巴伽什·本·萨伊德宫殿的宫廷音乐起源于桑给巴尔，然后流传至整个东非。虽然最初用于娱乐，但它现在就各种问题——包括政治问题、宗教问题和关系问题——向社会表达看法，教导社会。传统上，塔阿拉伯很少含有舞蹈，尽管观众可以自由地给优秀表演者小费。塔阿拉伯早已被记录，并以录音的形式在该国广播电视中广泛传播，尤其在沿海地区。

塔阿拉伯可以分为古典塔阿拉伯或现代塔阿拉伯。古典塔阿拉伯不太受欢迎且主要局限于桑给巴尔，通常由一个管弦乐队演出，乐队有拨弦琵琶、小提琴、高脚鼓和手鼓的乐队和一个及以上的用阿拉伯语或斯瓦希里语演唱的歌手。古典塔阿拉伯主要通过谚语、谜语和图像交流，并较少被商业化。

205 不像古典塔阿拉伯，现代塔阿拉伯更加商业化，而且有许多流行乐队经常在达累斯萨拉姆、桑给巴尔、坦噶、多多马、姆万扎、伊林加和坦桑尼亚其他城市演出现代塔阿拉伯。通常由少数鼓手、吉他手、键盘手和通常坐在乐队前依次歌唱的一些歌手组成的现代乐队表演塔阿拉伯。现代科技进步让小型现代塔阿拉伯乐队成为可能，如电子键盘可以代替几种乐器。与古典塔阿拉伯不同的是，现代塔阿拉伯现在也十分适合跳舞。

因为面临商业压力，随着时间的推移，现代塔阿拉伯转而采用更为开放的语言。它也变得尖酸刻薄、粗俗、贬低妇女，而妇女是爱情主题现代塔阿拉伯音乐的主要表演者和消费者。争风吃醋的人，比如一夫多妻制婚姻中的女性或想让某位男人爱恋自己的女性，经常使用现代塔阿拉伯中的刻薄诗词来嘲讽彼此作为爱人和妻子的失败。不出所料，女性间争吵已经成为现代塔阿拉伯表演的一个共同特点。塔阿拉伯也长期为如妇女和同性恋者这样的边缘群体提供安全的社会空间。桑给巴尔的法图玛·宾蒂·巴扎卡是坦桑尼亚主要的塔阿拉伯歌手之一。在2012年坦桑尼亚/乞力马扎罗音乐奖评选中，玛莎乌·克拉斯克（伊莎·玛莎乌兹）的歌曲《谁像妈妈》被票选为最佳塔阿拉伯歌曲。①

文化/民间流行音乐

文化/民间流行音乐是现代化的传统民间音乐（即坦桑尼亚传统社会的音乐），由现代音乐家演出，并通过商业渠道如流行音乐会、广播电台、音乐工作室和唱片商店等推销。该国当前许多流行艺术家在一定程度其实是流行文化演员，因为很多艺术家受到他们的文化之根的影响。因此，很多人纷纷重新包装该国民俗音乐和舞蹈，使之适应现代社会，如将流行的传统舞蹈、服装、乐器、曲调结合到他们的表演中，或为现代音乐类型、风格和乐器而改编传统曲调。目前，塞伊达·卡萝莱是坦桑尼亚最受欢迎的文化/民间流行艺术家。她所以闻名，不仅因为她对传统哈亚音乐的现代化诠释，也因为她通过生机勃勃、引人入胜并很适于舞蹈的乐队旋律在该国各地推广传统音乐。她是一名成功的歌手、作曲家、舞蹈家和鼓手。她对坦

---

① 亚历克斯·佩鲁洛：《在达累斯萨拉姆生活》，第367页；纳萨莉·阿诺德：《放下无耻：走进桑给巴尔诗歌和政治，从1995年到2001年》，载《非洲文学研究》33卷第3期，2002年秋，第140～166页。

桑尼亚传统乡村音乐、社会和生活的干脆利索而独特的看法，为她在东非各地赢得了很多粉丝。她在坦桑尼亚音乐奖和科拉琴全非音乐奖赛事上获得提名。①

206 爱国音乐

尽管坦桑尼亚有许多爱国歌曲，但最著名的歌曲是国歌《上帝保佑非洲》。这首歌实际上由南非伊诺克·颂汤加 1897 年所作的《上帝保佑非洲》改编而来，是该歌曲的斯瓦希里语版。这首歌也是赞比亚国歌（歌词不同）以及南部非洲部分地区的国歌。

其他现代音乐类型

除了前面介绍的坦桑尼亚的主要音乐类型外，坦桑尼亚人也能广泛接触到东非和中非的地区性音乐类型，包括刚果的林加拉、坦肯乌（一种新的地区性流行音乐类型，其名字来源于坦桑尼亚、肯尼亚和乌干达英文单词的首字母）以及来自世界各地的外国音乐，尤其是加勒比地区、美国、英国和印度的音乐。

音乐发展机构和音乐节

坦桑尼亚经济自由化之前的 1967 年到 20 世纪 80 年代中期期间，该国政府为寻求建立一个团结、发达的社会主义非洲国家，在促进该国音乐、舞蹈和戏剧发展方面发挥着关键作

---

① 布萨拉促进机构：《节日艺术家：塞伊达·卡萝莱》，2012 年，http://www.busaramusic.org/database/artits.php? whereartistid = 89，2012 年 3 月 29 日访问。

用。为实现这些目标，政府创建了三个与艺术相关的核心机构：国家音乐理事会、国家斯瓦希里语理事会和国家艺术理事会。建立国家音乐理事会是为了保护、加强和促进该国音乐；国家斯瓦希里语理事会试图保护、加强和促进斯瓦希里语言；国家艺术理事会是为了促进艺术发展。合在一起，这三个机构尤为促进了斯瓦希里音乐、舞蹈和戏剧的发展，因为后者既能加强民族团结又能巩固斯瓦希里官方语言。而该国国家音乐理事会在试图减少外国殖民音乐和资产阶级音乐的“腐坏”影响时，也主办促进各种坦桑尼亚音乐发展的节日和音乐盛会。

尽管如此，政府参与该国音乐产业过多，从而严重阻碍了经济自由化之前的时期内音乐的发展，并且音乐的商业分销也很有限。录音的机会和设备也很少见。20 世纪 80 年代中期，该国经济、政治和电视广播开放后，这一切都发生了改变，从而促使广播电台和电视台数量的增长，也涌现了一批试图从音乐制作、推广和销售中牟利的企业。到 2008 年，该国有 53 家电台和 27 家电视台，而开放前各自只有 1 家。与此类似，到 2000 年中期，该国有近 400 名推动音乐和其他文化发展的机 207
构。除了广播，这些机构也通过露天音乐会和该国的很多舞蹈俱乐部来促进它们的音乐。①

此外，该国主要文化节日（如坦桑尼亚/乞力马扎罗音乐奖、桑给巴尔帆船国家国际电影节、桑给巴尔文化节、卡里布旅游与贸易展销会和姆瓦卡—孔格瓦节）和选美比赛（第七章）为促进该国音乐的发展提供了重要途径，正如科拉琴全

---

① 亚历克斯·佩鲁洛：《生活在达累斯萨拉姆》，第 369～388 页。

非音乐奖那样。正如其他许多国家经常发生的那样，这些节日和选美比赛常常惹得坦桑尼亚社会和宗教的保守派恼火。[①]

乐器

坦桑尼亚乐器与其邻国的乐器非常相似。因为该地很多族群享有共同遗产，所以，它们也有很多相同乐器，尤其是鼓。不过这些乐器的特点、功能、音调、质量、音色和社会价值在该国各地略有不同。

208 同其他国家一样，该国乐器分为五类：膜鸣乐器（通过敲击发出声音的打击乐器，如鼓）；体鸣乐器（通过击打、刮、震动发出声音的各种打击乐器，如石编钟和木琴）；气鸣乐器（通过吹入空气产生声音的吹奏乐器，如长笛和排箫）；弦鸣乐器（弦乐器，如竖琴、里拉琴和吉他）；电鸣乐器（通过电子方式产生声音的乐器）。下面对这些乐器在该国的使用和分布情况进行简要介绍。

膜鸣乐器

在坦桑尼亚和非洲大多数地区，鼓是音乐和交流的重要工具。它们几乎参与到所有社会的、宗教的、政治的仪式和场合，包括婚姻、祭祀、治疗、驱鬼、占卜、丧葬、分娩和取名、政治集会和其他庆祝活动。鼓对于坦桑尼亚文化非常重

---

① 伊萨·尤素夫：《坦桑尼亚：音乐节使桑给巴尔人情绪复杂》，载《坦桑尼亚每日新闻》，达累斯萨拉姆，2010 年 2 月 15 日，http://allafrica.com/stories/201002161015.html，2012 年 6 月 7 日访问。

要，以至于没有真正的鼓时，人们经常制作简易鼓。[①]

该国绝大多数鼓是由皮革条或其他绳索类材料把一到两块动物皮膜（通常是牛或羊的皮肤膜）固定到陶壶、葫芦、空心木质或金属框架的一端或两端。木制框架可以是一整块中空的框架，也可以是用带子捆绑好的多个木条。在该国各地，制作鼓的主要材料通常受限于当地环境中的可用素材。

鼓身形状有圆柱型、圆锥型、桶型、腰型、杯状或长型。除了这些一般形状外，该国很多族群也各自根据实际情况制作、装饰他们的鼓，该国东南的马孔德人制作的鼓在该国最具艺术性。此外，鼓是单头还是双头取决于它有一个还是有两个可演奏的鼓面。虽然现代鼓在该国逐渐增多，但鉴于传统鼓的文化相关性、成本和易于获得，其仍占据绝对优势。

鼓膜震动可以使鼓发出声音，而鼓的声音如何，取决于鼓膜的厚度；取决于框架的大小、形状和材料；取决于击打鼓面时，鼓膜松紧变化形成的转调；取决于鼓是如何演奏的（一只手还是两只手击鼓）以及用什么演奏（是使用光鼓槌或带有衬垫的鼓槌击打还是摩擦鼓）。较轻的鼓可以挂在演奏者的颈部或肩膀，或夹在胳膊下进行演奏；而较重的鼓往往必须将其放置膝部之间，或放在地上，或放在底座上。该国有着各种各样的鼓，于是鼓的声音、大小、形状和功能也多种多样。

在坦桑尼亚和非洲的许多族群里，具体的鼓能发送信息， 209
其本身也是一种信息。因此，用到鼓时，鼓的形状、种类、用

① 奥托·卡罗伊：《传统非洲音乐和原始音乐》，伦敦：企鹅出版社，1998年，第1～54页；亚历山大·阿克尔里·阿戈登：《非洲音乐》。

途、性别取向（是由男性还是女性进行演奏）和社会文化功能，能透露出鼓包含的意义。例如，在坦桑尼亚东南的马孔德人中，气鸣乐器等乐器除了用于娱乐、占卜等用途外，也常常充作代表某些祖先灵魂的面具。乐器也可作为好运护身符或生育能力的象征以及当地其他重要特征的象征。同样，该国很多传统领导人过去和现在都将鼓（和其他乐器）作为他们君权象征的一部分，而君权象征对于向臣民传达信息、确立权威地位是至关重要的。即使现代的国家庆典活动仍大量使用鼓。

此外，具体的鼓点节拍传递着特定讯息、公共回应，在某些情况下也能用来确定集会的具体地方。例如，欢乐的鼓点节拍往往是因为有趣之事而把人们召集起来，而其他鼓点节拍是为了崇拜、婚姻或哀悼而将人们聚集起来，并协调他们的行动，而“解读”各种鼓声含义的艺术在该国现代化和城市化进程中有所衰微。

在舞蹈中，击鼓、击掌、跳舞和唱歌是交织在一起的，以至于其中一个发生变化会导致其他发生改变。由于每个族群都有自己的击鼓风格，击鼓和舞蹈常成为识别该国各族群的良好基础。此外，鼓在该国许多族群的各种传统宗教中发挥着重要作用。如，苏库马人有用于各种祭祀、驱鬼、治疗仪式与舞蹈的圣鼓、圣舞和圣歌。他们相信，在圣鼓上击打出特定鼓点，驱魔人和病人随之跳舞，此时就能把病魔赶走。因此，如果没有必须的圣鼓，这样的仪式一般就无法进行。

体鸣乐器

坦桑尼亚人广泛使用体鸣乐器。人体部位像手、大腿和胸部属于最重要的体鸣乐器，它们在有节奏地合击或击打时可以产生各种不同韵律。人体之外，各种洪亮（或大声共振）的体鸣乐器是由多种天然或人造材料制成的，通过击打、刮、震动来产生所需声音或节奏。常见体鸣乐器有竖琴、木琴（敲击乐器，包括槌子以及被击打的木条）、石编钟、海贝壳、装满小石块或种子的葫芦、拨浪鼓、振动器、铃铛、拇指钢琴、木制或金属舌片琴（如 7 音调的伊林姆巴琴和 13 音调的马林
巴琴）、手鼓和音棒（一对短而厚的木棒、动物骨头或石块 210
等，在唱歌或跳舞时有节奏地撞击在一起）。根据乐器的质地，有些乐器可以永久使用，而有些乐器是临时的。随着与外面世界接触的增加，坦桑尼亚人也越多越多运用起一些现代体鸣乐器。[①]

气鸣乐器

坦桑尼亚有很多吹奏乐器。无论怎样，它们都是通过嘴唇温柔地或强硬地吹入空气而进行演奏的。该国常见气鸣乐器有木笛、藤笛或者葫芦颈长笛（这些笛子依据调音的需要而在任意位置设定两到六个孔）；竹制的、木质的、金属或牛和其他动物的角制作的喇叭；小号（由于是弯曲的锥形而和喇叭不同）和由绳子与瓶盖做成的蜂鸣器。其中一些乐器也可根据当地环境，用各种各样临时材料制作出来。因此，农业生产群体更喜爱木制气鸣乐器，而狩猎采集者和游牧群体更倾向于使用家养或野生动物角类型的气鸣乐器。口琴、手风琴、簧风

---

① 洛伊斯·安德森：《非洲木琴》，载《非洲艺术》1 卷第 1 期，1967 年秋，第 46 ~ 49 页，第 66 页，第 68 ~ 69 页，http：//www. jstor. org/stable/3334364，2012 年 6 月 8 日访问。

琴和其他现代气鸣乐器在城市及其周围也越来越多受到欢迎。在该国，气鸣乐器特别受到舞者和孩子们的喜爱。

气鸣乐器是软吹还是硬吹取决于它的大小和长度。因此，硬吹型号角是由大型动物的角制作，而软吹型号角倾向用小型家养或野生动物的角制成。而且，硬吹乐器传统上一直用于召集、娱乐或联络大范围人群或零散人群，而软吹乐器服务于身边的或较小的群体。和其他乐器一样，气鸣乐器可以在各种社会场合中进行演奏，包括婚礼和宗教或政治的典礼。它既可以独奏，也能和其他乐器一起合奏。

弦鸣乐器

坦桑尼亚的弦鸣乐器要么是单弦的要么是多弦的，如弓、里拉琴、竖琴、琵琶、小提琴和齐特琴。这些乐器几乎同鼓一样常见，同时，涉及范围从古（如弓琴、里拉琴、竖琴）到今（如吉他、小提琴和钢琴）。

电鸣乐器

通过电子方式产生声音的乐器有电吉他和贝司。该国大多数现代乐队拥有一件及以上的电鸣乐器。

211 舞 蹈

舞蹈通常作为坦桑尼亚音乐的伴舞。在坦桑尼亚，舞蹈俗称为恩戈麦（斯瓦希里语里表示舞蹈的词汇）。这个词既可作动词表示跳舞，也可作名词，指一张鼓、一支舞蹈或一项音乐活动。因此，人们表演击鼓是皮噶—恩戈麦；人参加舞蹈或音乐表演是恩达—恩戈麦；人们在舞会、迪斯科舞厅、俱乐部或露天场所跳舞是凯扎—恩戈麦；舞蹈团的表演称为涂姆布伊扎瓦—纳—恩戈麦。

和音乐一样，舞蹈也有很多用途。在分娩、求婚、结婚庆典、拜访亲属与显贵人士、丰收与战斗取得成功时表达感恩的场合中，舞蹈表达喜悦；在悲痛和紧张的时候，舞蹈表达悲伤；在全国性集会和政治过渡时期，舞蹈展现庄重肃穆。此外，舞蹈在娱乐上（如在啤酒派对中）、大多数宗教传统礼拜中、传统精神驱邪仪式中、儿童社会化中以及在对社会成员灌输恰当行为过程中，发挥着至关重要的作用。坦桑尼亚著名民族舞蹈有姆贝亚地区瓦玛丽拉人的利潘戈舞，姆特瓦拉地区瓦马孔德人的恩贡瓦舞，沿海地区瓦克威尔人的姆戈达舞，姆万扎和希尼安加地区苏库马人的布戈博格博舞，和翁古佳（桑给巴尔）地区的基亚索舞。①

尽管非洲舞蹈通常具有公共性和实用性，但随着时间的推 212
移，坦桑尼亚社会的变化破坏了传统舞蹈的某些方面，虽然它们也使舞蹈有所创新。例如，伴随着珍重各民族团结与和平的现代民族—国家的兴起，曾在族群间战争中用于恳求祖先和神灵保佑的舞蹈几乎消失了。同时，对付现代社会面临的挑战（如艾滋病）的新舞蹈出现了。②

坦桑尼亚舞蹈通常具有表现力和参与性。该国舞蹈往往涉

① 科斯马斯·米勒卡尼：《JKT 艺术团表演吸引了中国大使》，载《坦桑尼亚每日新闻》，达累斯萨拉姆，2012 年 5 月 12 日，在线地址 http://allafrica.com/stories/201205120294.html，2012 年 7 月 2 日访问。

② 奥托·卡罗伊：《传统非洲音乐和原始音乐》，第 1～54 页；亚历山大·阿克尔里·阿戈登：《非洲音乐》，第 33～35 页。

及哑剧表演、盛装演出、各种身体姿势（舞蹈）和面部动作，表达不同的个人和群体的情感、态度、思想、信仰，甚至是防御性和攻击性姿态。在该国各地，舞蹈上的很多变异取决于族群是强调上半身动作还是强调下半身动作。因此，莫罗戈罗地区的恩古古人很讲究舞蹈的步伐，而其他族群的舞蹈更多依赖于腹部、臀部和脚的舞动。

在很多族群中，含众多表演者的舞蹈具有一定用来组织和引导舞者的节奏。因此，节奏改变经常会导致舞蹈风格以及领舞者的改变。尽管各个舞蹈可能会也可能不会组织得那么好，但好的舞者能找到办法随主旋律起舞。进行某些例行的祭祀性或比赛性的舞蹈时，舞者往往会通过某些热身表演为主要演出做准备。不论哪种情况下，所选择的歌曲不仅必须设定和保持表演时恰当的氛围和心境，还要将声音、转调和节奏融入到舞步中，同时对舞蹈的范围、速度、特征和动感进行规范。

尽管舞蹈在坦桑尼亚广泛存在，它在如苏库马和马孔德这样的族群中尤为盛行。这些族群有强烈的举行成年礼的传统，也强烈信仰占卜、巫术和招魂术。于是苏库马人和马孔德人有着仪式舞蹈，纪念生命周期中的各个主要阶段：出生、长大、结婚和死亡。对于马孔德人而言，马皮孔面具舞担当这一角色，马孔德人和苏库马人也都有使用优雅的服饰、舞蹈动作和新歌或对现有歌曲再诠释的舞蹈大赛。他们也用“驱病舞”，旨在用表演吸引观众注意，保护舞团免受敌对群体的巫术伤害，并确保大胜对手。在这两个族群中，驱病舞所用的药物都来自受信任的巫医。表演者用药时，将药像软膏一样擦在身上，在药里沐浴，或者像蒸桑拿一样将药吸收进自己的身体。

这两个族群之间也存在差异。对马孔德人而言，每年儿童 213
成人仪式结束后，他们的舞蹈活动达到高潮，而苏库马人的年度舞蹈比赛在六月到九月间收获季节结束后举行。苏马库舞蹈比赛著名的一点在于他们经常用毒蛇来跳舞的创造性舞蹈风格。让马孔德舞蹈声名鹊起的是，踩着6英尺高跷的蒙面杂技舞者跳的恩贡戈提舞。

在该国，有常规舞蹈，也有根据年龄、性别、场合和职业区分的特殊舞蹈。每一种舞都有自己的风格和服装，通常有剑麻裙、铃铛、头带和头饰、羽毛、盾牌、长矛、棒子、项链、镯子、各异的光头以及各种材料制成的帽子。现在，许多传统舞蹈的工具和衣服通常都与现代工具和衣服相结合。①

戏　剧 214

从象征性表演的意义上看，坦桑尼亚戏剧运用象征性图像和动作来代表生命，这可以追溯至该国前殖民时期。戏剧往往伴随着音乐和舞蹈，从而创造了音乐—舞蹈—戏剧同时举行的演出形式。于是，戏剧不仅加强了音乐和舞蹈，也具有了许多与音乐和舞蹈一样的作用，即提供信息、教育、娱乐、情感表

① 伊利斯·B. 约翰森：《马孔德面具舞：表演身份》，载《竞争！东非竞争性音乐表演》，福兰克·刚德森，乔治·F. 巴尔兹编，达累斯萨拉姆：福矛出版社，2000年，第255~270页；奥托·卡罗伊：《传统非洲音乐和原始音乐》，第1~54页；穆罕默德·卡津贡布：《回顾1970年马孔德舞者如何提升坦桑尼亚》，载《商业时代——经济和金融时代周刊》，2012年1月20日。

达和交流。简言之，即使在面对该国国内相对较高文化的阶层时，戏剧、歌曲和舞蹈仍是该国各个地区沟通交流的强大口头和视觉媒介，也是文化的保护者和传播者。①

坦桑尼亚戏剧具有很多面相，包括音乐舞蹈剧、话剧、儿童剧、木偶剧、杂技以及地方发展剧。这些戏剧不仅在该国争取自由的斗争中发挥了重要作用，自该国独立后于1965年成立第一个国家舞蹈团以来，也促进了坦桑尼亚的文化、政治和社会经济的发展。不久之后，国家舞蹈团制作了包括坦桑尼亚主要歌曲、舞蹈、戏剧的节目单，这些剧目广受欢迎，于是就推动了该国其他剧团的兴起。尽管1967年国家舞蹈团倒闭，但是其许多成员仍建立了具有影响力的巴加莫约艺术学院，这个学院与达累斯萨拉姆大学表演系、布提姆巴师范学院、坦桑尼亚开放大学和坦桑尼亚戏剧中心一道，构成了该国戏剧家和艺术家的主要培训基地。

在社会主义革命早期（1967～1985年），有大量戏剧作品赞美该国的社会主义发展道路。但到了20世纪70年代，该国社会主义梦想的实现遥不可及时，批判性戏剧开始出现。不过，这一时期，该国对艺术的重视见证了歌曲、舞蹈、朗诵、哑剧和戏剧的兴起，这些作品服务于人民，也在人民中流行。

---

① 奥古斯汀·哈塔尔：《坦桑尼亚戏剧教育状况》，提交给联合国教科文组织的论文，2001年，http://portal.unesco.org/culture/en/files/19603/10814381543hatar.pdf/hatar.pdf，2012年6月3日访问；梅根·布朗尼：《摇摆起来：一项关于坦桑尼亚传统舞蹈和鼓乐以及非洲传统舞蹈团的研究》，载《独立研究项目文集》，2009年，论文编号648，http://digitalcollections.sitedu/isp-collection/648，2012年9月29日访问。

为了创作这些作品，剧作家们经常亲自置身于该国各族群中，了解他们的问题，并通过戏剧来展现它们。很快，对这种外界诱导的戏剧制作是否具有真实性的质疑出现了，这些质疑迫使许多戏剧家通过与目标群体一起生活来创作剧本，依此保证真实性。因此，这个时代许多戏剧都满负着信息，而传统非洲戏剧自古以来都很讲究实用，并且很少戏剧是为娱乐或为戏剧而戏剧而创作出来。

尽管在社会主义时期，政治主导了该国戏剧作品，但这一时期作品也讨论其他很多问题，包括家庭生活、婚姻、族群关
系、城市和农村生活、腐败以及健康问题。从那时起，很多非 215
政府组织也利用简单的戏剧和戏剧作品来促进其各种发展议程。例如，本世纪以来莫罗戈罗镇的基拉卡拉聋人中心用一个主要由年轻聋人组成的戏剧组来促进对聋哑儿童需求和权利的社区宣传活动。①

20 世纪 80 年代中期，随着该国经济自由化，许多依靠政治庇护的文化团体倒闭了。这充满竞争的多元时代也催生了一些新的文化团体。随着自那之后广播和电视媒体如雨后春笋般冒出来，对戏剧制作的需求也有所增加。尽管如此，已经出现了一种从社会主义时期满负信息的作品到可以出售和吸引观众的商业作品的转变。虽然该国很多人对这一趋势表示哀叹，但

① 西丽·兰格：《城市文化舞台上的竞争对手》，载《竞争！东非竞争性音乐表演》，福兰克·刚德森、乔治·F. 巴尔兹编，达累斯萨拉姆：福矛出版社，2000 年，第 67 ~ 85 页；世界失聪儿童组织：《坦桑尼亚通过戏剧来增强意识》，2008 年 7 月，http：//www. deafchildworldwide. info/，2012 年 6 月 13 日访问。

这种趋势似乎会持续下去。

除了政治和商业支持的剧团外，该国各地有许多临时的剧团。这些剧团多属于高校、学校、教堂以及非政府组织，建立在需要的基础上，例如，在圣诞节期间，学校比赛中以及其他重大社交场合中表演。因为戏剧比赛是该国小学、中学和高校的年度赛事，所以，从属于学校的剧团一般都是永久性的。该国最大的一些世俗的音乐、舞蹈和戏剧团体都设在达累斯萨拉姆，如蒙加诺文化团和坦桑尼亚大剧院。该国很多大型教堂合唱团（如玛马久西合唱团）也积极开展戏剧活动，通过录制音乐视频来支持他们的传教活动。

尽管坦桑尼亚有丰富的戏剧文化，但该国却没有国家剧院，虽然达累斯萨拉姆国家博物馆和文化之家正朝这方面发展。因此，该国专业剧院的发展落后于其主要东非邻国肯尼亚和乌干达，后两国拥有国家剧院，即庭院剧院（肯尼亚）以及乌干达国家大剧院和文化中心。虽然该国国家艺术理事会负责发展该国戏剧的方方面面，但是资金缺乏阻碍了国家剧院的建设，迫使该国许多剧作家在露天场所或设备不足的大厅内表演。尽管达累斯萨拉姆的剧作家能使用达累斯萨拉姆大学的剧院，这种情况却很少发生，因为该剧院规模小，位置不便，而且人们感到那里不甚欢迎非大学成员。[1]

216 除剧院设施缺乏外，坦桑尼亚戏剧面临其他主要挑战有，

---

① 埃里克·卡本德拉：《为什么坦桑尼亚没有大剧院》，马瓦富利卡网站（博客），2006 年 12 月 22 日，http：//mwafrika-kabendera. blogspot. com/2006/12/why-tanzania-has-no-theatre-housing. html，2012 年 6 月 13 日访问。

缺乏充足的政策支持；在该国戏剧艺术家培养上，仍然存在殖民时期的影响或曰外来偏见；小学和中学中戏剧教师匮乏；该国对于艺人普遍不尊重；版权法不足以保护该国戏剧家和其他艺术家的知识产权。

该国主要剧作家有艾德文·瑟姆扎巴、佩妮娜（姆拉马）·穆汉多、戈得温·海姗、沙班·罗伯特（被称为东非的莎士比亚）、戈得温·卡图马、伊曼纽尔·姆博戈和恩加利蒙纱·恩加尤马。其中，罗伯特（1909～1962 年）、穆汉多和海姗可能是最有成就的，他们曾同时或先后在达累斯萨拉姆美术和表演艺术系进修。剧作家创作主题包括社会正义、教育、贫困和农民的挑战、离婚、妇女权利、城市生活以及乌贾马（包括其村庄化政策）的挑战。大多数剧作家的作品都使用斯瓦希里语，从而该国群众能够理解这些作品。①

尽管该国大部分戏剧使用斯瓦希里语，人们看到的英语戏剧也越来越多，精英群体尤为如此。随着坦桑尼亚英文媒体的增加，英语戏剧发展得尤其快，自 20 世纪 80 年代中期该国经济和电视广播自由化以来更是如此。目前，该国大部分英文戏剧是在中学和高校创作出来的。在这些学校里，英语是授课语言，而戏剧是提高学生英语熟练程度的一个重要途径。其中有些戏剧使用的是海外英文戏剧，如莎士比亚的作品。虽然英语话剧的增长值得称道，但希望这不会损害该国的斯瓦希里戏剧

① 马丁·班纳姆、埃罗尔·希尔和乔治·伍德亚德（编），《剑桥指南：非洲和加勒比戏剧》，英国剑桥：剑桥大学出版社，1994 年，第 115～116 页。

传统，而这种传统既与坦桑尼亚民众息息相关，也易为民众所理解。[①]

① 卡斯米尔·M. 鲁拜古姆亚：《语言促进教育目标——以坦桑尼亚为例》，载《国际教育评论》37 卷第 1 期，1991 年，第 67 ~ 85 页，DOI：10.1007/BF00598168。

参考文献

第一章 导论

无名氏：《非洲古代的钢铁制造者》，载《时代周刊》，1978 年 9 月 25 日，参见 http：//www. time. com/time/magazine/article/0，9171，912179，00. html，2012 年 6 月 27 日访问。

Anonymous. “Africa’s Ancient Steelmakers.” *TIME*, September 25, 1978, http：//www. time. com/time/magazine/article/0, 9171, 912179, 00. html, accessed June 27, 2012.

穆罕默德·阿尔文、邓肯·威利茨、彼得·马歇尔：《坦桑尼亚之旅》，内罗毕：卡梅拉佩克司国际出版社，1984 年。

Mohamed Amin, Duncan Willetts, and Peter Marshall. *Journey through Tanzania*. Nairobi, Kenya: Camerapix Publishers International, 1984.

L. 贝里编：《坦桑尼亚地图》，伦敦：伦敦大学出版社，1971 年。

L. Berry, ed, *Tanzania in Maps*. London: University of London Press, 1971.

詹姆斯·布曾纳、安德鲁·伯顿、尤苏弗·拉维编：《达累斯萨拉姆：一个新兴的非洲大都会历史》，达累斯萨拉姆/内罗毕：矛和星星出版社，2007 年。

James Brennan , Andrew Burton , and Yusulf Lawi , eds . *Dar es Salaam: Histories from an Emerging African Metropolis*. Dar es Salaam/

Nairobi：Mkuki na Nyota，2007.

约翰·布里格斯、戴维斯·姆万富皮：《非洲结构调整时代里城市边缘地区的发展：坦桑尼亚的达累斯萨拉姆市》，载《城市研究》37 卷 4 期，2002 年，第 797～809 页。

John Briggs and Davis Mwamfupe. "Peri－urban Development in an Era of Structural Adjustment in Africa：The City of Dar es Salaam，Tanzania." *Urban Studies* 37，no. 4（2002）：797～809.

安德鲁·伯顿：《非洲的下层阶级：达累斯萨拉姆的城市化、犯罪和殖民秩序》，达累斯萨拉姆：矛和星星出版社，2005 年。

Andrew Burton. *African Underclass：Urbanization，Crime & Colonial Order in Dar es Salaam.* Dar es Salaam：Mkuki wa Nyota，2005.

J·D. 费奇，罗兰·奥利弗编：《剑桥非洲史：从 17 世纪到 18 世纪》，纽约和伦敦：剑桥大学出版社，1979 年。

J. D. Fage and Roland Oliver，eds. *The Cambridge History of Africa：From c.* 1600 *to c.* 1700. New York and London：Cambridge University Press，1979.

阿贝尔·G·M. 伊苏米：《基济巴：一个古老的非洲王国的文化遗产》，纽约州锡拉丘兹：锡拉丘兹大学出版社，1980 年。

Abel G. M. Ishumi. *Kiziba：The Cultural Heritage of an Old African Kingdom.* Syracuse，NY：Syracuse University Press，1980.

欧文·卡普兰编：《坦桑尼亚国家研究》，华盛顿：美国大学出版社，1978 年。

Irving Kaplan，ed. *Tanzania：A Country Study*. Washington，D. C.：American University Press，1978.

J·M. 卢苏吉加·基朗德：《非洲城市化管理策略中公认的概念和理论：竞争持续》，载《城市研究》29 卷 8 期，1992 年，第 1277～1291 页。

J. M. Lusugga Kironde. "Received Concepts and Theories in African Urbanization and Management Strategies：The Struggle Continues." *Urban*

Studies 29 , no. 8 （1992）：1277 ~ 91.

卡米路斯 · J. 索罗：《对城市环境变化的感知和概念化：达累斯萨拉姆市》，载《地理杂志》174 卷 2 期，2008 年，第 164 ~ 168 页。

Camillus J. Sawio. “ Perception and Conceptualisation of Urban Environmental Change：Dar es Salaam City . ” *The Geographical Journal* 174 , no. 2 （2008）：164 ~ 68.

罗伯特 · 施罗德：《乌贾马（社会主义）之乡的南部非洲之都：坦桑尼亚的竞争地带》，载《争议电子杂志社》8 卷 5 期，2008 年 9 月，参见 http：//www. africafiles. org/atissueezine. asp，2008 年 10 月 1 日访问。

Robert Schroeder. “ South African Capital in the Land of Ujamaa [Socialism]：Contested Terrain in Tanzania. ” *At Issue Ezine* 8，no. 5 (September 2008) . http：//www. africafiles. org/atissueezine. asp，accessed October 1，2008.

迪安 · 辛克莱：《比青铜更持久的纪念物：J · H. 辛克莱和桑给巴尔石头城的建立》，载《非洲地理评论》28 卷 ，2009 年，第 71 ~ 97 页。

Dean Sinclair，“Memorials More Enduring than Bronze：J. H. Sinclair and the Making of Zanzibar Stone Town. ” *African Geographical Review* 28 （2009）：71 ~ 97.

柯尔斯顿 · 斯坦德格特：《透过国家博物馆来介绍坦桑尼亚》，达累斯萨拉姆：国家博物馆，1974 年。

Kirsten Strandgaard. *Introducing Tanzania through the National Museum*, Dar es Salaam：The Museum，1974.

坦桑尼亚：《国家概况》，载《坦桑尼亚联合共和国国家网》，参见 http：//www. tanzania. go. tz/profilelf. html，2011 年 1 月 19 日访问。

Tanzania. “ Country Profile. ” United Republic of Tanzania National Website. http：//www. tanzania. go. tz/profilelf. html，accessed January 19，2011.

J · B. 韦伯斯特、B · A. 奥戈、J · P. 克里蒂安：《大湖区：1500 ~ 1800 年》，载《非洲通史第五卷：16 ~ 18 世纪的非洲》（B · A. 奥戈

编），第 776 ~ 827 页，加州伯克利：加利福尼亚大学出版社，1992 年。

J. B. Webster, B. A. Ogot, and J. P. Chretien. "The Great Lakes region, 1500 ~ 1800." *General History of Africa V: Africa from the Sixteenth to the Eighteenth Century*, edited by B. A. Ogot, pp. 776 ~ 827. Berkeley: University of California Press, 1992.

第二章　宗教和世界观

艾伦·安德森：《非洲宗教》，载《死亡与频死百科全书》，2011 年，参见 http://www.deathreference.com/A - Bi/African - Religions.html，2011 年 2 月 24 日访问。

Allan Anderson. "African Religions." *Encyclopedia of Death and Dying*, 2011. http://www.deathreference.com/A - Bi/African - Religions.html, accessed February 24, 2011.

理查德·考克斯：《为什么兰奇基督徒继续践行非洲传统宗教》，载《应用语言学研究院电子杂志》，2008 年，第 3 页，参见 http://www.gial.edu/images/gialens/vol2 - 3/Cox - Why - Rangi - Christians - Practice - ATR.pd，2012 年 7 月 19 日访问。

Richard Cox. "Why Rangi Christians Continue to Practice African Traditional Religion." *GIALens*, 2008, p. 3. http://www.gial.edu/images/gialens/vol2 - 3/Cox - Why - Rangi - Christians - Practice - ATR.pd, accessed July 19, 2012.

坦桑尼亚福音派路德教会主教：《多多马声明（关于同性婚姻）》，坦桑尼亚福音派路德教会，2010 年 1 月 7 日，载 http://www.elct.org/news/2010.04.00 4.html，2011 年 4 月 1 日访问。

Bishops of ELCT. "The Dodoma Statement [on Same Sex Marriage]." Evangelical Lutheran Church in Tanzania, January 7, 2010. http://www.elct.org/news/2010.04.00 4.html, accessed April 1, 2011.

理查德·J. 格曼：《从圣经的角度看非洲传统宗教》，内罗毕：东非教育出版社，2005 年。

Richard J. Gehman. *African Traditional Religion in Biblical Perspective*. Nairobi: East African Educational Publishers, 2005.

米兰达·K. 哈西特:《危机中的圣公会:英国国教持不同政见者和他们的非洲盟友是怎样重塑英国国教的》,新泽西州普林斯顿:普林斯顿大学出版社,2007 年。

Miranda K. Hassett. *Anglican Communion in Crisis: How Episcopal Dissidents and Their African Allies Are Reshaping Anglicanism*. Princeton, NJ: Princeton University Press, 2007.

布鲁斯·E. 赫尔曼、保罗·凯撒:《坦桑尼亚的宗教、认同和政治》,载《第三世界季刊》23 卷 4 期,2002 年 8 月,第 691 ~ 709 页。

Bruce E. Heilman and Paul J. Kaiser. "Religion, Identity and Politics in Tanzania." *Third World Quarterly* 23, no. 4 (August 2002): 691 ~ 709.

菲利普·詹金斯:《基督教的新面孔:南半球对基督教的信仰》,纽约:牛津大学出版社,2006 年。

Philip Jenkins. *The New Faces of Christianity: Believing the Bible in the Global South*. New York: OUP, 2006.

米斯德·M·P. 基莱尼:《坦桑尼亚天主教会》,罗马天主教网站,1988 年 10 月 20 日,载 http://www. rc. net/tanzania/tec/tzchurch. htm,2011 年 3 月 18 日访问。

Method M. P. Kilaini. "The Tanzania Catholic Church." RCNet, October 10, 1998. http://www. rc. net/tanzania/tec/tzchurch, htm, accessed March 18, 2011.

罗伯特·利尔斯、皮特·图买尼 - 门古、阿布·姆武吉:《宗教组织在坦桑尼亚的发展活动》,宗教和发展研究项目工作论文(编号:58 ~ 2011),英国伯明翰:伯明翰大学国际发展系,2011 年。

Robert Leurs, Peter Tumaini - Mungu, and Abu Mvungi. *Mapping the Development Activities of Faith - based Organizations in Tanzania*. Religions and Development Research Programme, Working Paper 58 ~ 2011. Birmingham, UK: International Development Department, University of Birmingham, 2011.

弗里德·路德维希:《1961~1994 年坦桑尼亚的教会和国家:改变中的各方面关系》,波士顿:布里尔出版社,1999 年。

Frieder Ludwig, *Church and State in Tanzania: Aspects of Changing Relationships*, 1961~1994. Boston: Brill, 1999.

阿洛伊修斯·M. 卢吉拉:《非洲传统宗教》,纽约:切尔西书屋,2009 年。

Aloysius M. Lugira. *African Traditional Religion*. New York: Chelsea House, 2009.

约翰·S. 姆比蒂:《非洲宗教和哲学》,伦敦:海涅曼,1969 年。

John S. Mbiti, *African Religions and Philosophy*. London: Heinemann, 1969.

约翰·S. 姆比蒂:《非洲宗教概论》,伦敦:海涅曼教育,1991 年。

John S. Mbiti. *Introduction to African Religion*. London: Heinemann Educational, 1991.

约翰·姆比蒂:《妇女在非洲传统宗教中的作用》,载《非洲宗教手册》22 期,1988 年,第 69~82 页。

John S. Mbiti. "The Role of Women in African Traditional Religion." *Cahiers des Religions Africaines* 22 (1988), 69~82.

阿莫斯·姆希纳编:《坦桑尼亚的宗教和发展:一个初步的文献述评》,达累斯萨拉姆大学哲学部宗教和发展研究项目宗教和发展研究项目工作论文(编号:11~2007)。

Amos Mhina (ed.). *Religions and Development in Tanzania: A Preliminary Literature Review*. (Dar es Salaam: Religions and Development Research Program, Philosophy Unit, University of Dar es Salaam, RaD Working Paper 11~2007).

皮尤研究中心:《宽容和紧张:撒哈拉以南的非洲地区的伊斯兰教和基督教》,载《皮尤宗教信仰和公共生活论坛》,2010 年 4 月,参见 http://features.pewforum.org/africa/country.php? c=216。

Pew Research Center. *Tolerance and Tension: Islam and Christianity in*

Sub – Saharan Africa. Washington, DC: Pew Forum on Religion & Public Life, April 2010. http://features.pewforum.org/africa/country.php? c =216.

穆罕默德·赛义德:《坦桑尼亚的伊斯兰教和政治》,穆斯林作家组织,达雷斯萨拉姆,载 http://www.islamtanzania.org/nyaralca/islam-and-politics-in-tz.html,2012 年 9 月 29 日访问。

Mohammed Saeed. "Islam and Politics in Tanzania." Muslim Writer's Organization, Dar es Salaam, Tanzania. http://www.islamtanzania.org/nyaraka/islam-and-politics-in-tz.html, accessed September 29, 2012.

迈克尔·韦斯托尔:《坦桑尼亚圣公会和路德会的关系》,在圣公会–路德会协会年度大会上提交,2009 年 3 月 7 日,载 http://www.anglican – Lutheran – society.org/Westall% 20paper.htm,2011 年 3 月 17 日访问。

Michael Westall. "Anglican – Lutheran Relations in Tanzania." Presented at the Anglican – Lutheran Society Annual General Meeting, March 7, 2009. http://www.anglican – lutheran – society.org/Westall% 20paper.htm, accessed March 17, 2011.

第三章 文学、媒体和电影

朱玛·阿达穆·巴卡里:《坦桑尼亚服务于发展实践的讽刺戏剧》,载《非洲戏剧发展:致力于自决的艺术》(卡玛尔·沙尔赫编),英国埃克塞特:智慧图书公司,1998 年。

Juma Adamu Bakari. "Satires in Theatre for Development Practice in Tanzania." In Kamal Salhi (ed.), *African Threatre for Development: Art for Self – determination.* Exeter, UK: Intellect Books, 1998.

马丁·班纳姆、埃罗尔·希尔、乔治·伍德亚德和奥卢·奥巴费米编:《剑桥指南:非洲加勒比剧院》,英国剑桥:剑桥大学出版社,1994 年。

Mattin Banham, Errol Hill, George Woodyard, and Olu Obafemi (eds.). *The Cambridge Guide to African and Caribbean Theatre.* Cambridge, UK:

Cambridge University Press, 1994.

拉尔斯·P. 克里斯坦森、塞西莉亚·马格努森·柳恩格曼、约翰·罗伯特·伊科杰·奥登戈、玛利亚·索乌和博迪尔·福尔克·佛瑞德里森:《在非洲加强出版:对非洲出版商网的评估》,瑞典国际开发合作署评估部 1999 年 2 期出版物,斯德哥尔摩:瑞典国际开发合作署,1998 年。

Lars P. Christensen, Cecilia Magnusson Ljungman, John Robert Ikoja Odonge, Maira Sow, and Bodil Folke Frederiksen. *Strengthening Publishing in Africa: An Evaluation of APNET*. Sida Evaluation 99/2. Stockholm, Sweden: Sida, 1998.

卡罗尔·伊士曼:《非洲地区文学的崛起:斯瓦希里文学》,载《非洲研究评论》20 卷 2 期,1977 年 9 月,第 53 ~ 61 页。

Carol Eastman. "The Emergence of an African Regional Literature: Swahili." *African Studies Review* 20, no. 2 (September 1977): 53 ~ 61.

劳拉·埃德蒙森:《坦桑尼亚的表演和政治:舞台上的国家》,布卢明顿和印第安纳波利斯:印第安纳大学出版社,2007 年。

Laura Edmondson. *Performance and Politics in Tanzania: The Nation on Stage*. Bloomington and Indianapolis: Indiana University Press, 2007.

西蒙·吉堪迪:《东非英语文学》,载 F. 阿比奥拉·伊丽利编,《剑桥非洲和加勒比文学史》2 卷,第 425 ~ 444 页,英国剑桥:剑桥大学出版社,2004 年。

Simon Gikandi. "East African Literature in English." In F. Abiola Irele and Simon Gikandi (eds.), *The Cambridge History of African and Caribbean Literature*, vol. 2, pp. 425 ~ 44. Cambridge, UK: Cambridge University Press, 2004.

约翰逊·M. 伊希戈马:《非洲口语传统:坦桑尼亚西北部哈亚族的谜语》,载《国际教育评论》51 期,2005 年,第 139 ~ 153 页。

Johnson M. Ishengoma. "African Oral Traditions: Riddles among the Haya of Northwestern Tanzania." *International Review of Education* 51

(2005): 139 ~ 53.

罗纳德 · S. 克莱因编,《20 世纪非洲文学指南》,纽约:安加尔,1986 年,第 218 页。

Lonard S. Klein (ed.). *African Literatures in the 20th Century: A Guide*. New York: Ungar, 1986.

阿拉明 · 马兹瑞:《超越边界的斯瓦希里语:文学、语言和身份》,雅典:俄亥俄大学出版社,2007 年。

Alamin Mazrui. *Swahili beyond the Boundaries: Literature, Language, and Identity*. Athens: Ohio University Press, 2007.

约翰 · P. 姆邦德:《加布里埃尔 · 鲁休姆比卡:这片土地上的孩子们永远的厄运(2002 年版)——分析和评论》,载《斯瓦希尼语论坛》12 期,2005 年,第 81 ~ 93 页。

John P. Mbonde. "Gabriel Ruhumbika: Janga Sugu La Wazawa (2002) —Uchambuzi na Uhakika." *Swahili Forum* 12 (2005): 81 ~ 93.

马丁 · 马汉多:《坦桑尼亚参与性电影的制作:理想还是痴心妄想?》,载《坦桑尼亚网络杂志》5 卷 1 期,2005 年,第 9 ~ 15 页。

Martin Mhando. "Participatory Video Production in Tanzania: An Ideal or Wishful Thinking?" *Tanzanet Journal* 5, no. 1 (2005): 9 ~ 15.

雷切尔 · 姆坤黛:《坦桑尼亚的记者诚信和新闻自由》,斯坦诺普通信政策研究中心,2005 年 4 月 19 日,载 http://www.stanhopecentre.org/training/EA/mkundai-Seminar.shtml,2012 年 7 月 16 日访问。

Rachel Mkundai. "Journalist Integrity and Press Freedom in Tanzania." Stanhope Centre for Communications Policy Research, April 19, 2005. http://www.stanhopecentre.org/training/EA/mkundai-seminar.shtml, accessed July 16, 2012.

M · M. 穆洛科齐:《最后的吟游诗人:坦桑尼亚的哈比卜 · 塞勒摩尼(公元 1929 ~ 1993 年)的故事》,载《非洲文学研究》28 卷 1 期和 2 期,1997 年,第 159 ~ 172 页。

M. M. Mulokozi. "The Last of the Bards: The Story of Habibu Selemani of Tanzania (c. 1929 ~ 93). " *Research in African Literatures* 28, nos. 1 and 2 (1997): 159 ~ 72.

莫纳·尼古希克拉·姆瓦卡林加:《坦桑尼亚电影业的政治经济:从社会主义到开放的市场经济——1961 ~ 2010 年》,堪萨斯州曼哈顿堪萨斯大学电影与媒体研究系博士论文。

Mona Ngusekela Mwakalinga. *The Political Economy of the Film Industry in Tanzania: From Socialism to an Open Market Economy*, 1961 ~ 2010. PhD dissertation, Film and Media Studies, University of Kansas, Manhattan, Kansas.

庞贝尔·诺塞拉:《对赛义德·艾哈迈德·穆罕默德的小说"光明中的黑暗"的诠释以及某些翻译问题》,载《斯瓦希里语论坛》12 期,2005 年,第 63 ~ 80 页。

Pompea Nocera. "An Interpretation of Said Ahmed Mohamed's Novel *Kiza Katika Nuru* and Some Aspects of Translations. " *Swahili Forum* 12 (2005): 63 ~ 80.

奥耶堪·奥沃莫耶拉编,《20 世纪非洲文学的历史》,林肯:内布拉斯加大学出版社,1993 年。

Oyekan Owomoyela (ed.). *A History of Twentieth - Century African Literatures*. Lincoln: University of Nebraska Press, 1993.

卡特里娜·瑞恩:《开启世界的水滴:在尤弗雷斯·凯齐拉哈比诗歌中水的形象》,芬兰赫尔辛基大学文学院亚洲和非洲研究所硕士论文非洲研究,2006 年,载 http://oa. doria. fi/bitstream/ handle/10024/4092/dropstha. pdf? sequence = 1,2012 年 7 月 16 日访问。

Katriina Ranne. *Drops That Open Worlds: Image of Water in the Poetry of Euphrase Kezilahabi*. Masters thesis, African Studies, Institute for Asian and African Studies, Faculty of Arts, University of Helsinki, Finland, 2006. http://oa. doria. fi/bitstream/handle/10024/dropstha. pdf? sequence = 1, accessed July 16, 2012.

罗萨林·史密斯:《坦桑尼亚故事片》,载《非洲事务》88 卷 352

期，1989 年 7 月，第 389 ~ 396 页。

Rosaleen Smyth. "The Feature Film in Tanzania." *African Affairs* 88, no. 352 (July 1989), 389 ~ 96.

凯利 · 斯旺斯顿：《坦桑尼亚：媒体状况》，斯坦诺普通信政策研究中心，2005 年 5 月 16 日，参见 http://www.stanhopecentre.org/training/EA/Tanzania.doc，2012 年 7 月 16 日访问。

Kelly Swanston. "Tanzania: The State of the Media." Stanhope Centre for Communications Policy Research, May 16, 2005. http://www.stanhopecentre.org/training/EA/Tanzania.doc, accessed July 16, 2012.

弗拉维亚 · 艾洛 · 特拉奥雷：《把一部斯瓦希里语小说翻译成"白皮肤"：艾哈迈德穆罕默德小说"分离"的意大利文版》，载《斯瓦希尼语论坛》12 期，2005 年，第 99 ~ 107 页。

Flavia Aiello Traore. "Translating a Swahili Novel into 'Kizungu': *Separazione*, The Italian Edition of Said Ahmed Mohamed's Utengano," *Swahili Forum* 12 (2005): 99 ~ 107.

艾利 · 玛丽 · 特里普：《改变规则：坦桑尼亚政治自由化和城市非正规经济》，伯克利：加州大学出版社，1997 年。

Aili Mari Tripp. Changing the Rules: *The Politics of Liberalization and the Urban Informal Economy in Tanzania*. Berkeley: University of California Press, 1997.

第四章　艺术和建筑/房屋

无名氏：《非洲古代的钢铁制造者》，载《时代周刊》，1978 年 9 月 25 日访问，载 http://www.time.com/time/magazine/article/0, 9171, 912179, 00.html，2012 年 6 月 27 日访问。

Anonymous. "Africa's Ancient Steelmakers." *TIME*, September 25, 1978. http://www.time.com/time/magazine/article/0, 9171, 912179, 00.html, accessed June 27, 2012.

菲利克斯 · A. 谢米，雷米吉乌斯 · 谢米：《自坦桑尼亚南部沿海的纳罗苏拉陶器：石器时代晚期最早的得到公认的沿海陶器》，载《尼亚米阿库马》，2001 年 12 月，第 29 ~ 35 页。

Felix A. Chami and Remigius Chami. "Narosura Pottery from the Southern Coast of Tanzania: First Incontrovertible Coastal Later Stone Age Pottery." *Nyame Akuma* 56 (December 2001): 29 ~ 35.

国际培训与发展五大湖联盟和伊利湖西部艺术理事会：《女性世界中的艺术》，俄亥俄州托莱多：国际培训与发展五大湖联盟和伊利湖西部艺术理事会，2010 年。

Great Lakes Consortium for International Training and Development and The Arts Council Lake Erie West. *Art – In a Woman's World*. Toledo, OH: The Great Lakes Consortium for International Training and Development and The Arts Council Lake Erie West, 2010.

奥古斯汀·哈塔尔：《坦桑尼亚戏剧教育状况》，提交给联合国教科文组织的论文，2001 年，载 http://portall.unesco.org/culture/en/files/19603/10814381543hatar.pdf/hater.pdf，2012 年 6 月 13 日访问。

Augustin Hatar. "The State of Theatre Education in Tanzania." Paper prepared for UNESCO, 2001. http://portal.unesco.org/culture/en/files/19603/10814381543hatar.pdf/hatar.pdf, accessed June 13, 2012.

西德尼·利特菲尔德·卡斯菲尔：《当代非洲艺术》，伦敦：泰晤士和哈德逊出版社，1999 年。

Sidney Littlefield Kasfir. *Contemporary African Art*. London: Thames & Hudson, 1999.

阿卜杜勒阿齐兹·Y. 洛迪：《东非穆斯林的过去和现在》，载《北欧非洲研究杂志》3 卷第 1 期，1994 年，第 88 ~ 98 页。

Abdulazia Y. Lodhi. "Muslims in Eastern Africa—Their Past and Present." *Nordic Journal of African Studies* 3, no. 1 (1994): 88 ~ 98.

汤姆·菲利普斯编，《非洲大陆的艺术》，慕尼黑/伦敦/纽约：帕莱斯特出版社，1999 年。

Tom Phillips (ed.). *Africa: The Art of a Continent*. Munich/London/

New York：Prestel，1999.

比森希亚·舒勒：《“政治意愿”在坦桑尼亚艺术教育实施中的作用》，坦桑尼亚达累斯萨拉姆大学和戏剧教育协会，载 http：//www.unesco.org/，2012 年 6 月 26 日访问。

Vicensia Shule. “The Role of ‘Political Will’ in Implementing Arts Education in Tanzania.” University of Dar es Salaam and International Drama/Theatre and Education Association（IDEA），Tanzania. http：//www.unesco.org/，accessed June 26，2012.

迪安·辛克莱：《比青铜更持久的纪念物：J·H. 辛克莱和桑给巴尔石头城的建立》，载《非洲地理评论》，2009 年，第 28 卷，第 71～97 页。

Dean Sinclair. “Memorials More Enduring than Bronze：J. H. Sinclair and the Making of Zanzibar Stone Town.” *African Geographical Review* 28（2009）：71～97.

萨拉·L. 史密雷：《坦桑尼亚达累斯萨拉姆人口普查和住房质量的变化》，载《非洲地理评论》31 卷 1 期，2012 年，DOI：10.1080/19376812.2012.679451。

Sarah L. Smiley. “Population Censuses and Changes in Housing Quality in Dar es Salaam，Tanzania.” *African Geographical Review* 31，no. 1：2012. DOI：10.1080/19376812.2012.679451.

芭芭拉·汤姆逊：《纳姆斯夫利·恩耶基：优秀的坦桑尼亚陶艺家》，载《非洲艺术》40 卷 1 期，2007 年，第 57 页。

Barbara Thompson. “Namsifueli Nyeki：A Tanzanian Potter Extraordinaire.” *African Arts* 40，no. 1（2007）：57.

阿代勒·布龙·楚迪：《乌贾马村庄和农村发展》，载《挪威地理杂志》26 卷 1～2 期，1972 年，第 27～36 页。

Aadel Brun Tschudi. “Ujamaa Villages and Rural Development.” *Norsk Geografisk Tidsskrift—Norwegian Journal of Geography* 26，nos. 1～2（1972）：27～36.

联合国教科文组织世界遗产中心：《决定——30COM8B. 36——提名列入世界文化遗产名录的文化财产（孔多阿岩石艺术遗址）》，1992 ~ 2012 年，载 http：//whc. unesco. org/en/decisions/1002，2012 年 6 月 28 日访问。

UNESCO World Heritage Centre. " Decision—30COM 8B. 36—Nominations of Cultural Properties to the World Heritage List（Kondoa Rock Art Sites）. " UNESCO World Heritage Centre，1992 ~ 2012. http：//whc. unesco. org/en/decisions/1002，accessed June 28，2012.

莫妮卡·布莱克门·维索纳、罗宾·波伊诺尔和赫伯特·M. 科尔编，《非洲艺术史》，纽约：艾布拉姆斯出版社，2001 年。

Monica Blackmun Visoná，Robin Poynor，Herbert M. Cole，and Michael D. Harris（eds.）. *A History of Art in Africa*. New York：Harry N. Abrams Publishers，2001.

杰奎琳·伍德福科：《城市和建筑》，载《1885 年之前的非洲文化和社会》（第二卷）（托茵·法罗拉编），北卡罗来纳州达勒姆：卡罗来纳学术出版社，2000 年。

Jacqueline Woodfork. " Cities and Architecture. " In Toyin Falola（ed.），*Africa Volume* 2：*African Cultures and Societies before* 1885. Durham，NC：Carolina Academic Press，2000.

亚历克斯·扎维斯：《桑给巴尔某文化遗产房屋年久失修》，载《洛杉矶时报》，2005 年 12 月 25 日，http：//articles. latimes. com/2005/dec/25/news/adfg – stonetown25，2012 年 6 月 29 日访问。

Alexandra Zavis. " The Roof Is Falling In on a Cultural Legacy in Zanzibar. " *Los Angles Times*，December 25，2005. http：//articles. latimes. com/2005/dec/25/news/adfg – stonetown25，accessed June 29，2012.

第五章　美食和服饰

无名氏：《坦桑尼亚：为马赛人穿衣》，载《时代周刊》，1967 年 11 月 24 日，参见 http：//www. time. com/time/magazine/article/0，9171，

844158，00. html，2011 年 5 月 3 日访问。

Anonymous. “Tanzania: Dressing Up the Masai.” *TIME*, November 24, 1967, http://www. time. com/time/magazine/article/0, 9171, 844158, 00. html, accessed May 3, 2011.

罗萨贝尔·博斯韦尔：《说出你的爱好：桑给巴尔的衣服、身份和遗产》，载《国际遗产研究期刊》12 卷 5 期，2006 年，第 440～457 页。

Rosabelle Boswell. “Say What You Like: Dress, Identity and Heritage in Zanzibar.” *International Journal of Heritage Studies* 12, no. 5 (2006): 440～57.

多萝西·L. 霍奇森：《曾经的勇敢战士：马赛族发展中的性别、族群和文化政治》，布卢明顿：印第安纳大学出版社，2001 年。

Dorothy L. Hodgson. *Once Intrepid Warriors: Gender, Ethnicity, and the Cultural Politics of Maasai Development.* Bloomington; Indiana University Press, 2001.

安德鲁·M. 艾瓦斯卡：《“反迷你激进分子”遇上现代小姐：20 世纪 60 年代坦桑尼亚达累斯萨拉姆的城市风格、性别和“民族文化”政策》，载《性别和历史》14 卷 3 期，第 584～607 页，2002 年 11 月。

Andrew M. Ivaska. “Anti – Mini Militants Meet Modern Misses': Urban Style, Gender and the Politics of 'National Culture' in 1960s Dar es Salaam, Tanzania,” *Gender & History* 14, no. 3 (November 2002): 584～607.

M·N. 基顿都，V·A·E·B. 奇里马利，H·B. 马尤瑞斯，G·I. 基尤拉和 M·E. 卡姆瓦亚：《坦桑尼亚本土酒精饮料里的甲醇酒精与视觉损伤和死亡的关系》，载《坦桑尼亚自然和应用科学》1 卷 2 期，2010 年 12 月，第 102～105 页。

M. N. Kitundu, V. A. E. B. Kilimali, H. B. Maurice, G. I. Kiula. and M. E. Kamwaya. “Presence of Methyl Alcohol in Local Alcoholic Beverages in Tanzania and Its Relationship to Impaired Vision or Death.” *Tanzania Journal of Natural and Applied Sciences* 1, no. 2 (December 2010): 102～5.

尼古拉斯·米诺特：《坦桑尼亚主食价格》，东南非共同市场主食价格变动：原因、结果和政策选择研讨会论文，莫桑比克马普托，2010 年 1 月 25 ~ 26 日，非洲农业营销项目，载 http：//ageconsearch. umn. edu/bitstream/58555/2/AAMP-Maputo-24-Tanzania-ppr. pdf，2011 年 4 月 4 日访问。

Nicholas Minot. "Staple Food Prices in Tanzania." Prepared for the COMESA Policy Seminar on Variation in Staple Food Prices：Causes，Consequence，and Policy Options，Maputo，Mozambique，January 25 ~ 26，2010，African Agricultural Marketing Project（AAMP）. http：//ageconsearch. umn. edu/bitstream/58555/2/AAMP-Maputo-24-Tanzania-ppr. pdf，accessed April 4，2011.

哈里发 · 穆萨米：《家禽业分国评论：坦桑尼亚》，联合国粮食与农业组织，2007 年，ftp：//ftp. fao. org/docrep/fao/011/ai349e/ai349e00. pdf，2011 年 4 月 4 日访问。

Halifa Msami. "Poultry Sector Country Review：Tanzania." FAO，2007，ftp：//ftp. fao. org/docrep/fao/011/ai349e/ai349e00. pdf，accessed April 4，2011.

J. 姆塔伊、E. 姆尼尤、J. 哈桑纳利、P. 齐帕特和 P. 瓦扎拉：《马赛族儿童乳牙拔除的社会文化习俗实践》，载《国际牙医学》60 卷 2 期，2010 年 4 月，第 94 ~ 98 页。

J. Mutai，E. Muniu，J. Sawe，J. Hassanali，P. Kiber，and P. Wanzala. "Socio - cultural Practices of Deciduous Canine Tooth Bud Removal among Maasai Children." *International Dentistry Journal* 60，no. 2（April 2010）：94 ~ 98.

朱利叶斯 · K. 尼雷尔：《乌贾马——非洲社会主义的基础》，载《泛非研究期刊》1 卷 1 期，1987 年，第 4 ~ 11 页。

Julius K. Nyerere，"Ujumaa：The Basis of African Socialism." *The Journal of Pan African Studies* 1，no. 1（1987）：4 ~ 11.

马尤图 · 奥马利：《坦桑尼亚的米瑞安 · 奥德姆巴荣获地球小姐选美大赛桂冠》，载《埃塞俄比亚评论》，2008 年 11 月 11 日，参见 http：//

www. ethiopanreview. com/content/13112，2011 年 4 月 27 日访问。

Majuto Omary. "Tanzania's Miriam Odemba Wins Miss Earth Pageant." *Ethiopian Review*, November 11, 2008. http://www. ethiopianreview. com/content/13112, accessed April 27, 2011.

E·N. 萨维：《坦桑尼亚木头燃料炉具的开发和推广——一些精选的经验》，关于非洲和亚洲农村发展中的生物能源的欧洲生物能/COMPETE 专题研讨会，2009 年 6 月 30 日，载 http://www. compete - bioafrica. net/events/events2/hamburg/Session% 202/S2 - 5 - COMPETE - REImpact - Hamburg - Sawe - 090630. pdf，2011 年 4 月 23 日访问。

E. N. Sawe. "Wood Fuels Stoves Development and Promotion in Tanzania: Some Selected Experiences." European Biomass/COMPETE Workshop on Bioenergy for Rural Development in Africa and Asia, Hamburg, Germany, June 30, 2009. http://www. compete - bioafrica. net/events/events2/hamburg/Session% 202/S2 - 5 - COMPETE - REImpact - Hamburg - Sawe - 090630. pdf, accessed April 23, 2011.

里安德瑞·施耐德：《马赛人的新服饰：发展主义的现代性及其拒斥》，载《今日非洲》53 卷 1 期，2006 年秋，第 101 ~ 129 页。

Leander Schneider. "The Maasai's New Clothes: A Developmentalist Modernity and Its Exclusions." *Africa Today* 53, no. 1 (Fall 2006): 101 ~ 129.

艾瑞克·N. 沙提力：《坦桑尼亚电视广告中的妇女形象：她是一块肥皂，一座房子还是一块金子?》，载《非洲和亚洲》第 5 卷，2005 年，第 108 ~ 141 页。

Eric N. Shartiely. "The Portrayal of the Tanzanian Woman in Television Commercials: Is She a Piece of Soap, a House, or Gold?" *Africa & Asia* 5 (2005): 108 ~ 141.

华盛顿坦桑尼亚大使馆：《坦桑尼亚：食物》，坦桑尼亚共和国，载 http://www. tanzaniaembassy - us. org/tzepeo. html，2011 年 5 月 4 日访问。

Embassy of Tanzania—Washington DC. "Tanzania: Food." Republic of

Tanzania. http://www. tanzaniaembassy - us. org/tzepeo. html, accessed May 4, 2011.

第六章 婚姻、家庭、世系和性别角色

马克·J. 卡拉古阿斯、克瑞斯提那·M. 多罗斯特、爱德华·R. 弗路埃特:《法律多元化和妇女权利: 在后殖民时期坦桑尼亚的研究》, 载《性别与法》, 2007 年夏。

Mark J. Calaguas, Cristina M. Drost, and Edward R. Fluet. "Legal Pluralism and Women's Rights: A Study in Postcolonial Tanzania." *Columbia Journal of Gender and Law*, Summer 2007.

伊丽莎白·卡尔:《坦桑尼亚乞力马扎罗地区查加女性社区及土地依附》, 美国犹他州普罗沃杨百翰大学地理学系, 2004 年。

Elizabeth Carr. *Community and Land Attachment of Chagga Women on Mount Kilimanjaro, Tanzania.* Master of Science thesis, Department of Geography, Brigham Young University, Provo, Utah, 2004.

艾恩尼斯提那·卡斯特:《马赛族婚姻: 对肯尼亚和坦桑尼亚的一项比较研究》, 载《家庭比较研究》37 卷 3 期, 2006 年, 第 399 ~ 420 页。

Ernestina Coast. "Maasai Marriage: A Comparative Study of Kenya and Tanzania." *Journal of Comparative Family Studies* 37, no. 3 (2006): 399 ~ 420.

马克·J. 卡拉古阿斯、克瑞斯提那·M. 多罗斯特、爱德华·R. 弗路埃特:《法律多元化和妇女权利: 在后殖民时期坦桑尼亚的研究》, 伯克利电子出版社法律系列, 第 1683 号工作论文, 2006 年 9 月 3 日, 参见 http://law. bepress. com/expresso/eps/1683, 2011 年 9 月 2 日访问。

Edward R. Fluet, Mark J. Calaguas, and Cristina M. Drost. "Legal Pluralism & Women's Rights: A Study in Post - Colonial Tanzania." bepress Legal Series, Working Paper 1683. September3, 2006. http://law. bepress. com/expresso/eps/1683, accessed September 2, 2011.

坦桑尼亚政府:《性别》, 载 http://www. tanzania. go. tz/gender.

html，2011 年 9 月 8 日访问。

Government of Tanzania. “Gender.” http：//www. tanzania. go. tz/gender. html，accessed September 8，2011.

莫林·卡姆巴拉米：《女性、性行为和文化：津巴布韦的父权制和女性从属地位》，非洲区域性资源中心和卫生信任合作系统，南非和福特海尔大学，南非，2006 年，载 http：//www. arsrc. org/downloads/uhsss/kmabarami. pdf，2011 年 8 月 26 日访问。

Maureen Kambarami. “Femininity，Sexuality and Culture：Patriarchy and Female Subordination in Zimbabwe.” African Regional Sexuality Resource Center in collaboration with Health Systems Trust，South Africa，and University of Fort Hare，South Africa，2006. http：//www. arsrc. org/downloads/uhsss/kmabarami. pdf，accessed August 26，2011.

坂本久美子：《坦桑尼亚西南部姆维拉人的母系和父系宗族世系》，载《宇都宫大学国际研究学院文集》，2008 年 11 月，第 26 期，第 1～20 页，载 http：//uuair. lib. utsunomiya-u. ac. jp/dspace/bitstream/10241/6358/1/kokusai26－002. pdf，2011 年 8 月 17 日访问。

Sakamoto Kumiko. “The Matrilineal and Patrilineal Clan Lineages of the Mwera in Southeast Tanzania.” *Utsunomiya University Faculty of International Studies Essays* 26（2008）：1～20. http：//uuair. lib. utsunomiya-u. ac. jp/dspace/bitstream/10241/6358/1/kokusai26－002. pdf，accessed August 17，2011.

艾迪·亚当·姆瓦蒂马·马孔姆比：《坦桑尼亚女性企业家的发展和赋权：以坦桑尼亚小产业发展组织和联合国工业发展组织扶持的食品加工行业内的女性小企业家为例》，南非比勒陀利亚：南非大学发展研究系博士论文，2006 年。

Iddi Adam Mwatima Makombe. *Women Entrepreneurship Development and Empowerment in Tanzania：The Case of SIDO/UNIDO-Supported Women Microentrepreneurs in the Food Processing Sector.* Doctoral thesis，Department of Development Studies，University of South Africa，Pretoria，South Africa，

2006.

丹尼尔·姆布恩达：《坦桑尼亚的传统性教育：对12个族群的研究》，纽约：纽约市玛格丽特·桑格家庭计划中心，1991年。

Daniel Mbunda, *Traditional Sex Education in Tanzania: A Study of 12 Ethnic Groups*, New York: The Margaret Sanger Center, Planned Parenthood of New York City, 1991.

扎伊达·马加拉、迪克·斯查皮尼克、J. 泰斯·布尔玛：《保护学校女孩免遭性侵犯：坦桑尼亚姆万扎的保护项目》，载《生殖健康问题》6卷12期，1998年10月，第19~30页。

Zaida Mgalla, Dick Schapink, and J. Ties Boerma. "Protecting School Girls against Sexual Exploitation: A Guardian Programme in Mwanza, Tanzania." *Reproductive Health Matter* 6, no. 12 (November 1998): 19~30.

约瑟夫·姆辛加：《坦桑尼亚性别角色的变化》，2002~2004年，载《性卫生通讯2002~2004年》，http://www.kit.nl/exchange/html/2002-4-changing-gender-roles-i.asp，2011年9月12访问。

Joseph Mzinga. "Changing Gender Roles in Tanzania." *Sexual Health Exchange* 2002~2004. http://www.kit.nl/exchange/html/2002-4-changing-gender-roles-i.asp, accessed September 12, 2011.

因诺森特·恩加林达：《坦桑尼亚人口的初孕年龄、初育年龄和避孕法》，柏林洪堡大学哲学第三学院人口学系博士论文，1998年，载http://edoc.hu-berlin.de/dissertationen/phil/ngalinda-innocent/PDF/Ngalinda.pdf，2011年9月1日。

Innocent Ngalinda, *Age at First Birth, Fertility, and Contraception in Tanzania*. PhD dissertation, Department of Demography, Faculty of Philosophy III, Humboldt-Universit? tzu Berlin, 1998. http://edoc.hu-berlin.de/dissertationen/phil/ngalinda-innocent/PDF/Ngalinda.pdf, accessed September 1, 2011.

阿金纳特哈·如塔扎哈：《坦桑尼亚女性及其法律途径》，北卡罗来纳州达拉谟杜克大学特利-桑福德公共政策研究所，2005年，载

http：//sanford. duke. edu/centers/civil/papers/rutazaa. pdf，2011 年 9 月 8 日访问。

Aginatha Rutazaa. “Tanzanian Women and Access to Law.” Terry Sanford Institute of Public Policy，Duke University，Durham，NC，2005. http：//sanford. duke. edu/centers/civil/papers/rutazaa. pdf， accessed September 8，2011.

菲利普·塞泰尔、伊莱尤赫尔·姆瓦格尼、纳姆斯福·姆恩德米、尤素弗·赫梅德、贝尔蒂纳·奥皮尤-奥摩罗：《坦桑尼亚：坦桑尼亚联合共和国》，载 http：//www2. hu - berlin. de/sexology/IES/tanzania. Html，2011 年 8 月 17 日访问。

Philip Setel，Eleuther Mwageni，Namsifu Mndeme，Yusuf Hemed，and Beldina Opiyo - Omolo. “Tanzania：The United Republic of Tanzania.” http：//www2. hu - berlin. de/sexology/IES/tanzania. html，accessed August 17，2011.

弗兰斯·维杰森、拉尔夫·坦纳：《我只是个苏库马人：坦桑尼亚西北部的全球化和身份构建》，纽约：罗德匹，2002 年。

Frans Wijsen and Ralph Tanner. *I am Just a Sukuma：Globalization and Identity Construction in Northwest Tanzania*. New York：Rodopi，2002.

第七章　社会习俗与生活方式

马赛协会：《马赛族典礼和仪式》，载 http：//www. maasai - association. org/ceremonies. html，2011 年 11 月 3 日访问。

Maasai Association. “Maasai Ceremonies and Rituals.” http：//www. maasai - association. org/ceremonies. html，accessed November 3，2011.

丹·布朗：《非洲葬礼典礼：阻碍或救赎?》，载《国际前沿使命》2 卷 3 期，载 http：//ijfm. org/archives. htm#Volume23，2011 年 11 月 12 日访问。

Don Brown. “The African Funeral Ceremony：Stumbling Block or Redemptive Analogy?” *International Journal of Frontier Missions* 2，no. 3.

http：//ijfm. org/archives. htm#Volume23, accessed November 12, 2011.

迈克尔·芬克尔：《哈德扎人》，载《国家地理杂志》，2009 年 12 月， http：//ngm. nationalgeographic. com/print/2009/12/hadza/finkel-text, 2011 年 11 月 1 日访问。

Michael Finkel. "The Hadza." *National Geographic Magazine*, December 2009. http：//ngm. nationalgeographic. com/print/2009/12/hadza/finkel-text, accessed December 1, 2011.

K. 曼吉：《坦桑尼亚新生儿健康状况分析：新生儿健康现状、现有计划和下一步策略性措施》，达累斯萨拉姆：卫生和社会福利部门及拯救儿童组织，2009 年。

K. Manji. *Situation Analysis of Newborn Health in Tanzania*：*Current Situation, Existing Plans and Strategic Next Steps for Newborn Health*. Dar es Salaam：Ministry of Health and Social Welfare, Save the Children, 2009.

丹尼尔·姆布恩达：《坦桑尼亚的传统性教育：对 12 个族群的研究》，纽约：纽约市玛格丽特·桑格家庭计划中心，1991 年。

Daniel Mbunda. *Traditional Sex Education in Tanzania*：*A Study of* 12 *Ethnic Groups*. New York：The Margaret Sanger Center, Planned Parenthood of New York City, 1991.

莫娜·恩古希克拉·姆瓦卡林加：《坦桑尼亚电影业的政治经济：从社会主义到开放的市场经济——1961 ~ 2010 年》，堪萨斯州曼哈顿堪萨斯大学电影与媒体研究系博士论文。

Mona Ngusekela Mwakalinga. *The Political Economy of the Film Industry in Tanzania*：*From Socialism to an Open Market Economy*, 1961 ~ 2010. PhD dissertation, Film and Media Studies, University of Kansas, Manhattan, KS.

泰耶·奥斯提加德：《转变中的传统：坦桑尼亚变化世界中的人工降雨》，2011 年联合国非洲经济委员会，第四次非洲研究的欧洲会议，瑞典乌普萨拉，2011 年 6 月 15 ~ 18 日，载 http：//www. nai. uu. se/ecas - 4/，2011 年 11 月 12 日访问。

Terje Oestigaaard. "Traditions in Transitions：Rainmaking in a Changing

World in Tanzania." ECAS 2011—4th European Conference on African Studies, Uppsala, Sweden, June 15 ~ 18, 2011. http: //www. nai. uu. se/ecas -4/, accessed November 12, 2011.

特普利特·奥利·撒托蒂:《马赛勇士的世界》, 伯克利: 加利福尼亚大学出版社, 1988 年。

Tepilit Ole Saitoti. *The Worlds of a Maasai Warrior*. Berkeley: University of California Press, 1988.

托德·萨恩德斯:《两种方式的反思: 性别、性和人工降雨》, 载《非洲图卢兹手册》166 卷 42 期第 2 版, 2002 年, 第 285 ~ 313 页。

Todd Sanders. "Reflections on Two Sticks: Gender, Sexuality and Rainmaking." *Cahiers d'Etudes Africaines* 166, no. 42 ~ 2 (2002): 285 ~ 313.

罗莎琳·史密斯:《坦桑尼亚的故事片》, 载《非洲事务》88 卷 352 期, 1989 年 7 月, 第 389 ~ 396 页。

Rosaleen Smyth. "The Feature Film in Tanzania." *African Affairs* 88, no. 352 (July 1989): 389 ~ 396.

R·E·S. 坦纳:《坦噶尼喀苏库马地区的祖先安抚典礼》, 载《非洲: 国际非洲研究所期刊》28 卷 3 期, 1958 年 7 月, 第 225 ~ 231 页。

R. E. S. Tanner. "Ancestor Propitiation Ceremonies in Sukumaland, Tanganyika." *Africa: Journal of the International African Institute* 28, no. 3 (July 1958): 225 ~ 231.

第八章 音乐、舞蹈和戏剧

亚历山大·阿克尔里·阿戈登:《传统和当代非洲音乐》, 纽约: 新星科学出版社, 2005 年。

Alexander Akorlie Agordoh. *African Music: Traditional and Contemporary*. New York: Nova Science Publishers, 2005.

洛伊斯·安德森:《非洲木琴》, 载《非洲艺术》1 卷 1 期, 1967 年, 第 46 ~ 49 页, 第 66 页, 第 68 ~ 69 页, 载 http: //www. jstor. org/

stable/3334364，2012 年 6 月 8 日访问。

Lois Anderson. “The African Xylophone.” *African Arts* 1, no. 1 (Autumn 1967): 46 ~ 49, 66, 68 ~ 69. http://www.jstor.org/stable/3334364, accessed: June 8, 2012.

纳萨莉·阿诺德：《放下无耻：走进桑给巴尔诗歌和政治，1995 ~ 2001 年》33 卷 3 期，载《非洲文学研究》2002 年，第 140 ~ 166 页。

Nathalie Arnold. “Placing the Shameless: Approaching Poetry and the Politics of Pemban – ness in Zanzibar, 1995 ~ 2001.” *Research in African Literatures* 33, no. 3 (Autumn 2002): 140 ~ 66.

马丁·班纳姆、埃罗尔·希尔和乔治·伍德亚德（编），《剑桥指南：非洲和加勒比戏剧》，英国剑桥：剑桥大学出版社，1994 年。

Martin Banham, Errol Hill, and George Woodyard (eds.). *The Cambridge Guide to African and Caribbean Theatre.* Cambridge, UK: Cambridge University Press, 1994.

格雷戈里·巴尔兹：《东非音乐：体验音乐，表达文化》，纽约和英国牛津：牛津大学出版社，2004 年。

Gregory Barz. *Music in East Africa: Experiencing Music, Expressing Culture.* New York and Oxford, UK: Oxford University Press, 2004.

梅根·布朗尼：《摇摆起来：一项关于坦桑尼亚传统舞蹈和鼓乐以及非洲传统舞蹈团的研究》，载《独立研究项目文集》，论文编号 648，2009 年，载 http://digitalcollections.sitedu/isp – collection/648，2012 年 9 月 29 日访问。

Megan Browning, “Shake It: A Study of Traditional Dance and Drumming in Tanzania With the African Traditional Dance Group,” 2009, Independent Study Project (ISP) Collection, paper 648, http://digitalcollections.sit.edu/isp_ collection/648, accessed September 29, 2012.

拉斯·弗雷德里克松：《东方盛宴：在东非保罗·弗农的世界音乐录制史系列作品探讨》，1997 年 4 月 17 日，载 http://bolingo.org/audio/texts/fr145easstafrica.html，2012 年 4 月 3 日访问。

Lars Fredriksson. "Feast of East: Paul Vernon's Continuing Series of Delving into the History of World Music Recording Touches Down in East Africa." April 17, 1997. http://bolingo.org/audio/texts/fr145eastafrica.html, accessed April 3, 2012.

福兰克·刚德森、乔治·F. 巴尔兹编,《竞争! 东非竞争性音乐表演》, 达累斯萨拉姆: 福矛出版社, 2000 年。

Frank Gunderson and Gregory F. Barz (eds.). *Mashindano! Competitive Music Performance in East Africa*. Dar es Salaam: Mkuku wa Nyota Publishers, 2000.

罗尼·格雷姆:《斯坦恩当代非洲音乐指南》, 载《非洲音乐的世界》(第二卷), 伦敦: 冥王星出版社, 1992 年。

Ronnie Graham. *Stern's Guide to Contemporary African Music*. Vol. 2, The World of African Music. Lindon: Pluto Press, 1992.

奥古斯汀·哈塔尔:《坦桑尼亚戏剧教育状况》, 提交给联合国教科文组织的论文, 2001 年, 载 http://portall.unesco.org/culture/en/files/19603/10814381543hatar.pdf/hater.pdf, 2012 年 3 月 29 日访问。

Augustin Hatar. "The State of Theatre Education in Tanzania." Paper prepared for UNESCO, 2001. http://portal.unesco.org/culture/en/files/19603/1081431543hatar.pdf/hatar.pdf, accessed June 13, 2012.

希拉里·休尔:《坦桑尼亚传统音乐在衰微并要求保护》, 载《基督教科学箴言报》, 2012 年 3 月 23 日, 载 http://www.csmonitor.com/, 2012 年 3 月 29 日访问。

Hilary Heuler. "Traditional Tanzanian Music Falls in Popularity, but Demands Preservation," *The Christian Science Monitor*, March 23, 2012. http://www.csmonitor.com/, accessed March 29, 2012.

奥托·卡罗伊:《传统非洲音乐和原始音乐》, 伦敦: 企鹅出版社, 1998 年。

Ottó Károlyi. *Traditional African and Oriental Music*. London: Penguin Books, 1998.

亚历克斯·佩鲁洛:《在达累斯萨拉姆生活：流行音乐和坦桑尼亚音乐经济》，布卢明顿和印第安纳波利斯：印第安纳大学出版社，2011 年。

Alex Perullo. *Live from Dar es Salaam*: *Popular Music and Tanzania's Music Economy*. Bloomington and Indianapolis: Indiana University Press, 2011.

卡斯米尔·M. 鲁拜古姆亚:《语言促进教育目标——以坦桑尼亚为例》37 卷 1 期，载《国际教育评论》，1991 年，第 67 ~ 85 页。

Casmir M. Rubagumya. "Language Promotion for Educational Purposes: The Example of Tanzania." *International Review of Education* 37, no. 1 (1991): 67 ~ 85.

坦桑尼亚大使馆——华盛顿特区:《坦桑尼亚：民众和文化》，载 http: //www. tanzaniaembassy - us. org/? page - id = 136, 2012 年 3 月 27 日访问。坦桑尼亚广播公司:《历史背景》，2012 年 5 月 13 日，载 http: //www. tbc. go. tz/tbcgo/ ~ tbc1/historical - background. html, 2012 年 7 月 19 日访问。

Embassy of Tanzania—Washington DC. "Tanzania: People and Culture." http: //www. tanzaniaembassy - us. org/? page _ id = 136, accessed March 27, 2012. Tanzania Broadcasting Corporation. "Historical Background." May 13, 2012. http: //www. tbc. go. tz/tbcgo/-tbc1/historical - background. html, accessed July 19, 2012.

斯万斯科特·维萨尔科夫——瑞典民间音乐和爵士乐中心:《研究达累斯萨拉姆的说唱、雷鬼：根和文化乐队——杰克·金布特》，2012 年，载 http: //www. visarkiv. se/en/mmm/media/africa/r&c. html, 2012 年 6 月 6 日访问。

Svenskt Visarkiv—Centre for Swedish Folk Music and Jazz. "Research Rap, Ragga and Reggae in Dar Es Salaam: Roots & Culture—Jah Kimbute." 2012. http: //www. visarkiv. se/en/mmm/media/africa/r&c. html, accessed June 6, 2012.

索 引

（索引所标页码为原书页码，见正文页边。）

A

B

C

D

E

F

G

H

I

J

K

L

M

N

O

P

R

S

T

U

V

W

Y

Z

作者简介

凯法·M. 奥蒂索是俄亥俄州博林格林市的博林格林州立大学地理学副教授及该校地球村的主任。他撰写了《乌干达的风俗与文化》（格林伍德出版社 2006 年出版）和许多书籍章节，也发表了很多同行评审的期刊论文。他还曾是《非洲地理评论》的主编和肯尼亚学者和研究协会的创会会长。

译后记

在翻译此书之前，坦桑尼亚对于我们更多的是一个国家名词，我们对它的认识局限于大致的位置、人种的肤色以及炎热的气候。而随着翻译的进行，我们对坦桑尼亚的印象有了很大的改观，对该国有了更深的认识。该国有着厚重的历史和奇特的文化和习俗。而此书作者学识渊博，将文化和习俗穿插于历史、宗教、世界观、文学、媒体、电影、艺术、建筑、美食、服饰、婚姻、家庭、世系、性别角色、社会习俗、生活方式、音乐、舞蹈、戏剧中，阅读此书，会让读者对坦桑尼亚有一个更加全面和全新的认识。

本文翻译工作的具体分工如下：

序言　高华琼；

致谢　高华琼；

年表　高华琼；

第一章　高华琼；

第二章　高华琼；

第三章　高华琼；

第四章　许冰琪；

第五章　熊琦；

第六章　熊琦；

第七章　熊琦；

第八章　许冰琪；

参考文献　高华琼；

索引　高华琼。

罗力群老师指导了全书的翻译工作，校改了全书，并对各章节的一些难点作了重新翻译。

本书的翻译是在民主与建设出版社王越女士的热情支持下进行的。我们对她及罗老师付出的辛勤劳动谨致谢意！

译　者

2014 年 5 月 18 日